大学问

始于问而终于明

守望学术的视界

华北的小农经济与社会变迁

黄宗智 著

·桂林·

华北的小农经济与社会变迁
HUABEI DE XIAONONGJINGJI YU SHEHUIBIANQIAN

图书在版编目（CIP）数据

华北的小农经济与社会变迁 / 黄宗智著. -- 桂林 ：广西师范大学出版社，2023.2（2024.6 重印）
（实践社会科学系列 / 黄宗智主编）
ISBN 978-7-5598-5303-5

Ⅰ. ①华… Ⅱ. ①黄… Ⅲ. ①小农经济－经济发展－研究－华北地区 Ⅳ. ①F327.2

中国版本图书馆 CIP 数据核字（2022）第 153418 号

广西师范大学出版社出版发行
（广西桂林市五里店路 9 号 邮政编码：541004
网址：http://www.bbtpress.com）
出版人：黄轩庄
全国新华书店经销
广西民族印刷包装集团有限公司印刷
（南宁市高新区高新三路 1 号 邮政编码：530007）
开本：880 mm ×1 240 mm 1/32
印张：15.75 字数：340 千
2023 年 2 月第 1 版 2024 年 6 月第 2 次印刷
印数：10 001~12 000 册 定价：89.00 元

“实践社会科学系列”总序

中国和美国的社会科学近年来多偏重脱离现实的抽象理论建构，而本系列丛书所强调的则是实践中的经济、法律、社会与历史，以及由此呈现的理论逻辑。本丛书所收入的理论作品不是由理论出发去裁剪实践，而是从实践出发去建构理论；所收入的经验研究则是那些具有重要理论含义的著作。

我们拟在如下三个子系列中收入精选后的重要作品，将同时推出中文版和英文版；如果相关作品已有英文版或中文版，则将其翻译出版。三个子系列分别是“实践法史与法理”“实践经济史与经济学”“中国乡村：实践历史、现实与理论”。

现今的社会科学研究通常由某一特定的理论立场出发，提出一项由该理论视角所生发出的研究问题，目标则是证明(有时候是否证)所设定的“假说”。这种研究方法可以是被明确说明的,也可以是未经明言的,但总是带有一系列不言而喻的预设,甚或是无意识的预设。

因为当下的社会科学理论基本上发端于西方,这种认识论的进路经常伴随着西方的经验(诸如资本主义、自由市场、形式主义法律等),以及其理论抽象乃是普适真理的信仰。而在适用于发展中的非西方世界时,社会科学的研究基本上变成一种探索研究对象国家或地区的不足的工作,经常隐含或者公开倡导在西方“模式”道路上的发展。在经济学和法学领域内,它表现得最为明显,这是因为它们是当前最形式主义化和意识形态化的学科。而中国乡村的历史与现实则是最明显与主流西方理论不相符的经验实际。

我们的“实践社会科学系列”倡导把上述的认知过程颠倒过来,不是从源自西方的理论及由此得出的理论假说出发,而是从研究对象国家的实践历史与现实出发,而后进入理论建构。近代以来,面对西方在经济、军事及文化学理上的扩张,非西方国家无可避免地被卷入充满冲突性斗争的历史情境中——传统与西方“现代性”、本土与引进、东方与西方的矛盾。若从西方理论的视野去观察,在发展中国家的历史社会实践中所发生的现象几乎是悖论式的。

我们从实践出发,是因为不同于理论,实践是生成于研究对象国家自身的历史、社会、经济与政治的情境、视域和话语内的。而且由实践(而非理论)出发所发现的问题,更有可能是所研究国家自身的内生要求,而不是源自西方理论/认知所关切的问题。

实践所展示的首先是悖论现象的共存——那些看起来自相矛盾且相互排斥的二元现实,却既真实又真切地共存着。例如,没有(社会)发展的(全球化的)商业化、没有民主的资本主义,或者没有相应司法实践的西化形式主义法律。其挑战着那些在它们之间预设因果关系的主流西方理论的有效性,因此呼吁新理论的构建。此外,理论往往由源自西方的形式演绎逻辑所主导,坚持逻辑上的前后一贯,而实践则不同于理论,惯常地容纳着看起来是自相矛盾的现象。从实践出发的认知要求的是,根据实践自身逻辑的概念化来建构理论——比如中国的"摸着石头过河"。

从实践出发的视野要求将历史过程作为出发点,要求由此出发的理论建构。但是,这样的实践和理论关怀并不意味着简单地拒斥或盲目地无视西方的社会科学理论,而是要与现有理论进行自觉的对话,同时自觉地借鉴和推进西方内部多样的非主流理论传统。此类研究还可以表现在实际层面上,在西方主流的形式主义理论以外,有必要结合西方主流以外的理论传统去理解西方自身的经验——例如,结合法律实用主义(以及马克思主义和后现代主义)和主流的"古典正统"法学传统,去理解美国法律实践的过去和现在，或者结合马克思主义、实体主义和主流的亚当·斯密古典自由主义经济学传统，去理解西方的实践经济史。更重要的还在于，要去揭示这些存在于实践中的结合的运转理论逻辑，在这些看起来相互排斥的二元对立之间，去寻找超越“非此即彼”之逻辑的道路。

我们的丛书拟收入在实践法史与法理、实践经济史与经济学，以及中国乡村的实践历史、现实与理论研究领域内的此类著作，也包括讨论中国创新的著作，这些创新已经发生在实践内，却尚未得到充分的理论关注和表述。我们的目标是要形成一系列具有比主流形式主义研究更适合中国历史、现实的问题意识和理论观念的著作。

黄宗智

《华北的小农经济与社会变迁》《长江三角洲的小农家庭与乡村发展》新版合序

《华北的小农经济与社会变迁》(以下简称《华北》)与《长江三角洲的小农家庭与乡村发展》(以下简称《长江》)这两本书分别在1986年和1992年由中华书局出版,迄今已快四十年了。出版之后一再重版,此版已是第五次在国内出版。为此,我觉得有必要写篇新序来回顾两本书的写作过程和主要内容。

中西方学术的异同

在写作两书的1980年代,我面对的一个主要问题是针锋相对的中英文学术界的两大主流理论。一是当时仍然属于中方主流的马克思主义生产方式分析,主要强调生产关系，以地主相对佃农、富农相对雇农两条生产关系轴线为主的理论。另外则是西方主流形式主义经济学的论析，拒绝生产关系（阶级剥削）的论点，聚焦于人口、市场、资本、技术和生产率等的论析。

两者虽然如此针锋相对，但也有一定的、意外的共同点。中国的马克思主义理论框架，虽然是从社会主义的革命视角来看待资本主义生产方式，但同时也坚决将资本主义生产方式视作先进的、优越于封建主义的方式。因此，中国学界提出了比较独特的“资本主义萌芽”理论建构，将帝国晚期的雇佣关系视作比封建主义租佃关系先进的萌芽中的资本主义方式。众多学者花费了大量的劳动来试图论证这个被认作现代型的发展趋势。

吊诡的是，西方的学术思路在这方面其实和中国的“萌芽”思路比较偶然地相似，同样倾向要在中国的前近代和近代史中发现西方式的现代资本主义和市场发展倾向，为的是证明西方的现代化模式乃是普适的，不仅适用于西方，更适用于全球，包括中国。我们可以将其称作西方的“现代化主义”模式。

固然，以上指出的倾向仅是“主流”意见。即便在改革前的中国，在资本主义萌芽理论中，也有偏重生产关系和偏重生产力的不同意见——譬如，当年特别优秀的经济史研究领域的两位领军人物李文治和吴承明便是如此。还有过分强调和不那么强调"萌芽"论的流派,也有许多说到底乃是主要偏重扎实经验主义研究的学者。我在两书中,都连带讨论和考虑了这些不同派别。

同时,在西方(以及日本学术界)当然也绝对不是清一色的形式主义经济学/资本主义意识形态那么简单。我的两本书讨论了诸多不同的支流意见。譬如,源自马克思主义的"左派"的众多不同意见,包括对阶级关系中的"潜在剩余"的独特论析。在日本,除了马克思主义和资本主义意识形态,还有具有一定影响力的关于村庄社区共同体的论点。

但是,中西双方的主流倾向,以及其中的不同点和意外的共同点,还是比较清晰的。读者可以据此来认识当时的学术环境,不要被琐碎的细节混淆了双方不同的主要倾向和交搭,这是认识我这两本专著的核心问题和基本思路。

两本专著的经验基础

如今回顾起来,我的两本专著与之前学术成果最主要的不同首先是在经验层面的依据。1979 年中美正式建交之后,双方都开始探索建立诸多方面的新交流,包括学术。美方成立了名为"与中华人民共和国学术交流委员会"(Committee for Scholarly Communication with the People's Republic of China, CSCPRC)的组织,并在 1979 年开始通过公开竞争选派学者前往中国做学术研究。

机缘巧合，我成为最先被选的学者之一，并于1980年全年在中国第一历史档案馆查阅档案材料。一方面是查阅国内已经有不少人使用的“刑科题本”命案，从中挖掘（比较有限的）与经济史相关的信息；另一方面，我偶然发现了顺天府宝坻县的地方政府档案。后者才真正成为《华北》一书的重要支柱材料之一。同时，我还有幸获得进入顺义县沙井村的机会，对“南满洲铁道株式会社”（以下简称“满铁”）在1930年代后期到1940年代初期非常系统详尽地调查过的这个村庄进行重访，做跟踪调查，并与多位关键村民长谈。之后，在1983、1984、1985、1988年，我四次深入松江县华阳桥的四个（同样是满铁特别集中调查的）小自然村进行详细和系统的跟踪调查。另外，我还获准进入华北和江南多个地方政府档案馆搜集相关档案。（之后，我在1990、1991、1993年又三次进入满铁调查过的这些村庄集中研究其社区正义体系，并继续在地方档案馆搜集诉讼案件档案。后两者成为我之后关于法律史研究的两卷本的主要材料依据。）这些是1980年代之前中西方学者都不可能有的研究条件。

翔实精准的满铁资料与跟踪调查，加上地方档案，成为我写作《华北》和《长江》两书比较独特的研究资源，其给予了本领域之前不容易做到的“一竿子插到底”的详细材料。

读者将会在书中看到众多深入到一个个自然村和一家一户的,以及个别人的丰富、详尽的材料。这是这两本书的主要特点之一。

规模化资本主义农业模式之不适用于中国

另外则是我在问题意识上具有比较独特的背景和视野。长期以来,我一直经受着跨越双重文化和双重意识形态在感情和理智上的拉锯及斗争。我的父亲是1911辛亥年庚子赔款的留学生(是年排名第一)、美国普林斯顿大学学士及哥伦比亚大学经济学博士,深深认同美国的自由资本主义思想和传统。我的导师萧公权先生也同样如此。而我的母亲则是来自无锡农村耕读世家的闺秀,不懂英文(但写得一手好字)。我自己因此乃是真正意义的“双重文化人”。

我在学术方面的初始研究是(在父亲和导师的双重影响下)梁启超的自由主义思想,但后来发现,自己对那样的研究一直缺乏深层的感情和理智层面的动力。之后,仅仅为了保留自己的教学职位,为了通过加州大学的终身权考核,方才勉强地“完成”了算是自己的第一本专著《梁启超与近代中国的自由主义》(1972)。

其后,我逐步发现自己内心最关心的问题乃是相对父亲和母亲、美国和中国在感情和理智上的深层矛盾,认识到自己最需要做的，是通过扎实的研究来解答、解决心中的矛盾和疑惑。因此，在35岁那年，我抽出了两年时间来找寻能够解答心中最深层问题的研究材料，发现了之前较少被使用的满铁所做的大量系统、翔实、精准、可靠的材料。之后，伴随中美学术交流的开放，才有机会重访、调查、核实、延伸那些材料，想凭借深入的经验调查来解决长期以来的最为深层的一系列疑问，借此来处理自己心中至为紧迫的关于自由主义和马克思主义、美国和中国到底孰是孰非的深层问题。其结果便是这两本书。

《华北》得出的结论首先是，自由主义和马克思主义理论各有是处，都有助于我们认识、理解中国农村社会和经济的一些重要方面。雇工3人及以上，并且超过100亩规模的"经营式农场"乃是当时最富裕和成功的农户，中农则多是小规模的自耕农，而贫农则既有租佃土地的（虽然占比较低），但更多的是农忙要外出打短工的农民。这些基本社会经济实际都与资本主义萌芽论和生产关系直接相关。

《华北》上半部分主要探索了当时比较突出的经营式农场，将其与小规模的家庭农场仔细对比。令我感到意外的是，它们在资本投入（如肥料、用水、用牲畜等）、技术、亩产量等各方面都与小规模农场并无显著的不同。两者间最主要的差别在于，经营式农场由于是雇工经营的，能够做到比小农场更适度的劳动力配置：前者劳均种植20—25亩，后者则是15亩以下。这是这两种农场间最突出的不同。

为什么会如此？我借助马克思主义和资本主义两大意识形态之外的实质主义理论，发现其中的关键在于小农家庭的特殊组织逻辑。小农家庭的家庭劳动力是给定的；妇女、老人，乃至于小孩的辅助性劳动力基本谈不上什么"机会成本"，不像男劳动力那样可以外出打短工。在人口（相对过剩）与土地（相对稀缺）的压力下，那样的生产单位会尽可能将亩均劳动投入最大化，借此来尽可能提高产量，即便其劳动边际报酬严重递减也只能如此。而经营式农场，由于其劳动力主要是雇佣的，可以适当调整，则不会如此。因此，小农场常会种植更高比例的（特别劳动密集的）棉花，冒更大的市场风险，来尽可能提高自己土地不足的农场的收入。但同时，贫农，由于农忙时要靠打短工来补充自家土地收入的不足，则有时又不可能在自家土地上投入必需的劳动。

同时，经营式农场规模一般不超过200亩。这主要是因为超过那样的规模，农场主本人便不再能够亲自带领和监督劳动，劳动成本会快速上升。更重要的是，达到那样的规模之后，他会有更多机会选择报酬更高的经商或入仕的途径，其报酬会远远高于务农。

在华北，上述两种不同性质农场的共存与拉锯，组成了华北农村基本的社会经济状态。经营式农场占到大约10%

的土地,其余都是小规模家庭农场。

如此,雇工经营的经营式农场说不上是什么资本主义型的突破性生产方式或新的“发展”模式;同时,使用自家劳动力的小农家庭农场明显具有更顽强的生命力,即便有的要靠租佃土地,但也不见得就是简单的落后的“封建主义”生产方式。

在此之后,我转入《长江》一书写作的调查研究,则更惊讶地发现,在这个市场经济更发达的地区,华北那样的经营式农场居然会被小农家庭的特殊经济逻辑所完全淘汰掉。它们从明清之际以来逐步衰落,到十九、二十世纪已经完全绝迹。这就与“资本主义萌芽”论和“理性”“(资本主义性)农场主”理论的预期完全相悖,展示的是另一种截然不同的逻辑。

深究之后,我更清晰明确地发现,小农户由于其组织特点,能够承受雇佣劳动的“资本主义”单位所不可能承受的人地压力。它能够借助家庭的辅助劳动力来进行雇工所不可能肩负的、低于基本生存回报的辅助性生产活动,借此在小块土地上维持生存,并支撑更高度的商品化。其中,长江三角洲最主要的乃是棉花—纱—布和桑—蚕—丝的生产。它们按亩投入的劳动日总量分别达到水稻的18倍和9倍,但收入才3到4倍。正是那样的“内卷”(或“内卷化”)[①]的经营方式,亦可称作“没有(单位劳动报酬)发展的(总生产量的)增长”,使其能够在长江三角洲长期维持,并且完全消灭了学术理论中多以为是更先进、更优越的类似资本主义单位的“经营式农场”。

这就确证了《华北》已经得出的关于“经营式农场”的基本结论:其经营方式与小农经济的根本不同不在其“发展”方面的“先进”性,不在于更多的资本投入或先进的技术,以及更高的亩产量,也不在于其更高度的商品生产,而实际上在于一个简单的组织逻辑——由于是雇工经营,它们可以根据需要而雇工,借此达到比小农户更合理的劳动力配置,免去自身生产单位“劳动力过剩”的问题,达到更高效率的劳动力使用。而小农户则由于其家庭劳动力是给定的而不能“解雇”家庭的劳动力,最终只能走上投入越来越

① 拙作英文版一贯使用了“involution”一词,中文译作“内卷”,包括“内卷化”和“内卷型商品化”是我“发明”的中文关键词,借以表达中国小农经济的突出特点。但《长江》的中文版改用了“过密”和“过密化”,当时意在特别突出人口压力对稀缺土地所起的作用。但是,“过密”虽然有那样的优点,却容易掩盖同样重要的小农家庭生产单位组织的特殊性——没有或少有市场价值的家庭辅助劳动力。“内卷”一词虽然乍看会觉得古怪难懂,但其优点是可以给上述中国小农经济的两大特点做出更充分全面的说明,不会单一地突出人口压力。众所周知,最近几年“内卷”一词已经成为网络上的热门词,并且被用于几乎任何超额的劳动密集投入,如“996”的工作日程,应试教育体系,甚至官僚体系运作等。它显然触发了许多人的深层共鸣,突出了人多机会少、资源少的中国基本国情。一定程度上,也说明了广大民众在那样的环境下的焦虑心态。因此,此次《长江》推出新版,便返回到原用的“内卷”一词。另外,本版校阅较细,纠正了一些之前版本中出现的笔误。

多的劳动力的“内卷”道路。由于其亩产所得要高于经营式农场,长期下来经营式农场就被完全消灭了。

在这样的经验实际下,我们显然完全谈不上通过资本主义式的雇佣经营而达到更高生产率的“先进”生产单位,并期待其将最终取代小农经济。这就证伪了“资本主义萌芽”论的预期,也证伪了资本主义必将取代封建主义的西方现代主义预期。

也就是说,《华北》和《长江》两书共同证明的是,无论是形式主义经济学理论还是马克思主义经济学理论,都不足以认识和理解中国人多地少的“基本国情”,以及在此前提下的小农经济的顽强生命力,也不足以认识所谓的资本主义经营模式的实际。倒是实质主义的第三理论传统洞察到了小农经济的最基本特色。

过去如此,今天实际上仍然基本如此。小农经济过去依赖的是结合耕作与家庭副业两柄拐杖来支撑,今天依赖的则是结合耕作与外出佣工、做买卖等非农就业。两种结合同样具有极其顽强的生命力。其不同仅在通过非农就业而逐步减轻了单位土地面积上的“内卷化”压力。

贫农经济的形成

《华北》的第二个主要论点是,突出“贫农经济”和“贫农社区”的形成过程。土地贫瘠和人地压力是当时最为现实的两个基本因素。西方帝国主义的入侵、民国时期的军阀混战、日本军国主义的蹂躏促使众多之前较普遍的以中农为主的农村紧密社区的解体。在生产关系方面,租佃关系和雇佣关系都在递增。并且,不再带有原有的亲邻间的道义约束和礼仪;部分具有稳定和紧密人际关系的社区越来越多地成为松散的、没有人情可言的村庄;由社区受人尊敬的具有道德威望的人士来承担领导责任的传统逐步衰落,到战乱时期越来越多的"恶霸"型的流氓或逐利型的小人来充当村长,鱼肉村民;越来越多的中农沦为自家土地不足、必须依赖打短工来维持生计的"贫农"。同时,国家的临时摊派日益繁重和苛刻。无论在"阶级关系"层面上,还是村民与国家政权的关系上,矛盾都比较突出。这是一个相对其他地区更可能响应中国革命号召的地区。

长江三角洲则不一样。其土地相对肥沃高产,生态相对稳定,生活相对"富裕"。长江三角洲的"佃农"所占比例虽然要比华北高好几倍,但实际上村民拥有长期稳定租种的土地的"田面权",拥有"田底权"的地主则主要居住在城镇。在城镇中田底交易虽然频繁,但并不影响在农村的稳定的"田面"耕作。由于土地总产较高,田面地租显得相对并不十分苛刻,"阶级矛盾"并不同样显著,佃种田面的小农较像华北的自耕中农。而且,由于那样的土地关系,田赋基本都由拥有"田底权"的居住在城镇的不在村地主来交付,村民相对而言较少与国家打交道,也较少感受到民国时期华北那样日益苛刻的新型摊派。长江三角洲的村民与国家间的矛盾并不突出。因此,其农村无论在阶级关系还是与国家政权关系中,矛盾都没有像华北那么显著。

两地相比,我们都不能用简单的"生产关系"或发展还是欠发展的框架,以及"先进"或落后的框架来认识和理解中国的小农经济,一定要用更宽阔多维的视角来认识:不仅仅是纳入阶级关系的因素,当然更不是简单地将租佃和雇佣关系视作一方落后一方先进的不同;也不可仅凭"市场经济"、资本和"前现代"相对"现代"发展的划分来认识;我们更需要考虑到农户家庭的特殊性、生存和生态的关键性、村庄社区组织等因素,国家与这些因素的关系,以及历史偶然性等一系列不同的维度。否则,便不可能真正认识两地在革命前的社会经济实态。

最突出和重要的一点是,在相对更高度商品化和富裕的长江三角洲,依据雇佣劳动的资本主义式规模化经营式农场,居然会在明清更替之后逐步走向消失,完全被小农家庭农场所取代。仅凭此点,我们便可以清楚知道为何无论是中国之前的"资本主义萌芽论"还是西方资本主义(规模化农场)的现代主义发展论,都是不符合中国实际的。其答案要通过中国小农经济自身的特点来认识和理解。

新中国成立之后的演变

《长江》与《华北》最主要的不同是,《长江》的后半部分将此地区的乡村社会经济史一直追溯到新中国成立之后的1980年代,而不是像《华北》那样基本终止于1949年。而《长江》的后半部分最主要的发现乃是,革命前的“内卷”型耕作——农业的演变主要不在劳均产出的提高,而在依赖更多的“内卷型”劳动力(主要是家庭的辅助劳动力)投入,来将亩均产量和产值提高的变迁——仍然非常关键。

集体农业意外地和之前的家庭农业具有一些关键的共同之处。主要是,其劳动力是给定的。在这方面,集体实际上等于是一个扩大了的家庭——它无法裁员。而且,集体下的工分制促使对妇女劳动力更完全地动员和使用,这方面比内卷型的小农经济只有过之而无不及。同时,和小农家庭一样,生产队和大队集体最关心的是总产出,不是劳均报酬。它们带有尽一切可能提高总产出的强烈动力,不会太多考虑到伴随更多劳动投入而来的劳均报酬的递减或停滞。正因为如此,在集体制下,农业内卷的程度比过去更高、更强烈。最突出的实例是1965年之后被广泛推广的“双季稻”的种植。多加一茬水稻固然提高了单位土地的总产,但却是以单位劳动和土地边际报酬只可能严重减低的代价换来的。即便是新纳入的机械化,它所起的作用也不是农业的去劳动密集化，而主要是使其在早晚稻两茬交接的最紧迫的时间段中完成必要的耕地工作，使添加一茬的进一步劳动密集化成为可能。在国家的领导下，配合集体组织，固然在技术、水利、整田、良种等诸多方面都有一定的改进，但并不足以改变农业内卷化的基本趋势。在集体制下的二十年，单位土地的总劳动投入直线上升，总产是提高了，但单位工分值一直没有显著的提高。实际上，总体上与之前长期以来的“有(总产量的)增长、无(单位劳动产出的)发展”的内卷化趋势基本一致。农村农民依然贫穷，城乡差别依然显著。

农业长期以来的内卷化意味中国农业必须摸索出不同于西方的发展道路。我之后关于农业的《超越左右：从实践历史探寻中国农村发展出路》《中国的新型小农经济：实践与理论》两书中探讨的主要问题便是：中国怎样才可能做到既是必然(由于中国的基本国情)的劳动密集，又是真正意义上的农业现代化，即单位劳动力平均产出和产值的提高？

固然，这里我们要考虑到，城镇化和中国非农经济的大规模发展，起到了巨大的作用。但是，如今中国的劳均耕地面积仍然才7亩，户均才10亩，内卷化农业依旧，实在不可与美国平均2700亩的所谓“家庭农场”相提并论。东南沿海和城郊农村除外，中国的农村和农业的主体，说到底仍然是极小规模的家庭农场。

我提议，除了行将城镇化的东南沿海和市郊农村，我们必须接纳给定的"小农经济"将不可避免地较长期延续的现实，在这样的前提下探寻出路，而不是坚决追求规模经济效益的大农场。

如今，那样的出路最突出的实例乃是近三四十年来发展的新型的"劳动与资本双密集化"的小农场、小农业，其劳动力来自小农家庭，其资本则来自大规模外出打工后的非农收入，与规模化的西方式资本主义农场截然不同。也就是说，中国农村的出路在较长的时期内，仍然不是以资本主义大农场来取代小农经济，而是在借助小农经济的特殊组织逻辑和顽强生命力来推进其高附加值"新农业"的发展——如1、3、5亩地的拱棚蔬菜、几亩地的果园、一二十亩地的种养结合农场。那样的农业在2010年实际上便已经占到农业总产值的2/3，耕地面积的1/3。它们是使中国人的食物结构（粮食：蔬菜：肉食）从原先的8：1：1比例转变为如今的4：3：3的关键基础。中国农业未来的出路在于，为新农业的小农经济建造迄今仍然欠缺的新型的、类似于东亚（日本、韩国）基于小农社区合作社的产、加、销"纵向一体化"的优良基础设施服务，进一步推进城乡间真正对等互利的贸易，做大两者相互推进的发展，而不是长久地陷于三大差别状态。

这是现代中国农业史为我们说明的最主要的现实和逻

辑。最近几年,尤其是2018年制订《国家乡村振兴战略规划(2018—2022年)》以来,相关问题已经得到了国家的重视。尽管之前对规模经济和资本主义生产的迷信仍然具有较大的影响,即便在农政决策者和学术界中,仍然有不少人坚持将小农经济视作落后的、必须消除的负担。但是,今后国家应当能够更自信地走出一条具有中国特色的小农经济现代化发展道路。这才是两书主要结论的含义。

黄宗智

2022年7月

中文版序

本书使用的史料,主要出自20世纪30年代人类学家实地调查所得的资料,尤以日本满铁研究人员在华北平原33个自然村实地调查所得的资料为主。作为一个侵略国发起的研究,满铁的调查,肯定有其局限性。调查的具体情况及其引起的史学问题,将在本书第二章中进行详细讨论。作者十年来详细阅读这些资料,把它们和中西学者在20世纪二三十年代做的调查加以比较,进行校对,又于1980年访问了其中的两个村庄,通过实地的调查,来核对、补充这些资料。最后,作者得出的结论是:满铁资料不失为用现代经济人类学方法来研究中国农村的一组数量最大而内容又极为丰富的资料。它们的质量甚至可能高于20世纪前半期世界任何其他小农社会的有关资料。此外,1979至1980年间,此书英文初稿写成之后,作者承蒙中国社会科学院历史研究所接待,在北京中国第一历史档案馆查阅清代的刑部档案和宝坻县的户房档案。作者试图把满铁资料所显示的一些20世纪的社会经济变化趋势追溯到清代前期,而对近数百年来华北农村的演变型式提出一些初步看法。

本书在分析概念上,同时得助于农民学和中国历史研究中的三大学术传统,即革命后中国的马克思主义观点的历史研究,西方“形式主义经济学”和“实体主义”(本书对它们的称谓,见第一章)的学术著作,以及日本的马克思主义和实体主义的研究成果。

在联系史实和概念的研究过程中,作者有意识地循着从史实到概念再回到史实的程序进行研究,避免西方社会科学中流行的为模式而模式的作风,和国内“文化大革命”期间以论带史的倾向。本书试图从最基本的史实中去寻找最重要的概念,然后再不断地回到史料中去验证,提炼自己的假设。

国内和国外的学术著作,对于如何处理前人的研究成果有不同的习惯。在国内,应用他人研究成果时,一般只要求引述原始资料。此外,在与他人商榷时,避免直接指名道姓地提意见。国外则不然:学术著作的第一个要求,是总结前人的成果,划清他人与自己的贡献。与人商榷时,要求注明作者和书名,以便查对。作者觉得在这方面,国外的习惯是可取的,因为它体现了要求学术通过一代代的积累而不断前进的科学精神。本书采用了西方的这种习惯,而以相当的篇幅总结过去中、日以及西方各家学派的研究成果,并提出自己的观点,与之商榷。

本书写作过程中,承蒙国内外一些学术界的朋友慷慨帮助——都已在正文有关部分一一注明。作者受惠于李文治和刘永成两位先生尤多。此外,1982至1983年间,美国不同学科的二十二位同行,以及中山大学的叶显恩先生,对此书的初稿和第二稿提出了宝贵的意见。中华书局李侃先生,热诚促进中美学术交流,使拙作得以在国内出版,十分感谢。

写译此书过程中,首尾两章,特殊概念颇多,由我自拟初稿,其余各章都由我的研究生叶汉明女士先译成初稿,然后经我自己逐段修改。叶女士自己关于山东潍县近百年农村社会经济演变的博士论文,1985年底即可完成。她协助我翻译中间各章,谨此表示衷心的感谢。全书最后定稿之前,承蒙刘永成和赫治清两位先生慷慨为拙稿做文字上的修饰,不胜感激。作者长年在国外工作,平日写作全用英语。这次等于用左手书写此稿,加之原稿是用英文写的,又用了一些特殊的概念,书中难免有不少半西半中的词句和段落,还望国内读者鉴谅。我花了近一年的工夫写改此书的中文稿,目的是要为沟通中外学术交流尽本人微薄之力。我坚信海内外的学术若能真诚交流,相互促进,必定会使我们对中外历史及其包含的真理,掌握得更深刻更全面。谨以此与国内同仁共勉!

目　录

第一编　背景

第三编 村庄与国家

附 录

图表目录

正文表

附录表

正文图

第一编

背景

第一章 探讨的问题

中国的小农

共产党革命胜利前,中国的小农具有三种不同的面貌。首先,是在一定程度上直接为自家消费而生产的单位,他在生产上所做的抉择,部分地取决于家庭的需要。在这方面,他与生产和消费,工作和居住截然分开的现代都市居民显然不同。其次,他也像一个追求利润的单位,因为在某种程度上他又为市场而生产,必须根据价格、供求和成本与收益做出生产上的抉择。在这方面,小农家庭的"农场"也具备一些类似资本主义的特点。最后,我们可以把小农看作一个阶级社会和政权体系下的成员;其剩余产品被用来供应非农业部门的消费需要。

农民学中三个不同的传统

小农的这些不同特性，各主要传统学派已分别加以阐明。西方经济学家研究其类似资本主义企业一面的代表作是西奥多·舒尔茨（Theodore W. Schultz，诺贝尔经济学奖获得者）的《传统农业的改造》。舒氏在书中论述道：小农的经济行为，绝非西方社会一般人心目中那样懒惰、愚昧，或没有理性。事实上，他是一个在“传统农业”（在投入现代的机械动力和化肥以前）的范畴内，有进取精神并能对资源做最适度运用的人。传统农业可能是贫乏的，但效率很高。它渐趋接近一个“均衡”的水平。在这个均衡之内，“生产因素的使用，较少有不合理的低效率现象”（舒尔茨，1964：37）。舒氏认为小农作为“经济人”，毫不逊色于任何资本主义企业家（舒尔茨，1964：特别是第二、三章）。因此，舒尔茨提出改造传统农业的正确途径，不是苏联式的改造，而是在保存家庭式农场的生产组织结构的基础上，提供小农可以合理运用的现代“生产因素”。一旦有经济利益的刺激，小农便会为追求利润而创新，从而改造传统农业，如同美国所经历的农业改革一样（舒尔茨，1964：第七、八章）。①

最近，波普金（Popkin）又进一步阐明了舒尔茨的分析模型对

① 西方经济学家常以美国家庭农场来说明一个近乎纯粹的资本主义企业（例见曼斯菲尔德1980年的教科书）。小生产者的大批存在，造成一个在公开市场上比较理想的自由竞争局面（区别于汽车生产中少数制造商控制市场的情况）。一个种植小麦的农场主所做的生产抉择，可以充分说明价格和供求之间的关系。他如何最合理地分配土地、劳力和资本的不同比例，则可以说明如何将有限的资源做最适度的运用，以尽量降低成本和增加利润。

我们了解小农的政治行为的意义。在他看来,小农的农场,最宜于用资本主义的“公司”来比拟描述。而作为政治行动者的小农,最宜于比作一个在政治市场上的投资者。在波氏的分析中,小农是一个在权衡长、短期利益之后,为追求最大利益而做出合理生产抉择的人。波普金的书也因此取名为《理性的小农》(1979)。[①]

对这种把小农当作资本主义企业家的分析持批评态度的学者则强调小农为自家生计而生产的一面。此学派可以苏联的恰亚诺夫为代表。他在20世纪20年代对革命前俄国小农所做的研究,令人信服地说明了小农经济不能以研究资本主义的学说来理解。资本主义的利润计算法,不适用于小农的家庭式农场。因为这种农场不是依赖于雇佣劳动,其家庭全年所投入的劳动,很难分计为一个个劳动单位的成本。农场一年所生产的农产品,是全年劳动的成果,也不宜像现金收入一样按单位计算。最重要的是:小农的家庭式农场的生产,主要是为了满足其家庭的消费需要,不是为了追求最大利润(Chayanov,1966a,1966b)。

三十年之后,经济史家卡尔·波兰尼(Karl Polanyi)又从另一角度批评了用资本主义经济学来研究小农经济。波兰尼和他在哥伦比亚大学的同派学者认为,资本主义经济学的概念和分析方法都是以一个根据供求规律而定出价格的市场的存在为前提。将这

---

① 波普金考虑到小农农业中的冒险因素,试图改进舒尔茨的分析。在这方面,波氏采用了米尔顿·弗里德曼(Freedman,1948)对风险条件下消费者的抉择原理的经典分析(这套理论提出“效用的极大化”,包括有计划的“赌博”和“保险”)。波普金还借用了迈克尔·利普顿(Lipton,1968)的以生存为首要条件的“理性”经济行为的分析。在批评斯科特(1976,见下文)时,波氏也采用了马克思主义的概念。但他的观点基本上和舒尔茨相同。

种经济学应用到尚无此类市场的经济体系上，实际上等于强把“功利的理性主义”普世化：把世界上所有的人，都等同一个追求经济合理化的“功利的原子”。波兰尼提倡用“实体经济学”取代上述“形式经济学”，以“实体经济学”分析资本主义市场尚未出现之前的经济。他还认为，“形式经济学”的前提是人人都有余裕做经济抉择，并假定土地、劳力和资本都可以用货币买卖。他所提倡的“实体经济学”则认为在资本主义市场出现之前的社会中，经济行为“植根”于社会关系，如古代的“互惠”关系（例如互助及亲属之间的义务），而非取决于市场和追求至高利润的动机。研究前资本主义的经济，需要一种截然不同的方法：要把经济作为社会“制度过程”来探讨（波兰尼等，1957：特别参见第十二、十三章）。

波兰尼的观点，得到许多研究尚无市场关系的小社团和半商业化农村的经济人类学者的支持。这些“实体主义者”（同行们常这样称呼他们）一向反对用西方传统经济学的模式来研究非西方的前工业社会。时至今日，资本主义经济学到底应否或如何应用于小农经济研究，仍是一个争论不休的问题（所涉及的问题范围可见于多尔顿[Dalton]，1969，以及附录的评论）。

詹姆斯·斯科特（James Scott）阐明了恰亚诺夫和波兰尼的学说在分析农民思想和政治行为方面所蕴含的意义。在其《小农的道义经济：东南亚的叛乱和生计维持》（1976）一书中，斯科特力持：小农经济行为的主导动机是“避免风险”“安全第一”；在同一共同体中，尊重人人都有维持生计的基本权利的道德观念，以及“主客”间的“互惠关系”等。因此，小农的集体行动，基本上是防卫性和复原性的，是为了对抗威胁生计的外来压力，对抗资本主义市场关系以及资本主义国家政权的入侵。

与形式主义和实体主义的观点相对立，马克思主义强调的则是小农的最后一个方面。一些传统的马克思主义理论著作认为，小农经济是“封建”经济的基础，其主要特点是一整套的阶级关系，即地主和小农生产者之间的剥削与被剥削关系。小农的生产剩余，主要是通过地租(包括劳役、实物和货币地租)和赋税形式而被地主及其国家所榨取。封建社会中的农民，既非形式主义分析中的企业家，也非实体主义者笔下的道义共同体成员；他们是租税的交纳者，受剥削的耕作者。其生产的剩余用来维持统治阶级和国家机器的生存。(马克思主义者承认封建主义社会中小私有者农民的存在，但认为当时主要的阶级关系是地主和佃户间的关系。特别参见马克思，1967，3：782—802；列宁，1907：190—218；斯大林，1940；毛泽东，1939。)

对分化中的小农经济的一个综合分析

本书所采用的首先是一个综合的分析。以上概述的三种分析，对我们了解他们所特别强调的那个方面有所裨益。可是，这些分析引起了长时间的争论。在我看来，继续坚持某一方面的特征而排斥其他方面，是没有意义的。本书首先主张：要了解中国的小农，需进行综合的分析研究，其关键是应把小农的三个方面视为密不可分的统一体，即小农既是一个追求利润者，又是维持生计的生产者，当然更是受剥削的耕作者，三种不同面貌，各自反映了这个统一体的一个侧面。

其次,我们还需要区别不同阶层的小农。因为这些特性的混合成分和侧重点,随不同阶层的小农而有所区别。一个经济地位上升的、雇佣长工以及生产有相当剩余的富农或经营式农场主,要比一个经济地位下降的、在饥饿边缘挣扎、付出高额地租和领取低报酬的佃农、雇农,较为符合形式主义分析模式中的形象;而后者则更符合马克思主义的分析模式。一个主要为自家消费而生产的自耕农,则接近于实体主义所描绘的小农。

我们要采用的是一个区别不同阶层小农的综合分析。16 世纪后期,华北平原开始植棉。这些棉农,表面看起来,似乎都是为适应市场需求和棉花的较高利润而植棉。但仔细观察,就会发现各个阶层的棉农,其植棉的动机是不同的。较大而富裕的农场,在决定把棉花纳入其总作物组合型时,显然在很大程度上受到利润的诱导。然而,即使是最大、商业化程度最高的农场,一般仍以其耕地面积的相当部分,种植直接供家人食用的作物,并把部分剩余用以纳税,供政权组织所用。至于较贫穷的小农,生存的考虑往往重于利润的追求。小农分化和人口递增的双重压力,使许多贫农农场面积在 18 世纪后,缩小到生产不足维持其家庭的食用。许多这类小农,被迫冒险以反常的比例面积来种棉花,因为植棉可以较充分地使用剩余劳力,而棉花的较高收益也使他们有可能赖以维持生计。至于租佃土地的贫户,则往往毫无选择的余地。地租一旦随棉花所得的收益增高,租种可以植棉的土地的小农便无法继续种粮食。但是,如果市场行情发生剧变,他们便相应地调整作物组合比例,与较富裕的农场并无二致。换言之,小农对种植棉花的态度,同时受三种因素的影响。利润的考虑,在富裕的农场上占较大的比重。在贫穷的农场,则较多地考虑生计与生产关系。

另一个有关的现象是:使用雇佣劳力的大农场和依赖家庭劳力的家庭农场对人口压力,会做出不同的反应。大农场可以就农场的需要变化而多雇或解雇劳力。家庭式农场则不具备相似的弹性。从相对劳力而言,面积太小的家庭农场,无法解雇多余的劳力;面对剩余劳力的存在和劳力的不能充分使用而无能为力。在生计的压力下,这类农场在单位面积上投入的劳力,远比使用雇佣劳力的大农场为多。这种劳力集约化的程度可以远远超过边际报酬递减的地步。恰亚诺夫指出,革命前俄国曾存在过这种现象(恰亚诺夫,1966:113—116)。克利夫德·吉尔茨(Clifford Geertz)给爪哇水稻农作中这种集约化到边际报酬收缩的现象,冠以一个特别的名称:"农业内卷化"(吉尔茨,1963)。[①] 本书将证实人口压力常使冀—鲁西北平原贫农农场劳力的边际报酬降至雇佣劳动工资和家庭生计需要之下。对一个与资本主义企业相类似的大农场来说,这样的经济行为是不合理的——一个企业何以会在边际收益低于成本时继续投入劳力?这样做岂不等于故意要亏本?

但我们不应就此下定论说,那些家庭农场的经济行为是"不合理的",这是不能用形式经济学来理解的。内卷化的现象,实际上也可以(勉强)用微观经济学的理论来给予合理的解释,但需要同时用关于企业行为和消费者的抉择理论来分析,而不可简单地用追求最大利润的模式来分析。一个有剩余劳力的小农,把投入农

---

① 我们如在图上以垂直轴线代表产量,水平轴线代表投入的势力,"内卷"的现象出现于显示产量与劳力之间的关系的曲线开始向右伸平之后,即劳动力边际产量开始递减之后。

场的劳力提到如此高的地步,是因为这样的劳力对他来说,只需很低的"机会成本"(因缺乏其他的就业可能),而这种劳力的报酬,对一个在生存边缘挣扎的小农消费者来说,具有极高的"边际效用"。不用追求最高利润的观念(来自企业行为的理论),而用"效用"观念(来自微观经济学中关于理性消费者的抉择的理论)的好处是:它可以顾及与特殊境况有关的主观抉择。最主要的是要把家庭农场当作一个生产和消费合一的单位来理解。

小农的经济行为在以上两个例子中一个和商业化有关,另一个和人口压力有关——只能通过区别不同阶层的小农,而又综合形式主义、实体主义和马克思主义学派的分析来理解。这是本书探讨华北农村的演变型式时所采用的基本观点。

农村演变的型式

近代农村演变的古典型式,当然是英国向资本主义过渡的模式。小农分化为农业资本家与雇佣劳动者,而农业伴随着资本主义工业化而现代化。在这个过程中,小农社会和经济的彻底转化,使得"小农"这一名词不再适用于英国农村。

若将英国与西方其他国家相比较,当然会看到很大差别。例如,法国小农家庭式农场,在工业化发生之前及其发生过程中,比英国的家庭式农场顽固得多(Brenner,1982)。而在美国,比在任何其他国家更使我们注意到,现代化和资本化的家庭式农场在改造传统农业中所起的作用。然而,和中国比较起来,这些不过是速度上的差别。形成鲜明对照的是:西方的小农分化过程,归结于农村经济的全面转化;中国则是在小农经济范围内的进展,它所导致的不是资本主义工业经济,而是一个分化了的小农经济。

过去的研究

关于中国农村演变的型式问题,必然会连带提出下面两个问题:中国在帝国主义入侵之前,经历了怎样的变化?入侵之后,又经历了怎样的变化?要了解近代中国的变化,必须首先明确那些变化的底线。

形式主义学者特别强调明清时期人口的压力。主要著作见于德怀特·珀金斯(Dwight Perkins)对1368年至1968年六个世纪的中国农业所做的大规模的量性研究。在他之前何炳棣(Ho,1959)对怎样运用中国历代田赋和人口的资料系统研究中国人口史,做出过建设性的研究。珀氏的数据研究建立于何氏的成果基础上。在分析结构方面,珀氏采用了埃斯特·博塞拉普(Boserup,1965)所总结的一个模式:人口增长是历史上农业发展(也就是集约化)的主要动力。从20年到25年一作的"森林休耕制"(刀耕火种式农作),到6年到10年一作的灌木休耕法,3年两作的"短期休耕法",1年一作法,以及人口稠密的小农经济中的复种制,是一个由人口增长推动的集约化发展过程。

根据珀金斯的研究,从明初到1949年,中国人口增加了七倍至九倍,而农业产量增长的比例也约略相等。在这段时期内,农业技术和"制度型式"(土地所有和生产关系的型式)基本上没有变化,因此人口的增长本身,是推动产量增加的主要动力。人口的递增促使小农向他处迁移,从而把耕地面积扩大了约四倍。这是产量提高七八倍的原因之一。另一主要原因,是由于单位面积产量的倍增。在这期间,投资于农业的"资本"①有所提高,主要是需要大量劳力的水利工程和有机肥——两者皆得自人口和劳力的增长。

同时,单位面积投入的劳力增多了,也促使小农选种产量较高、劳动较集约的作物,或提高复种比率。这样,中国的农业得以和人口保持齐头并进。直到 20 世纪,可供移民的边区开发净尽,集约化的道路也已走到尽头,方始面临危急的关头(珀金斯,1969:特别见第 184—189 页)。珀金斯的分析,显然是把"传统晚期"的中国社会视为只经人口促成的量变,而未达到西方那种质变的程度。

在珀金斯的人口增长推动农业集约化的理论模式之上,马克·艾尔温(Mark Elvin)又添加了边际劳动生产率递减(当其土地、资本和技术不变时)的概念。当中国农业伴随"帝国后期"的人口增长,集约化程度发展到愈来愈高时,边际劳动生产率就逐步下降,小农农场在必须消费上的剩余也随之消失(Elvin 1973:特别见第十七章)。换言之,小农经济已像吉尔茨的模式那样内卷化了。

西方学者研究的重点是人口,而中国学者研究的重点则是生产关系,主要的分析模式是"资本主义萌芽"论。这一模式坚持认为,在帝国主义入侵之前,资本主义已在中国"萌芽"——此事实可见证于商品经济和雇佣关系的发展。但帝国主义的入侵,使中国沦为一个"半封建""半殖民地"的国家,从而妨碍了中国资本主义

① 形式经济学习惯以"土地""劳动""资本"三个概念来划分一个企业的生产因素。在传统农业中,"资本"所指的是耕畜、农具、肥料、水利等设施。

的正常发展。这是一个有一定的政治内容和民族感情的论点：它的前一部分把中国历史摆入五种生产方式的公式(人类一切社会都经历原始、奴隶、封建、资本主义和社会主义五个社会阶段)；后一部分则毫不含糊地谴责帝国主义的罪过。

中国的经济史学家们多在这个分析的前半部分内工作。①

在农业方面，景甦与罗崙首先于 50 年代做出创新性的研究——他们用口述资料证明，19 世纪 90 年代，山东一些地区有相当数量的"经营地主"，用雇佣方式经营农场(景甦、罗崙，1959；威尔金森编译，1978)。随后，李文治指出十七八世纪中，伴随商业性农业的发展，许多小农因"力农致富"而成为"庶民地主"(1963a，b；1981)。最近，一些学者更用明清档案馆所收藏的清代刑科题本中的资料，进一步充实了农业中雇佣关系发展的证据。其中刘永成

① 资本主义萌芽论虽然仍是今日国内明清经济史学界的主导分析课题(南京大学，1980：2 附有截至 1979 年的 218 篇属于这个学派的论文目录)，然而近几年出版了一些不同观点的著作。尤其在两本主要著述(胡如雷，1979；傅筑夫，1980)中，我们可以看到，关于中国和西方前资本主义时期的社会经济结构上差别的深入分析。胡如雷认为关键在于中国的"封建地主制"与西欧的"封建领主制"之间的区别。在欧洲的封建庄园内，经济权和军事、政治、司法权融合为一；领主行使这一系列的权力。因此，领主制的国家政权体制，是一个主权分封的体制。反之，在中国的地主制中，政权和经济权通过土地私有和频繁买卖而分离。中央集权制因此有可能兴起。地主制与中央集权体系相互关联，而形成一个必须区别于领主制的政治经济体系。胡氏的分析，有助于理解中、西方前近代的政治经济体制的差别，也可推及它们在近代不同的演变道路。傅筑夫指出领主制和地主制之间的另一个差别。在基于农奴制的领主制下，庄园主必须照顾劳动者的生计和再生产，不然，领主经济本身的根基会遭到破坏。但中国的地主没有这种限制，他可以依靠相应供求关系而求取土地租佃的市场所允许的最高利润(傅筑夫，1980：9—10，201—202)。傅氏虽然并未讨论人口问题，但这种规律显然在人口压力加上社会分化压力时最为严酷。在那种情况下，一个无法维持生计的佃户，可由另一佃户取代。地主制可以成为一个把贫穷佃户压至生存边缘以下的制度。

的贡献尤其重要(1963;1979b)。[①]

由于理论的限制,也由于资料的缺乏,过去有关资本主义萌芽的著作多着眼于生产关系的变化,而较少分析生产力——马克思主义生产方式概念中的两个因素之一。许多学者简单地把资本主义萌芽等同于自由雇佣劳动关系的兴起。至于生产力方面,即使论及,也只不过视生产力的发展为必然的事,而没有去系统地分析、估计劳动生产率的变化(景甦、罗崙,1959;刘永成,1962,1979b;中国人民大学编,1957;南京大学编,1980)。至于"资本主义萌芽"公式的下半部所提出的问题——帝国主义对近代中国农村经济的影响——或因触及当代及政治上的敏感性,未曾有深入的学术研究。[②]

实体主义者之中,恰亚诺夫提出了最独特和完整的关于前资本主义小农经济变迁的一个模式。恰氏认为农场家庭经济的情况,主要随家中消费者与劳动者的比例的周期性变化而升降(这种比例,随家中子女的数目和年龄而变化)。家庭的经济条件,在成年父母不需供养老人而又没有子女时(消费者对劳动者的比例是一比一)最佳;在没有劳动能力的消费者(儿童和老人)最多时则最

① 我在此书英文原稿付印之后,才收到李文治、魏金玉、经君健的新作:《明清时代的农业资本主义萌芽问题》(北京:中国社会科学出版社,1983年)。无论在资料上还是分析上,此书无疑是近三十多年来国内资本主义萌芽传统学术讨论中,关于农业的分量最重、内容也最成熟的论著。虽然,此书仍基本未涉及人口增长所起的作用。我为本书,尤其是第五、六两章,未能参考、纳入李文治等最新研究成果,深感遗憾。

② 中国学者的研究仍未能超越经济研究所的李文治和章有义在50年代发表的资料集。那三卷资料集是任何研究此问题的人必备的参考书。但进一步的研究分析尚未问世。

差（1966b：1—40，第一章）。革命前的俄国农村，主要循周期性的“人口分化”型式变动，而不是循列宁研究俄国资本主义发展时所强调的阶级分化型式而变化（沙宁，1972：第三章）。（最近的实体主义著作，例如斯科特［1976］，多着重分析世界资本主义经济对前资本主义经济的影响，而不注意其前期的演变型式。实体主义关于那方面的分析，我们将于下一节讨论。）

恰亚诺夫的模式尚未被系统地应用于中国历史的研究。这是可以理解的：我们能看到的有关家庭农场经济的数据，多限于 20 世纪 30 年代调查的横断面资料。我们没有可供检验恰氏模式的长期性按户统计的数据资料。在现有资料范围内，我们只能对恰氏模式做一些推论性的讨论：此理论显然没有充分考虑到土地和其他财产的分配不均。在俄国的“米尔”（mir）村社组织下——它在不可确定的程度上时而重新分配土地（沙宁，1972；79—80）——这个偏向尚可理解，但并不符合中国的实际。虽然如此，恰氏的“家庭周期”概念，若能兼顾到中国分家制度对农民家庭所施加的压力，也许有助于解释为何同样经济条件的家庭会有不同的命运。在废除土地私有制之后的集权制下的中国，恰氏的理论显然有一定的分析力：一村中最有钱的农户常是生产与消费比例最有利的家庭。

人口与生产关系

本书主要探讨农村长时期的演变型式。将来若能得到足够的资料，我们也许可以兼顾恰氏所提出的基于家庭生物节奏的短期变化。本书所强调的是,我们必须兼顾考虑人口和生产关系,综合形式主义和马克思主义的观点才有可能说明中国农村在帝国主义侵入之前的变化型式。

形式经济学对于阐明人口增长对中国农业所起的作用,肯定做出了很大的贡献。19 世纪和 20 世纪,中国的家庭农场平均面积,只有当时美国农场的 1/60,法国农场的 1/10 左右。这一根本差异,对中国农业和经济整体结构,有一定的约束作用。中国的农业经济,与美国、英国或欧洲农业的一个主要差异在于,它主要依赖农作物,而较少饲养牲畜。后者只占中国农业很小的比例(约为今日农业生产总值的 16%,而在美国则占 60%,法国占 57%),而其中多数是喂谷牲口,如猪和家禽,绝少牛羊之类的放牧牲畜(陈平,1979,1981)。此一区别,当然是由于中国人口数量相对耕地比例较高的缘故。而高人口密度,排除了大量放牧牲畜的可能性,必定要依赖作物,因为生产一斤肉(或牛奶或乳酪)需耗去数斤饲料。[①]

这个以作物为主的农业经济的特色表现为极高的土地生产率和极低的劳动生产率。河地重造曾用卜凯的资料指出,中国农业在 20 世纪 30 年代所达到的单位面积产量,实际上比当时已相当现代化的美国农业高出很多。在卜凯的“冬小麦—高粱区”(包括冀—鲁西北平原)中,单位播种面积的产量,和美国中西部差不多。但中国的“冬小麦—高粱区”复种率较高,是一个高粱、小麦和大豆两年三作的耕作制度。而美国中西部则是一个小麦、养草休耕和小麦的三年两作制。假如把不同的复种指数计算在内,中国每亩

① 卜凯(Buck,1937a:12)指出一英亩土地可产六七倍于所产牛奶的作物。

耕地单位面积产量就等于216—247斤,或每英亩647—740公斤,比美国的每亩133斤或每英亩400公斤高出甚多。[①] 当然,这几乎完全是由于中国耕作制度远比美国高度集约化的原因:每英亩小麦所投入的人工是美国的23倍,每英亩高粱则是美国的13倍(河地重造,1963a:顾琳、周锡瑞,1980:42—43)。高土地生产率与低劳动生产率的结合,正是农业内卷化的证明。

另一方面,资本主义萌芽的分析,使我们得以掌握小农经济的商品化及伴之而来的阶级分化现象。明清时代中国农村所经历的,并不只是伴随人口压力所引起的量性变化。实际上,愈来愈多的小农加入了经济作物的种植,因此分化为一系列在两种生产关系中处于不同地位的阶层。"封建主义"这个概念突出的是租佃关系的轴线,即把租种土地并将农场的一半收成用来付租的人和脱离生产并依赖地租为生的人区别开来(也区别耕种自有地的自耕农)。资本主义萌芽的分析,则强调革命前小农经济中的第二条生产关系轴线——雇佣劳动——并将雇主(用劳动者生产的价值的约1/3雇用农业工人)与佣工区别开来。根据这两条轴线,我们可以像1950年土地改革法那样,系统地区别农村社会中的地主、富农、中农、贫农和雇农(将于第四章中详细讨论)。这样的分析也可以阐明革命前三四个世纪中农村社会演变的主要型式。

为了同时兼顾到人口和生产关系所起的作用,本书在大量实地调查资料和清代刑科档案资料基础上,对冀—鲁西北平原上的经营式和家庭式农业的历史,做了比较分析。这两种农业生产关

① 这个数字没有把休耕年份计算在内。

系迥异:一个主要依赖雇佣劳力,另一个则是靠家庭劳力。家庭式农业之转化为经营式农业,显示雇佣劳动和大农场的扩展。这两种农场对人口压力的反应也不相同:一个可以根据农场的需要调整其劳动力的数量;而另一个却常常无法做同样的调整,因为一个农户家庭不能解雇自家多余的劳力。比较两种农场劳动力使用的不同,有助于我们理解人口压力对家庭式农业的小农经济所起的影响。

分析比较两种农场的生产率,可以解释农业经济的发展及停滞的原因。经营式农场是华北平原最大和最成功的农场。它伴随商业性农业而兴起,证实了本地区农业的发展;其未能导致农场生产力发生质的改变,则说明了农业经济的停滞。

经营式和家庭式农业这一孪生现象的历史,可以同时照顾到生产关系和生产力两个因素,并清楚地说明经济内卷化下社会分化的客观事实。这一演变形式,与形式主义和马克思主义的分析所塑造的形象都不相同。华北农村所经历的变化,不是简单的内向超集约化,也不是简单地向资本主义过渡,而是一个极端集约化的小农经济中的阶级分化。

中国经济没有像西方那样蓬勃发展,这意味着中国社会变迁的方式与西方的形式是各不相同的。西欧农村在近世经历了长期的社会分化:一方面是资本家的兴起,另一方面是小农的无产化。在无产化的过程中,社会上越来越多的人丧失了生产资料而依赖佣工为生,从农村雇佣劳动者到乡村手工业作坊和小型工场的雇工,城市各种服务性行业中的伙计,以至现代工厂的工人,都是小农无产化的结果(Tilly,1978;1979)。小农社会便渐渐地被资本主义工业社会取代。与此相反,华北农村的演变,没有像典型无产化过程那样导致经营式农场的资本化和越来越多的小农从他们的家庭农场分离出来。它却导致了有雇佣劳动但未资本化的经营农场的兴起,和越来越多小农的半无产化。这些小农,同时依赖家庭农场和佣工收入为生。虽然有的在农业部门之外就业,但大部分仍束缚于农业,许多是短工,有的做长工。本书称这个演变过程为"贫农经济的形成",或称为小农经济的"半无产化"。我用"半无产化"一词,并不意味着这个过程是必定要过渡到资本主义和完全无产化的一个中间阶段;而是要表明在受到人口和阶级分化双重压力,又没有蓬勃资本主义经济发展的情况下,小农经济的特殊演变形式。

本书的宗旨之一,是要说明小农的性质会在半无产化过程中改变。这既不是说他们简单地从小农变为非小农,也不是说他们简单地失去了前文提到的三个面貌中的任何一个。这个变化的主要内容,是三个特征混合的相对比例的变化,以及在小农特征之上又加上佣工者这一新的特征。

经济落后的问题

中国社会经济演变形式异于西方的问题,必然会连带引出中国经济为什么没有经历资本主义发展的问题。艾尔温继续他的分析,进一步论说人口压力通过两条主要途径造成中国经济的落后:它蚕食了小农农场维持家庭生计以外的剩余,而使小农无法积累"资本";它虽把传统农业推到了一个很高的水平,但对新式投资却起了抑制作用。因此,中国农业陷入一个“高水平均衡的陷阱”(Elvin,1973:特别见第十七章)。

艾尔温的分析和舒尔茨的看法基本一致。他们认为中国的小农和西欧与美国的农场主一样,是追求最“合理地”使用资源的经营者。这样的小农把传统的农业推到高效率的“均衡”。此外,英国的经历似乎证明地租并不足以妨碍佃农资本家成为农业现代化的前驱。因此,小农家庭式农场的生产组织方式应该保留,不应通过革命来改造它的社会结构。[①]

艾尔温根据他的分析,进一步提出了政治性的结论。关于帝国主义怎样影响中国的问题,艾氏写道:“近代西方的历史性使命是缓和,而后解脱中国的高水平均衡陷阱。”(1973:315)帝国主义把中国开放给世界市场,并提供了近代科技,因而刺激了中国经济的发展。国际贸易和科技传输如真能不受限制地发挥其作用,[②]其结果定会导致中国的工业化。而中国小农的企业心和创造性会重新显示出来,并促进中国农业的现代化(Elvin,1973:315—316,319)。

传统的马克思主义者把封建主义下的小农视为受剥削的辛劳

---

① 在这一点上,艾尔温和舒尔茨都重申了卜凯的意见。卜氏在其书序言中明确地申明,他反对社会革命和集体化,提倡以控制人口和改善市场及技术的措施来应付中国农村的危机(卜凯,1937a:21—22;1930:159—66)。与卜凯同时代的美国乡村社会学家,也曾同样地论说美国式家庭农作比苏联式集体化农作优越(索罗金[Sorokin]与齐默曼[Zimmerman]是这方面研究的代表人物。特别见1929:625—628)。

② 艾氏的见解当然不是上述一类分析所能提出的唯一的结论。例如,珀金斯(1967)在对比19世纪中国和日本时,论说日本的发展,主要得力于国家所起的作用。与其说晚清政府阻碍了经济发展,不如说它没有像明治政府那样促进经济发展。

者。其生活之外的剩余是被地主以地租形式榨取掉的。因此,他们认为,艾尔温那样问小农何以没有累积资本来促使经济发展,是没有意义的。地主控制了可供投资的剩余,所以这个问题应该针对他们提出。只要封建地主把剩余用于消费而不做生产上的投资,经济便会停滞不前。只有当一个新的积累资本的阶级兴起,才能导致新的雇佣关系和新的生产力,资本主义改造才会实现。生产方式从旧到新的过渡,源于生产关系和生产力的相互作用。这样,一种生产关系会继续到它成为生产力发展的桎梏为止。而在真正向新的生产方式过渡时,会呈现生产关系及生产力双方面的变化。资产阶级是伴随资本主义经济的发展而兴起的。[①]

保罗·巴兰(Paul Baran)为进一步阐明资本形成的过程而区别"实际剩余"(消费后留下的)和"潜在剩余"。后者包括从劳动者身上榨取而供统治阶级消费的剩余,现存阶级关系一旦改变,这样的剩余便可能用于生产投资,故称为"潜在"的剩余(巴兰,1957:特别注意第二章)。维克托·利皮特(Victor Lippit)把巴兰的理论应用于革命前的中国,试图以数据说明地租、雇佣劳动、高利贷和赋税等形式,是用以榨取小农剩余的手段。以地租形式榨取"潜在剩余"的计算方法最易说明:如有 1/3(利皮特数据的约数)的耕地出租,而租率一般约为农产的一半,那么收取的地租就约为农业总产量的 1/6。再用此演算程序来计算支付工资后的剩余,农民付予高利贷主的利息,以及小土地所有者对国家所交付的赋税,利皮特得出的总数约为农业总产量的 30%,相当于经济整体总产值的约

① 这个宏观分析的最佳总结,当然是马克思本人的《政治经济学批判》前言(马克思,1968:182—183)。

19%(Lippit,1974)。

因此,利皮特认为中国经济落后的缘由,并非如艾尔温所提出的剩余匮乏,[①]而是潜在剩余被统治阶级所控制,只作奢侈性消费,而不去用作生产性投资。在这种情况下,发展只能随社会革命而产生。中国土改的经济意义是:国家通过社会革命,从统治阶级夺取的潜在剩余,部分转用于生产性投资,部分用以提高农村社会中贫穷分子的生活水平(Lippit,1974,1978;参较 Riskin,1975)。

利皮特证明,这个小农经济中存在相当的剩余,是对艾尔温"陷阱"的前半部分的一个重要纠正。考虑到生产关系,便不会怀疑这个社会中有小部分人控制了相当的潜在剩余的事实。对华北平原的农业而言,本书的资料特别突出经营式的农场主。他们直接参与生产,而异于普通地主;他们控有剩余,而又异于一般小农。分析他们为什么没有做创新性的生产投资,可以具体地说明中国农业停滞不前的缘由。

艾氏"陷阱"论的下半部分,分析高密度人口对剩余使用的影响,尚需进一步讨论。我们可以把它与马克思主义的生产关系分析综合起来,提出这样一个问题:人口与生产关系,如何相互影响该经济体系中剩余的使用?这里,经营式农场的历史,可以清楚地说明一个在人口压力下分化了的小农经济,怎样阻碍农业部门中资本的形成。它也可说明社会政治制度在这方面所起的作用。

农业部门当然不能单独地解释整个经济体系。农业的发展可以促进工业部门的成长,例如可以为它提供用于投资生产的剩余。

① 艾氏虽然在正文的辩论中,承认剩余的存在(1971:285—316),但他的"高水平均衡陷阱"图解(同上:313),指明人口压力耗费了必要消费以上的剩余。

而农业的落后,也可以抑制工业的发展,例如限制了国内市场的发展。相反地,一个高速发展中的工业部门,也可促进农业的发展。利皮特的分析,试图解释中国经济的整体。但艾尔温主要着眼于农业。要对人口和社会结构如何在落后的中国经济中互相作用这个大问题做分析,我们必须考虑到农业部门以外的许多其他因素。在此问题上,本书只能做一些初步的分析,指出一个内卷而又分化了的小农经济,在某些方面,怎样影响到中国幼小的工业部门中资本的形成和使用。

帝国主义的问题

本书的另一个重要问题是,中国农村在近代怎样受到西方和日本资本主义经济的影响。形式主义者既然认为,资本主义市场经济的形成是经济发展的主要前提;所以也认为,世界资本主义对中国经济的影响,基本方面是有利于中国的。如上所述,艾尔温坚持帝国主义赋予了中国经济唯一突破停滞陷阱的机会。但是,中国经济并未真正能够迅速地发展。艾氏认为,这应归咎于高密度的人口。形式主义经济学中很有影响的“二元经济论”模式,同样认为:世界资本主义的冲击使中国经济分化为两个截然不同的体系,一个是受帝国主义刺激而兴起的“现代经济部门”,主要集中在商埠、城市,另一个是没有受到此刺激的腹地的“传统经济”。这两个体系分道扬镳,极少互相渗透。传统经济的劳力集约和所生产的价格低廉的货物仍吸引着传统市场的乡村消费者。在这方面,经常被人引用的例子是手工织的土布。它不仅幸存,而且还在与机织布的竞争中增长。现代工业产品,往往价格较为昂贵,超出收入低微的农村消费者的支付能力。所以,那些商品,正和现代经济部门的影响一样,大多局限于城市。于是,近代的中国农村,实质上没有受到帝国主义和近代城市经济多大的影响(侯继明[Hou Chiming],1965:特别是第七章;侯继明,1963;墨菲[Murphy],1977)。

马克思主义者不会同意帝国主义有益而无害的论说,根据西方一个主要的马克思主义流派的分析,帝国主义所强加于第三世界的是一个两层的剥削系统:在受害国内,城市榨取农村的剩余产品和原料;在国际之间,先进国家榨取后进国家的经济的剩余。"宗主国"与"附属国",又或"中心"与"边陲"地区之间的关系是个剥削和被剥削的关系。帝国主义非但没有赋予第三世界以经济繁荣,它实际上强加了"附属性",造成并延续了其经济落后状态(Frank,1973:1978)。

伊曼纽尔·沃勒斯坦(Immanuel Wallerstein,1974,1979)在"附属论"之上又加添了资本主义"世界系统"的观念:世界市场把各国的经济结合成为一个统一的经济体系。这个观念的优点,是有助于把剥削意图这个感情性的问题从帝国主义问题的讨论中摒除,而强调它的客观系统性和世界性。它也突出全世界同类现象的相关性,指出这些现象都与资本主义世界经济的扩张有关(Wallerstein,1979;1974)。

实体主义者从另一角度指出帝国主义的破坏性作用。根据斯科特的看法:脱离人与人之间直接联系的资本主义市场经济一旦侵入农村,前资本主义的互惠性道义经济便会遭到破坏;此外,资本主义殖民地国家机器向农村榨取更多的剩余,也会瓦解闭塞自主的前资本主义自然村。

西方这三家学派的论说,虽然有助于了解近代中国,但它们都忽视了中国在帝国主义入侵之前的内在的变迁动向。本书将指出:只有把这一变迁型式分析清楚,我们才可以从几个世纪的眼光来了解帝国主义对中国的影响。“二元经济论”虽然在讨论农村手工织布业的命运时,大体上正确,但却严重地低估了农业加速商品化对中国农村的影响。“附属论”在分析机器纺纱对手工棉纺业的破坏,以及日本经济侵略对山东省经济的影响,虽然基本正确,但它忽视了这一事实:中国小农经济在结构和变动的方向上,基本延续着过去的趋势。最后,道义经济的论述,虽然指出了生产关系演变过程中常被人忽视的一面,但却过分夸大了道义观念在过去生产关系中所起的作用。

至于帝国主义和近代中国经济的落后到底有什么样的关系这一问题,我们必须从帝国主义和中国内在的经济和社会结构如何相互作用这一角度来考虑。单纯突出帝国主义这一因素,或者把它当作一个类似实验室的试验中可以随意加入或抽出的因素,我认为是不符合历史客观事实的。帝国主义一旦侵入中国,即和中国原有的社会经济和政治体系结合成一个整体。本书将提出理解此问题的一种分析方法,即着重分析资本形成的过程,把帝国主义视为许多相关的决定因素之一。

中国的农村

华北平原的村庄，如同它们的小农一样，同时具有形式主义、实体主义和“传统的”马克思主义各自分析中所突出的三种特征。小农家庭一般都在一定程度上是分别为市场生产的单位。从这一角度来看，与其说每个村庄是一个紧密内聚的整体，不如说它是一个由个别农户组合的街坊。可是，大部分的村庄也在不同程度上形成自给自足的经济单位，它的居民直接消费他们的产品的一部分。村庄不仅划出居住的界限，也在某种程度上划出生产与消费的界限。工作和居住的纽带关系又常和宗族关系交织而互相强化。从这一角度来看，村庄是一个闭塞的，或许也是紧密的共同体。同时，一般村庄都存在一定程度的租佃和雇佣关系。着眼于这些关系，便会得出村庄是一个分化了的社会的缩影：其中部分人榨取其他村民生产的剩余。和分化了的小农经济一样，华北村庄及其在近代的演变，必须综合形式主义、马克思主义和实体主义的观点，而又注意不同村庄的区别来进行分析。村庄大多具有三种特征，但其混合的比例，则随村庄的经济和社会结构而变化，也因村庄所遭受的外来势力的性质不同而变化。

过去的研究

美国史学家心目中的中国村庄的形象，主要来源于形式主义的观点。其中影响最大的是威廉·施坚雅（William Skinner）的研究。施坚雅企图纠正人类学主流派只注重小社团而忽略村庄与外界的联系的实体主义倾向。他写道：

> 人类学者在中国社会做实地调查时，把注意力几乎全集中在村庄上，大多歪曲了农村社会结构的实况。要是说中国的小农生活在一个自给自足的世界中，那个世界不是村庄，而是基层市场共同体。我要指出的是：小农的实际活动范围，并不是一个狭隘的村落，而是一个基层集市所及的整个地区(Skinner,1964—1965:32)。

根据施氏的说法，基层集市是地方市场系统的三层等级中最低的一级。在这里，"农户一般贸易需要"都可得到满足。它也是农产品和工艺品向上流动的起点，和供应小农消费的货物向下流动的终点。一个典型的基层集市，是一个约有18个村和1500个农户的核心点。所及范围，约为50平方公里的六角形地区(同上:3,6)。

根据施坚雅于1949年在成都东南25公里的集市高店子所做的三个月的实地调查的结果，当地一个小农：

> 到50岁时，在基层市集赶集已达3000次。他与该共同体的每一户男子平均至少在同一街道上碰面1000次。他在市上向来自各方面的小贩购物。更重要的一点是，他在茶馆内与远处村庄的小农朋友社交往来……上集市的人很少不在一两个茶馆内消磨至少一个钟头。在好客和联谊的礼俗下，任何进门的村民都可以立即成为座上客。在茶馆里消磨的一个钟

头，无可避免地扩大了个人的交际圈子，也加深了他对这共同体社会其他部分的认识（同上：35）。

在这样一个图像中，每个小农都“与同一个市场系统中所有的成年人有点头之交”。基层市场共同体是媒婆、秘密社会、宗教组织、方言等的基层空间范围（同上：40—41）。一言以蔽之，它是“小农的社会生活的圈子”，是中国社会的最基本单位（同上：40—41）。

施氏后来把早期分析市场的模式，延伸成为一个包含八层等级的“中心地”的模式，上达县城以及区域性和中央的大都市。同时，市场系统也上延而成为整体的“区域系统”，把中国分为八个“大区域”，每区围绕它的中心都市。此外，在空间之外兼顾到时间，把市场结构和区域系统上溯到它们历经的数世纪的“周期节奏”（Skinner，1977a，1977b）。

施氏原意，不过是要矫正人类学家只着眼于小社团的倾向，但结果几乎完全消灭了他的对手（我们由此也可以看到他在美国学术界影响之大）。一整代的美国史学家，都以为中国的村庄，在经济上和社会上高度结合于大的贸易体系。因此，未注意到村庄这个单位。这个假说，在过去许多学术研究中有所体现，表达得最明白的也许就是今日在美国学术界影响颇大的西达·斯科波尔（Theda Skocpol），一位全靠第二手文献来描述中国社会结构的比较史理论家：

……我们必须留心，传统中国共同体的基本单位并非个体村落……而是包括一组村庄的市场共同体。……虽然农民

> 在个体村庄内居住和工作,但市场共同体才是他们真正的世界。他们经常到定期市集做买卖,取得工匠的服务、贷款、参加宗教仪式,以及寻找婚姻对象(Skocpol,1979:149)。

形式主义学者不甚重视村庄的观点,也得到其他几种研究者无意中的支持。美国学者对"帝国后期"中国政治结构的研究,多集中于国家政权和士绅阶级。庶民小农,除了在叛乱期,都被视为纯粹被动地受国家统治和士绅领导的对象。萧公权的主要著作《中国农村:十九世纪帝国政权对人民的控制》(Hsiao,1960)是运用国家、士绅这个二元分析模式的好例子。他采用的基线,出自官僚制度本身所绘制的理想状态:所有乡村农户,都系统地编入以十为单位的小组,一为赋税之用(里甲制),二为治安之用(保甲制)。这样,国家官僚政权在理论上深入到自然村内,乃至每家农户。萧氏又把社会上所有领导分子等同于士绅。他写道:"说士绅是乡村组织的基石,其实并不夸张。村庄可以、也确曾在没有士绅的状态下存在;但没有士绅的村庄,很难有任何高度组织性的活动。"(Hsiao,1960:317)在这样一个将小农纯粹视为被动因素的图像中,中国历代社会政治结构的变迁,主要出于国家和士绅二元之间的权力转移。在19世纪,随着国家正式机关的权力衰落,权力重心移向"非正式"的士绅政权。村庄在这个过程中没有单独分析的必要。

瞿同祖(Ch'ü,1962)和张仲礼(Chang,1955)在他们很有影响的研究中,采用了大体上同一的模式。和萧公权一样,瞿同祖将所有地方社会领导层等同于士绅。在国家机关之外,他只注意政府和士绅的关系,并没有考虑到村庄自身内部的权力结构,以及它与国家之间的关系。张仲礼也和萧公权一样,强调士绅在地方社会中非公职性的领导作用,而无视村庄中可能存在着的自发领导。

基于这些研究,孔飞力指出了"军事化"的长期趋势:它开始于18世纪末年,为镇压白莲教叛乱而在士绅领导下成立的地方团练。这个趋势以及随之而来的权力从国家向士绅的转移(Philip Kuhn,1970),又成为20世纪地方"自治"运动中士绅僭取更大政治权力的背景。孔氏认为,20世纪二三十年代土豪劣绅的兴起,是国家权力向上绅转移的长期过程中的一个现象。基于此,他认为这些人物的来源,是旧日的下层士绅(Philip Kuhn,1975)。在新近的一篇论文中(Philip Kuhn,1979),孔氏继这一分析之后,进一步讨论因国民党政府冀图将地方政府重新官僚化而引起的摩擦冲突,这同样是国家与士绅之间权力交替转移过程中的一个现象。

所有这些研究的基本假定,是自然村完全被深入基层社会的国家政权和士绅所控制,整合于上层的体系之内。这个观点,和施坚雅认为村庄完全结合于大的贸易系统的模式,是互相支持的。所以,即使事实上村庄居民一般全是庶民,没有士绅或官员,他们仍可坚持说,只需研究国家和士绅就足以了解村落的组织和政治生活。

这个农村的图像,也得到中国史学界关于农民战争的研究的支持。在那些研究之中,农民常被描绘为一个跨越村庄、作整体性行动的"农民阶级"。当然,在农民意识形态和行为特征等一些课题上常有热烈的论争(见《中国历史年鉴》1979;刘广京[K.C.Liu],1981),但极少有学者考虑到,农民是否有可能,有时只以村庄整体成员的身份和意识做出行动。

中国关于革命史的研究,大多同样地强调阶级行动,而不考虑村民的内向闭塞性。我们从一些著作中,很少看到把村庄作为一个值得注意的单位来研究的资料。这会使我们觉得自然村共同体似乎在革命中不起任何作用,虽然在后来改造农村社会时,实际上保留了自然村这个基本单位。

有的学者曾对这个主导的阶级模式提出商榷,但他们多从宗族关系而非村庄共同体的观点出发。他们指出宗族关系常跨越阶级,而使农民组织和行动变得更加复杂(例见傅衣凌,1979)。他们没有考虑到与亲族交织,但不可与之等同的自然村这一单位。在这方面,他们的观点和近年西方人类学者在台湾和香港所做的研究相当接近。后者多把注意力集中于一些望族,而无视一般的村民(Watson,1982,对这些研究做了敏锐的总结)。

实体主义的观点主要在日本学术界中得到表达。平野芳太郎是较早的一个提倡者。他认为中国的村庄,是一个具有内在权力结构、宗教组织和信仰合一的共同体。但平野氏并不是实体主义学派最理想的先锋。他在学术以外另有政治目的:在他看来,由村庄共同体组成的东亚式社会,与西方个人主义式的社会根本不同,而可以视作“大东亚共荣圈”的基础。当时戒能通孝从综合形式主义与马克思主义的观点批评了平野氏。他强调中国的村落是一个分散而又不平等的社会:它没有固定的分界线或公共财产。其中一家一户各自分别为自己的利益而生产。它的权力基础是阶级和暴力,而不是村民的自发支持。戒能的目的是要提倡他自己理想中的西方的发展途径:私有财产和小农个人主义导致了资本主义的发展和民主的政治制度,形成了一个所有成员都以平等地位参与政治的真正的近代国家共同体(旗田巍,1973:35—49)。戒能与平野的论争使人联想到最近美国学术界波普金(Popkin,1979)与斯科特(Scott,1976)的论争。

实体主义学派在日本的起源尽管不理想,但村庄"共同体"的概念,后来仍在学术界起了重要的作用。抗战时期,一些日本社会科学家在中国做的实地调查,是一个得助于日本人类学研究的优良传统的调查。它搜集了相当多有关农村内部组织的具体资料。后来的学术分析,即使持形式主义或马克思主义观点的,都一致把村庄共同体问题放在讨论和研究的中心。例如清水盛光(1951)沿实体主义传统和马克思的"亚细亚生产方式"概念,进一步假设闭塞的村庄是和"东方专制主义"相互关联的。仁井田陞(1963:365—383)则主要从家族组织和阶级关系的角度来研究农村社会。而今堀诚仁(1963:42—61)则强调各种形式的"共同体",不过是掩盖和维持阶级统治和剥削的工具。旗田巍(1973)在清楚地区别了自己的观点和平野、清水的过分夸张的分析的不同之后,提出了一些关于村庄的比较具体和综合性的分析。

华北的村庄

西方形式主义和日本实体主义学派关于中国村庄的看法所以不同的一个主要原因,是两者所依赖的实证根据不同。

西方的学者多着重研究中国较先进的地区,即那些商品经济较发达,社会分化较明显,而宗族组织较高度发展的地区。因此,他们多强调村庄整合于市场系统与上层社会亲族网的一面。

日本对近代中国的研究,则多受战时在华北平原所做实地调查的影响。该地区农业以旱作为主,且缺乏河道运输。因此,农村经济的商品化程度远低于长江下游和四川盆地。小农为市场生产的比率较低,为贩卖产品而上集市所花的时间也较少。商品经济的不发达和较少的农业生产剩余,造成了一个以自耕农——在生产关系上与外界接触较少的人为主的社会。村庄成员的绝大部分是拥有土地的自耕农,这又意味着国家政权在村民生活中占有相对重要的地位——因自 18 世纪中叶起,国家赋役已经摊丁入地。国家政权渗入村庄,又促使村庄政治组织为应付国家赋税而形成。村庄之中,居民未经高度阶级分化,缺乏显要人物,又使家族的组织结构较长江下游和珠江流域地区薄弱。华北农村的宗族,一般只有少量族产(几亩祖坟地),而不会跨越村与村或村与市之间的界限。这样的家族结构,加强了村庄的内向性。

在现存的西方形式主义和中国马克思主义学术观点之中,我们首先需要把实体主义形象中商品化程度较低而比较内向的村庄,重新纳入我们注意的课题之中。美国学者裴宜理最近的研究(Perry,1980:152—207),说明华北平原 20 世纪 20 年代的红枪会,是一个以个别农村为基础的村庄自卫性运动,是一个以自耕农为主要社会基础,为防御盗贼、反抗国家苛捐杂税,在抗战期间又成为抵抗侵略者的村庄武装组织。刘少奇 1938 年在总结华北抗战经验的一个报告中,曾清楚地指出这种组织的性质。根据他的报告,红枪会、天门会、联庄会等都是“单纯的武装自卫组织”,“对一切问题都是从本身利益出发,谁去骚扰掠夺他们,他们就反对谁”,而不会“积极出来反日、打土匪、打游击等”。(刘少奇,1938:51)施坚雅本人似乎既考虑到红枪会这类现象,又为了纠正自己过分夸张了的“基层市场共同体”,在1971年提出了一个同时考虑到闭塞分散的和与外界相结合的村庄的模式。在那个分析中,一个自然村会伴随朝代的盛衰,而经历周期性的“开”与“闭”(Skinner,1971)。

为了探讨村庄组织与其社会经济结构之间的关系,本书采用了30年代日本社会科学家在冀—鲁西北平原所搜集的关于33个村落的实地调查资料。据此,我把这些地区的自然村分为7个类型。区别了高度商业化、商业化程度较低和中等商业化的村庄(细节见第二章和附录),还有高度发达手工业的村庄、市郊村庄、作为移徙东北佣工工人家乡的村庄,以及严重遭受军队蹂躏的村庄。20世纪变化不大的村庄,为我们提供了一条可以用来了解清代自然村的基线。

至于清代的村庄与国家政权之间的关系,本书用19世纪一个县政府的档案资料,来探讨当时税收情况和国家对村庄权力的限度。20世纪30年代,关于各村如何针对现代国家机器企图进一步控制农村而采取的措施的口述资料,也有助于我们了解清代的情况。本书将试图证明清代华北的村庄,在政治上和社会关系上,均比我们过去想象的要闭塞得多。

20世纪的变化

清楚地了解19世纪村庄与国家之间的关系,有助于我们明了20世纪的变化。美国学者魏裴德(Wakeman,1966)、孔飞力(Philip

Kuhn,1970)和周锡瑞(Esherick,1976)的著作,说明了近代地方士绅权力扩张的事实:先是通过对付农民起义的“军事化”,继而通过士绅领导的地方“自治”和改良运动,把权力扩展开来。同时,美国学者刘广京(1978)和麦金农(Stephen MacKinnon 1980)指出,国家机器试图把地方政权重新官僚化,以扭转士绅领导下的军事化和地方“自治”的趋势。欧内斯特・扬(Ernest Young,1977)则说明了这两种趋势的同时扩张,导致地方分权与中央再度集权的交替呈现,军事化和地方议会与正规政府的官僚化相互交错的复杂局面。

上述两种矛盾趋势以及学者们之间的分歧使我们忽视了 20 世纪农村与国家政权之间关系的变化。在西欧,国家权力渗入农村,是从政权分封的封建时代向近代中央集权国家发展过程中的一个环节。研究欧洲史的学者已十分清楚地指出这两个过程,把它们合称为“近代国家机器的形成”(Tilly,1975a,b)。但研究中国的学者的注意力,则被吸引到更加惹人瞩目的一些课题里面去了:在帝国主义入侵下部分主权的丧失,王朝政权的衰落和崩溃,以及军阀割据。此外,因为我们主观上习惯赋予中国古代在朝政权以现代的特征(这是可以理解的:中国唐代以来的科举制度,这在西方则是进入近世之后才出现的),而民国政府现代化的程度,又远远不如当时的西方政府,清代与民国国家机器之不同遂显得模糊不清。

本书在村级资料的基础上,试图描述 20 世纪自然村与国家政权之间的关系的演变情况。在此,我将再度强调“赋税”这一村庄和国家之间的主要交叉点。20 世纪地方政府权力的扩张,并对乡村的渗入和榨取,都超越清代的国家机器。

20世纪村庄与国家之间的关系,不只取决于国家政权的性质,也受到村庄内部结构的影响。本书将指出,伴随半无产化过程而来的,是紧密内聚村庄的日益松散化。自耕农之转化为部分或完全脱离土地所有、每年以部分时间外出佣工的贫农,意味着许多村民与村庄整体关系的逐渐松弛,以及紧密村庄向较松散的社团的转化。在20世纪频繁的天灾人祸摧残之下,更多的自然村也日趋松散。

半无产化与官僚化两个过程的交接,导致了村庄与国家之间新的矛盾。这种矛盾在村级政府——村庄内在权力组织与外来政权的主要交叉点——尤其显而易见。有的地方出现了"土豪劣绅"和"恶霸"(后者是北方较通用的称谓)的滥用权力,蹂躏村庄,也就是当时毛泽东(1927)、费孝通(1948)和丁玲(1949)等人都曾注意到的问题。这种村政权的兴起,正是本书所探讨的农业内卷化和伴随商业性农业而来的阶级分化,怎样影响自然村及其与国家关系的明显例证。

第二章　引用的史料与研究的村庄

研究中国历史上的小农和村庄，仍严重地受到史料不足的限制。对于统治集团的人物，史学家可以向浩瀚的历代官方资料以及显要人物的文集和族谱取材。至于最近几个世纪，史学家更可以利用大量地方志中的名人列传来进行定量分析。这类材料时间的深度与内容的翔实，常使研究其他国家历史的学者羡慕不已。但对于中国历史上的普通人民，史学家则尚未得助于类似其他国家近年来较突出的社会史研究者所引用的那种资料。例如，乔治・勒费弗尔（Georges Lefebvre，1934）利用地方政府的档案资料完成了有关法国北部农民的不朽著作。伊曼纽尔・勒罗伊拉杜希（Le Roy Ladurie，1974）在几百年的地籍与税收记录的基础上做出了有关法国龙格多（Languedoc）地区农民的极翔实的描述和分析。近年来，西方人口史学，以农村教会记录为基础（日本则用“宗門改帳”），做出了不少突破（例如 Levine，1977，和 Smith，1977），而中国多半没有可能找出类似的资料。

但是,延续到20世纪中叶的中国的小农经济,却使中国历史学家有可能使用欧洲社会史学家所无法得到的现代人类学调查资料和数据。过去,此类资料未被充分利用。本章着重讨论20世纪30年代,日本现代人类学家在冀—鲁西北平原33个自然村中实地调查所得的资料。这组资料是本书依据的主要史料。所以选择这一地区作为研究对象,主要是由这些资料所决定的。此外,清代刑部的命案档案,以及宝坻县户房有关基层税收人员的一些档案,对于我将长时期的历史演变过程与现代实地调查资料相连接的尝试,也有很大的帮助。

满铁调查的资料

日本社会科学家的实地调查记录,包括三组主要资料,大部分在1935—1942年间由南满洲铁道株式会社(简称满铁)调查机关组织编纂。第一组资料是1935—1939年间对河北东北部(冀东)的系统性调查。1933年5月31日,日本逼迫中国签订了所谓"塘沽协定",在长城以南联结延庆、宝坻、芦台的对角线以北,也刚好在北京、天津以北,设立了一个"非武装区"。两年后,日本军事情报局为全面侵略做准备,创设了"冀东地区农村实态调查班",专门研究河北东北部农村情况。这个30人的调查班包括7个日军情报人员,14个满铁调查人员(主要是天津办事处,即"天津事务所"和满铁"经济调查会"的成员),以及9个当时在满铁安排下到中国留学的日本学生。该调查班的成员经数周会议,制定了统一的研究规划和调查表,然后在1936年4月22日至5月15日分14个不同小组,实地搜集有关16个县的25个村庄的基本资料(满铁,冀东地区,1936 a)。

翌年,满铁天津事务所,担负继续调查的全责,选择了4个县的4个村庄——平谷的大北关、宝坻的西范庄、丰润的米厂、昌黎的前梁各庄(见图1),做深入考察。每个村由一个5人小组负责,这次调查,是在没有军事情报人员参与的情况下完成的。调查组主要由天津事务所的研究员组成。从2月16日到3月17日,以4周时间用于实地搜集有关各农户的详细统计资料。它分为16项:土地关系、雇佣关系、作物、买卖、税收、资本、收入与支出,等等。其中3个村的调查成果被认为合格,可以出版(满铁,冀东农村,1937a,1937b,1937c)。而在宝坻的第4个村,则视为仍需进一步考察,该村的研究结果始终未能问世。

第三次调查在1937—1939年间进行。这次集中在丰润县的棉作区米厂村。他们派了一位中国研究员长驻该村,协助被选定的14家农户保存调查期间各项收入和支出、每种作物的产量、劳动日数、用肥量等的详细记录。该项调查的成果是3册统计资料,它无疑是历来对中国乡村农户调查所编的最详尽的资料(满铁,北支事务局,调查部,1938—1941)。

第二组调查资料是满铁调查员和东京大学法学系及京都大学经济系的研究员协作完成的。在1940年11月至1942年12月间,共有16位研究员(包括2位中国研究员)进行了7次实地考察。每次为期3—5周。他们通常4—5人一组进村,但有时单独行事,

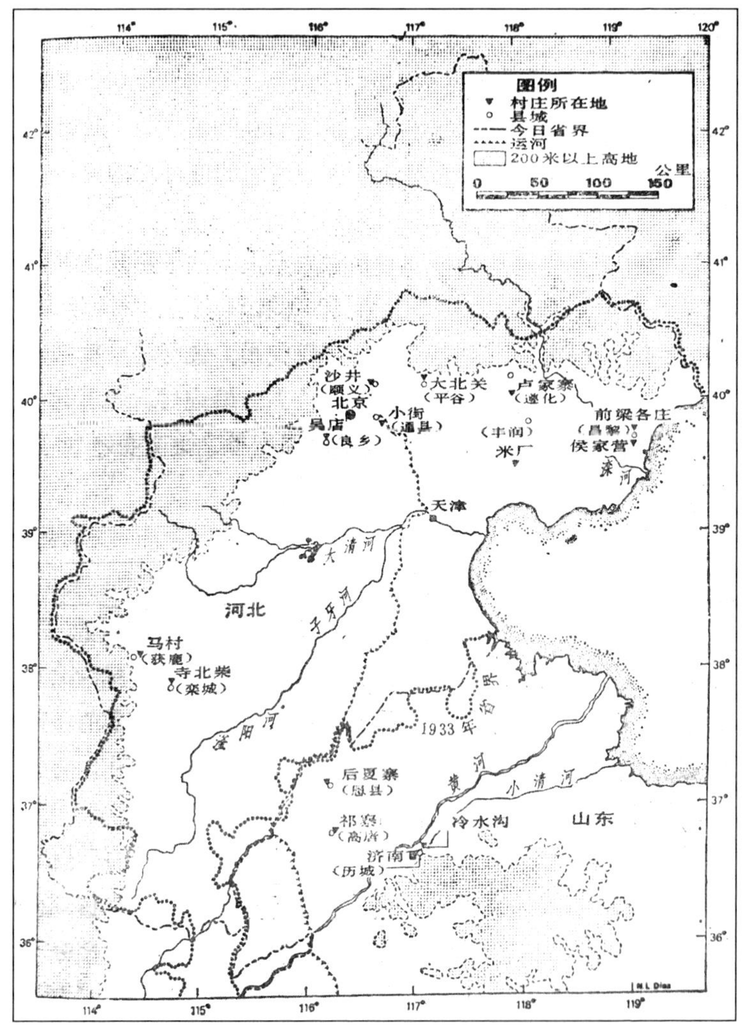

图 1　满铁深入调查的 13 个村庄*

* 图片来源：根据中华书局 2000 年版《华北的小农经济与社会变迁》第 33 页影印。

也曾组织过多至10人的大组。调查员之间有明确的责任分工。

他们的工作主要环绕9个问题：村落（特别包括村政府的组织和农村的集体活动）、土地所有、土地买卖、租佃制、水利、地契、税收、借贷、贸易和宗族。每个问题由一两位调查员负责。重点在6个村庄：顺义的沙井（河北）、栾城的寺北柴（河北），历城的冷水沟（山东）、恩县的后夏寨（山东，今平原县恩城近郊）、昌黎的侯家营（河北）、良乡的吴店（河北）（见图1）（内山，1980：52—54内有表说明责任分工和不同的实地调查；参较《惯调》，6：8—9）。

他们所用的方法是对村民进行访问。有时同时访问几位，有时个别采访。通常每次专问一个主题，详细记录答案。该项调查结果包括114个独立的报告（列于《惯调》，1：57—61），后来分6大册，用每页2400字的大开本出版，共约3200页。书中附有县地图（出自方志）及村庄的详细地图。这批调查的最佳部分，包括逐户的详细报道。仁井田陞总编的重印本附有详确的索引。调查最为透彻的村庄是沙井（6册重印本中的前2册）和寺北柴（第3册）。调查员先后访问沙井6次、寺北柴4次。①

对于适合采访而非统计性的题目，如自然村共同体和村政府的结构，以及生产关系的性质等，第二组的调查材料较第一组冀东村落的调查为优。冀东的调查，则较长于农业经济方面的材料。

① 当年的调查员有不少在后来发表学术论文，讨论了他们所负责的专题。这些论文的目录索引列于《惯调》，1：63—65。本书在原始资料的基础上，也利用了这些研究成果。在西方史学界，迈尔斯（Ramon Myers）在1970年出版的《中国农民经济》一书，曾引用这些调查报告。该书使读者窥见这批资料所包含的特殊丰富的内容。迈氏还向读者提供了一个有用的书目，其中包括满铁和日本在中国农村进行的其他有关调查。

本书采用的第三组实地调查资料,包括满铁研究员以及其他学者就个别村庄而写的调查报告。它们和前两组资料稍有不同。因为它们所提供的是一种经过不同程度的消化,然后做出的叙述、分析的报告,已非原始素材。其中对遵化县的卢家寨、通县的小街、获鹿县的马村、高唐县的祁寨(见图1)等4个村的研究,所提供的关于农业方面,如农作技术、劳动程序、作物组合型和耕作制度、畜力利用等资料,特别有用。其他几个研究点,如济南市郊的南权府庄、石家庄市郊的东焦村,以及靠近满城的眺山营等,[①]也包含详细的农家资料。时至今日,无论在日本或西方学术界,这批资料仍极少被利用。

和当时其他农村调查资料比较,满铁在个别乡村和个别农户方面的调查显得详尽细致。以上三组调查,都以个别村落为分析单位。其中较佳的研究(33村中的13个)都包括村中所有农户的个别材料。例如在沙井和寺北柴的资料中,我们可以读到调查员和村中数十位人士的冗长交谈。至于在米厂村,我们可以根据1936—1939四年的大量数据资料,就一个单独的农户,写出一篇论文。透过这批资料,我们可以对个别农户和村庄做缜密的审查。

对比之下,20世纪二三十年代的其他农村调查,实际上几乎都令人只见森林,不见树木。最具代表性的也许是约翰·卜凯(John Lossing Buck)和国民党政府土地委员会的两个调查。卜凯指导下的调查分两次进行。第一次调查了2866个农场,第二次是16 885

① 还有几种其他研究,如潍县市郊的高家楼(满铁,北支经济调查班,1940c),泰安市郊的涝洼庄(满铁,北支经济调查班,1940b),以及青岛市郊的西韩哥庄(满铁,北支事务局调查都,1939),也包含详细的资料,值得特别提出。

个农场(Buck,1930;1937a,1937b)。这两次调查,都没有按照明确的标准选择农户。有时候在1村中只调查了1—2户,有时多至100多户。第一次在河北的9个村庄中,有1个村只调查了2户,最多的1个村调查了102户。第二次在河北101个村中,有2个村都调查了100户,有21个村每村只调查了1户(Buck,1930:6,102,235;1937b:465—61)。国民党土地委员会的调查比较系统全面。这个调查在22个省中,选出10个省为重点;再从这些被调查的省份中,选出1/5的县中的1/5的农户做调查,先后出动了3000个调查员投入这项调查工作,调查户数约达180万(土地委员会,1937:1—6)。这次调查得出的耕地面积对农村人口的比例是:河北4.2亩,山东3.7亩(若把非农业人口计算在内,则河北3.2亩,山东2.7亩),比较符合实际情况(土地委员会,1937:23,24)。卜凯第一次调查得出的全国平均数为每人7.4亩,显然是比实际情况偏高(Buck,1930:序,7)。他第二次调查的样本,再度标出一个不实的平均数:在冬小麦、高粱区每人7亩(Buck,1937 b:291),这几乎是土地委员会的平均数的两倍。卜凯的调查,实际上以农村富户为样本。不过,土地委员会的调查,同样地只能给我们提供一些笼统的资料。他们所列的数据都是累计的数字,我们无法根据这样的资料来研究个别的村庄和农户。

中国社会科学家以一个或数个县为重心的几项研究,为我们提供了较细的资料。李景汉(1933)主持的定县研究,是其中比较有名的一项。这项研究包括田赋(冯华德,1936)和农村工业的研究,超越了一般农村调查的范畴(张世文,1944:13—14)。张培刚(1935; 1935—1937)对清远县(冀中)和冀东24个县的调查也是一个比较精细的研究。这些研究所提供的乡村图像,比卜凯和土地委员会的全国抽样调查都要详细。但它们也同样没有以一个自然村作为研究对象,提供的数据一般也都是概括许多村庄和农户的累计平均数。

现存中国和西方的质性资料——相对于卜凯和土地委员会的量性资料——大多汇集于中国社会科学院经济研究所于 50 年代所编纂的 3 部资料书中(李文治,1957;章有义,1957a,1957b)。这些资料大部分是城市知识分子、官员、新闻记者和游客的逸事式观察。它们有助于充实卜凯和土地委员会调查得出的概括图像。[①]但同样地,这些材料不能用来对个别自然村及农户做细密的考察。

上列资料之外,另有一些个别特殊的研究。在本书研究的地区内,戴维和伊莎贝尔·克鲁克(Crook,1959)对冀南太行山脚武安县十里铺的革命斗争史所做的半学术性、半报道性的叙述。虽然缺乏满铁乡村调查那种有关农户的量性资料,但却描述了抗战期间解放区的革命进程。这方面是满铁资料所欠缺的。西德尼·甘布尔(Sidney Gamble,1963)根据李景汉的定县研究,提供了有关自然村政权组织的资料,可与满铁调查相互补充。至于在本书重点研究的地区范围之外,韩丁的《翻身》一书(Hinton,1966)报道了山西东南近长治的张村在 1945—1948 年解放战争时期土地革命的历程,也是满铁资料的一个补充。

---

① 行政院农村复兴委员会(1934a,1934b)曾集中对个别农村进行了一系列的考察。这批资料可用作土地委员会通盘研究的补充,但只包括云南、广西、江苏、浙江、山西、河南等省,而不涉及河北、山东。

对满铁资料的批判性评价

为了正确地利用丰富的满铁资料，有必要对资料的价值做出正确的评价。一位前满铁职员曾提出质问：侵略者为殖民统治需要而发起的调查研究，不论个别调查员的动机为何，其结果怎能客观呢（野间，1964）？其他的批评者也曾提出，调查员通过军事当局才得进入村庄，在某些场合，他们甚至要在武装护卫下才可能进行调查。而调查所得的资料，又主要靠有地位的村中显要人物提供。还有人进一步指出：在某些场合，对日本调查人员的款待是村民的一个沉重负担，村民要为此付出很大的代价（左岛，1955；参较内山，1980）。

这批资料的辩护者则反驳说，大部分的调查材料实际是学术性努力的成果，极少受占领军当局的影响。尤其是东京大学和满铁合作的对 6 个村落的调查。该项研究以东京大学法学系的末弘严太郎所建立的学术模式为主导。末弘特别强调要掌握中国社会习俗的具体情况，研究中国社会真实生活的内容。他企图通过生活和习俗的改变，来认清中国社会的特性。这个源于法律社会学的模式，已超越占领军当局直接关注的内容，而给这项研究赋予了学术性和客观性（参见仁井田陞为这 6 册资料所写的序言，《惯调》，1：1）。

这些辩护之辞都有道理，但从当时历史背景看，无可否认对 6 个村的调查，同样有搜集情报的作用。满铁是半官方公司，与政府有密切联系，它发起并主办大批与占领军情报直接有关的研究计划。对6个村的调查只是它管辖下许多情报性研究活动的一小部分。①

作为侵略当局主持下的社会调查,满铁的研究工作当然会受到限制。在6个村的调查研究中,冷水沟村(山东济南以东约25公里)的实地调查可以说明这一点。该调查是6个村中令人最不满意的一个。只有1940年11月至12月的首次调查是在村内进行的,以后由于村民对调查的敌意,迫使1941年的第二和第三次调查改在县城进行,把村民召到县城,在那里让他们提供材料。冷水沟的访问记录,许多地方显示被采访的村民实际上对调查做了某种消极抵抗。他们敷衍地用“是”与“不是”来回答问题,或者提供了矛盾百出的资料(例如《惯调》,4:147,151,158)。1942年,调查组放弃了冷水沟这个点,转向邻近比较容易控制的另一个村(《惯调》,4:导论,9;9,11,55;《惯调》,6:8—9)。

然而,我们也不能因此而忽略这批冷水沟资料对某些课题所包含的相当丰富的具体内容。其中有关村内组织和村民遇旱求雨的集体活动的资料,尤其详细。当然,在使用这批资料时,要比使用其他资料更为小心谨慎。这一点,应当重视当时比较实事求是的调查员之一安藤镇正②的告诫:这批资料必须作为一个整体来读,避免依赖片面的矛盾见证。若像一些日本青年学者那样,只通过索引查看一些细节,来说明个人某些观点,将会歪曲村中的实际情况(内山,1980;旗田,1981)。

其他的调查,多比冷水沟的情况理想。旗田巍(主要调查员之

---

① 约翰·扬(Young,1966)对满铁研究活动提供了全面的概述和书目。

② 安藤严谨的研究作风可见于《惯调》,5:572—591。

一，后来成为日本著名的中韩史专家）追述当年的沙井调查时说：

> 我们和村民的关系非常亲密。有时我们和儿童、青年与老人们一起相聚，在村中小学的操场上开运动会，共度欢乐的一天。有时孩子们到火车站给我们送行，临别涕泣。……村民曾请我们调解纠纷，抗议县城里的和尚霸占村里的庙地，……我们的关系不单建立在调查工作上，彼此间更萌生亲昵的感情。……最难忘的是，在战后，我们境况最困苦时，在北京工作的村民竟送来一袋袋美国面粉。这种和村民间的亲密关系，是在日本军事支配的束缚障碍下，我们仍可进行学术调查的主要原因之一（《惯调》，1:68）。

我自己在 1980 年 4 月和 11 月到沙井做调查时，一些老人曾同我谈及当年日本学者和村民的关系。80 岁的张瑞——日本调查期间村中首富，1936 年后的副村长，1942 年的保长（《惯调》，1:99—100，177）——为我复述日本调查员对村民的帮助：当时沙井有 20 亩庙地，相邻的石门村则有 23 亩。庙田出租收入，用以维持一个住庙和尚的生活。大约在 1885 年后，乡村就不再赡养住庙和尚。到了 20 世纪，这种土地的田租，就一直用来支付各种特别摊派的捐税、村中新设学校的经费和村政府其他的开销。但在 1942 年，石门村一个叫樊宝山的恶棍，服刑三年期满回家，与镇中城隍庙的主僧照辉，合谋霸占庙田，声称该地实属城隍庙，并非该村所有，该庙亦应由镇中城隍庙管辖。因两人关系密切，而樊某尤为村民所畏惧，大家无所适从。沙井村的首事们决定向满铁调查员投诉求援。

旗田就是当时处理此事的负责人。他访问了当事人,汇合有关税单(该村保存有1915年后的纳税单据)和文件,然后召开会议,请该和尚及县官前来商谈此事。在审阅旗田所出示的确凿证据之后,官方代表严斥照辉毫无根据的要求。旗田于是当场布置一切,要照辉具结放弃对庙田的所有要求。张瑞和其他在1980年受我访问的沙田老村民,仍念念不忘满铁学者在这件事上对他们的帮忙(完整的细节和文件见《惯调》,1:194—203)。

这件轶事,可以帮助证实有的调查员和村民确实建立了不错的关系。他们虽在占领军当局赞助下工作,但许多仍是严肃认真的学者;他们在一定程度上搜集到富有实际学术价值的资料(旗田,1981;参见内山,1980)。我在1980年调查沙井村时,曾和老村民核对部分满铁资料。他们对满铁编出的按户调查表的准确和详尽,表示惊讶。此外,土改时的记录,也证实满铁研究员所做逐户调查的精确性。

不过,满铁调查(包括其中最好的部分)毋庸置疑是有局限的。它对心态方面的课题注意不多,主要着眼社会经济方面的具体材料。后者是原来研究计划的重心。在当时的情况之下,这是个明智的抉择。意识的问题,即使在最理想的研究条件下,也是难以捉摸的。在战时的环境下,任何对村民态度做系统研究的尝试,无疑都会遇到不可克服的困难。无论如何,调查员们只在实地作短期的逗留,不可能采用人类学"参与者的观察"方法做一年以上的调查。此外,他们多只能通过翻译员与村民交谈。

下层村民的意识尤难捉摸。调查员通常都依靠村中显要人物为他们提供情况。正如野间清(1964)和内山雅生(1980)所指出的,[1]这些调查没有,也不可能着重研究农村正在酝酿中的革命动力。正因为这批资料限于旧中国的情况,它们不可能为我们提供有关新中国的形成的资料。后者必须依靠不受日本控制的解放区的资料。

调查多依赖村中显要阶层的事实,告诫我们提防接受片面的见证。举例说,寺北柴村一个罕见的大地主王赞周,趁许多村民在自然灾害下破产之机,通过"指地借钱"和"典地"的高利贷方式,攫取了大量地产,在短短30年内,自己所有土地扩增了三倍。他和他父亲又强行实施有利于他们的实物定额租制,在灾害频仍和价格高涨的情况下,保证了自己稳定的实物收入(对寺北柴村的详述见本书第199—204页)。可是王赞周给日本调查员所提供的材料,却说典地制是他和出典田地的佃户间的互利制度,他的"指地借钱"制,是对贫民提供信用贷款的措施,而在物价高涨时,他自己的日子也不好过。简单信赖这样的资料,会使我们完全被这些资料内在的偏见所迷惑。[2]我们必须审慎地阅读资料的整体,才能了解寺北柴村一个不在村地主发财致富、村中多数人贫困的客观事实。

缺陷虽多,满铁调查仍不失为现存有关河北、山东自然村庄的资料中最详细、最精确的。将来,如果有更多50年代和60年代所进行的家史、村史调查资料问世,供学术界利用,而又证明这些资料比已出版的几种更为充实时,也许可以超越或弥补满铁资料。

---

① 仁井田陞(《惯调》,1:1—5)和旗田巍(1973:267—274;1981)也承认这点。

② 迈尔斯的《中国农民经济》,正犯了这个毛病(Myers,1970:77—78;70—74)。

不然,满铁调查,很可能是我们可以借以了解 30 年代河北、山东农村的最主要的资料。

调查的村庄

另一个问题是:满铁调查的这些村庄,究竟有多大的代表性?它们是否只能代表占领军当局特别关心的铁道沿线和城市近郊地区?它们在什么程度上可以代表河北、山东西北平原的一般情况?

图 2 标出 33 个被调查的村庄的位置和该区的主要河流、铁路、中心城市(1930 年人口 100 000 以上的都市)。乡村的基本社会经济轮廓见附录一,编号顺序与图 2 同。

从图 2 看,十分明显,村庄的选择的确偏重日本军国主义所关注的地区。这些村庄不成比例地集中在冀东地区。33 村中的 22 个完全位于当年平津铁路和长城间的"非武装区"之内。这种不匀称的重点安排是日本军国主义支配的直接后果。其中 8 个在天津—山海关线上,2 个在石家庄和济南地区的邻近市郊。这些村庄不能视为在广大的河北及山东西北地区的代表性标本。

为避免不均衡地偏重任何一类村庄,我按照有关每个村庄的社会经济结构的 12 种因素,把这 33 个村分为 7 个类型。如附录一所示,其中前 4 类可以视作代表性较大的村庄,最后 3 类则较特殊。

第一型、第二型和第三型,包括 33 个村中的 20 个,可视为基本类型——都是以农耕为主的自然村,主要分别在于商品化和参与

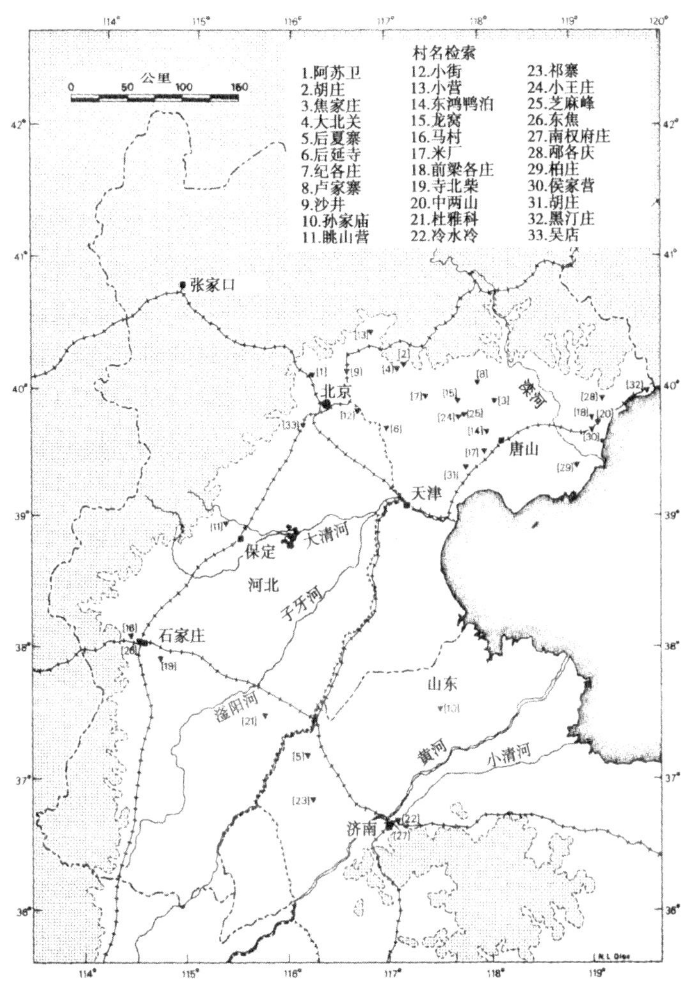

图 2　满铁调查的 33 个村庄*

* 图片来源:根据中华书局 2000 年版《华北的小农经济与社会变迁》第 43 页影印。

市场经济的程度。第一型(3 个村)为商品化较低的村庄,其经济作物,如棉、花生、烟草和水果,不到种植面积的 10%。第三型(7 个村)为高度商品化的村庄,其经济作物的面积超过 30%。第二型(10 个村),经济作物比例介于上两型之间,作为中等商品化的村庄。

第四型(5 个村)是上列基本类型的主要变异型。这些村庄具有高度发达的家庭手工业,居民赖以为收入的重要部分。

第五型至第七型的代表性较低。第五型(2 个村)是市郊村庄,带有半都市化的性质,而非单纯的农耕村落。第六型(4 个村)是外出佣工的家乡——相当部分的成年男子在东三省受雇。最后,第七型(2 个村)是曾遭受炮火摧残的村庄,它们位于战略性通道上受到内战和侵略的蹂躏。

这些不同类型的村庄,当然不可能把河北和山东西北平原上各种村庄都包罗在内,但却可以肯定它们代表了相当广泛的村庄。本书将利用这些村庄的材料,来说明一些变化过程——如商品化、手工业的发展、城市或边区的就业以及战祸的影响。作者无意把这些村庄用作华北所有自然村的标本。

从这些类别来看,满铁曾试图选择较具代表性的村庄来做进一步的深入调查。调查最细致的 9 个村——3 个属于冀东地区的研究,6 个属于东京大学和满铁协作的研究——无论从地理分布还是不同类型的角度来看,代表性都比 33 村总体要高。如图 1 所示,这些村庄中,有 2 个位于鲁西北(后夏寨,5;冷水沟,22),2 个在冀中和冀南(寺北柴,19;吴店,33),5 个在冀东(大北关,4;沙井,9;米厂,17;前梁各庄,18;侯家营,30)。在本书划分的 7 个类型之中,有 5 种可见于这 9 个村,只有第一型的低商品化村庄和第五型的市郊村庄不在。本书将广泛使用这 9 个村的实例来说明对全区的一些概括。

档案史料

单凭满铁资料,不足以探讨冀—鲁西北乡村社会经济的长期变化。有的满铁调查确实含有一定的时间深度,包括被调查者本人、其父亲及其祖父三代的资料。我们可以从中找到一些长期变化趋势的线索。此外,比较 30 年代不同类型的村庄,亦可以看到一些变化的迹象。例如,高度商品化或手工业高度发展的村庄与其他村庄的不同。但是,前工业时期农村的演变一般比较缓慢,不大可能在三代期间清楚地呈现出来。[①] 20 世纪农村社会中各种不同动力的相互冲击,又常常导致漩涡式而非直流式的变化。例如,因种植经济作物而发家致富的农户,往往会被人口压力通过分家析产而又陷入贫困。加之已经商品化了的农业会因战乱而返向自然经济。所以,要清楚地掌握乡村社会经济长期变迁的趋势,必须观察一段较长的时间。

然而,有关清代农村社会经济的史料一般都较粗略,不足以验证详细的满铁资料。过去的学术著作,对 17 世纪至 19 世纪直隶和山东的租佃和雇佣关系、富农经济、村庄与国家的关系等问题,只提供了简略模糊的印象。若要较清晰地了解这些基本关系的长期

① 迈尔斯(Myers,1970)关于这一地区农民经济的著作中的一个主要弱点是缺乏民国时期以前的资料。

变化的型式,就需要一些更丰富的史料。若能搜集到充分的资料,把满铁资料显示的变化追溯到清代前期,我们就可以证实人类学与历史学的研究方法是可以结合的,20 世纪实地调查资料与历史材料是应该并用的。20 世纪资料的丰富内容,可以充实其前的粗略图像;明清史料的时间深度,则可使 20 世纪资料所显示的变化趋势更为轮廓分明。

为达到这一目的,我在 1980 年到北京做了为期 12 个月的研究,探求到两种较有价值的资料。

第一种是藏于中国第一历史档案馆①的清代刑科题本。按照清政府常规,知县必须把命案逐级上报。这部分档案的最原始记录就是知县上呈的报告。19 世纪前,这种报告主要包括:死者直系亲属、被控谋杀者、证人、邻居的证词和供词等,颇为详尽。内中还附有验尸报告,知县的扼要分析和初步的判决。这份上呈司法机关的报告又经知府(或知州)、按察使、总督(或巡抚)和刑部尚书逐级加批意见,最后由刑部作一题要“帖黄”,呈皇帝审批。明清档中的这类案件数以万计。单在“土地债务类”下,每年就有几百宗(如 1739 年有 308 宗)至千宗不等(如 1836 年有 1495 宗)。

到了 19 世纪,这些案件的记录,变得越来越简略,也许是为了节省文书档案量的缘故。保存的只是案件和判决的梗概,不再保存各个有关人员的证供。但 18 世纪的丰富记录为我们提供了当时农村生活状态的重要线索。

以当时一宗记录比较详细的案件为例:事情发生在 1735 年 5

① 原称故宫博物院明清档案部,今改此名。民国政府档案藏于南京的第二历史档案馆。

月 6 日(阴历),地点在位于冀中西部的易州直隶州。当天因大雨没法下田,4 个长工叙饮消遣。其中一个叫刘进才的长工供酒,卖与其他 3 人。当其中一个长工要求添酒但付不出钱,一场斗殴便因此发生。长工王成被长工王明九所杀,凶手偕同刘进才逃跑。这宗案件的记载包括 3 个雇主(3 个雇主中的卢思明,雇用其中 2 个长工)对此案的简短证词(每个约 100 字)、死者兄弟和 3 个长工的供词,其中被告谋杀者王明九的口供最长,约 500 字。知州审理此案时,拟判绞刑。按察使多纶和直隶总督李卫批示同意。后由刑部尚书傅鼐复核,最后附上一页简短的"帖黄",呈送皇帝朱批。该题本上"所题照准"的朱红字样,当系乾隆的朱批(1736,包 82 号,6.17)。

18 世纪的这种档案,是珍贵的社会史素材。它们或详录贷款人与借债人的争执,或记载雇主与雇工间、地主与佃户间的诉讼,提供了其他资料中不常见的细节内容。中国学者率先采用这些资料,来做清代社会经济史的研究。他们对我的启迪将在本书有关部分注明。① 我自己先后花了 4 个月时间,选取 1736 年、1737 年、1796 年和 1896 年四年中,所有有关直隶、山东的诉讼档案,总数约 3000 宗。中国学者常把查阅这类档案的工作比作"海底捞针";我自己则比较喜欢用钓鱼作比喻——刹那的兴奋与长时的无声无息并存。这是一件经常只有微小收获的艰苦工作。

① 我特别感激中国社会科学院历史研究所的刘永成教授。他在 1979 年第一次向我介绍这批史料,后来又指点我使用的方法。刘自 60 年代以来便从事这些资料的整理研究,特别偏重乾隆朝(1736—1795)。他的研究成果,部分已出版(刘永成,1979a,1979b,1980),有的尚在付印中。

不过,在内容更丰富的地方档案资料出现之前,这些刑部材料是目前有关清代农村社会基层最精密的资料。就本人的研究而言,这些资料有助于澄清以往从传统史料所得出的十八、十九世纪农业雇佣劳动发展的模糊印象;而农业雇佣关系的变化可以帮助我们把见于方志资料的农业商品化过程和自然村内部的社会经济变化连接起来。

第二种对本书有特别价值的档案资料,是过去未经采用的顺天府宝坻县刑房档。该县在北京以东,位于河北东北部,恰巧是满铁的重点调查地区。我在利用明清档案的过程中,幸运地看到了这些史料。该资料并非一个完整的县署档(这点下面将有所补充),而只包括1800年至1911年的残件,主要是诉讼案件。内容涉及婚姻、遗产、债务等的纠纷,也有关于镇压群众运动的材料。

这类地方县署刑房档案与中央刑部档有所不同。县刑房档包含控告人的原状词,有的还有案件各方的原始见证或供词。在这一点上,县刑房档的内容比刑科题本的摘要报告更为翔实丰富。

宝坻县档残卷的主体,是关于县以下最基层半公职人员"乡保"的选拔和任免,约300多件。乡保担负着催征钱粮和勾摄公事的责任。宝坻的乡保,每人平均负责20个村庄。他们通常由地方士绅及村庄显要人物提名,然后由县衙批准正式任命。田赋的征收追讨和特殊的摊派,一般都由乡保办理。官府和地方与村庄之间矛盾一发生,立刻便会呈现于乡保这个交叉点,因为他得同时向县衙和推举他的人们负责。

在国家、地方显要与村庄之间的三角关系之中,西方学者过去多注重国家与士绅间的关系(例见张仲礼,1955,1962;瞿同祖,

1962；孔飞力，1975，1979），这是可以理解的，因为历史资料多出自国家机器和士绅阶层。这些研究没有能够下达自然村庄，而多止及于衙门和士绅所在的县城和市镇。要顾及村庄这一个角落，我们需要关于士绅与农民和国家与自然村之间的史料。宝坻县档为我们提供了国家与自然村关系中关键性的赋税和乡保的资料。它提供了可以据以了解 20 世纪国家、村庄关系变化的一条底线。

地方档案和社会史

这里有必要强调本书使用的只是一个县档的残卷。中国国内一个已经经过整理、相当完整的县政府档案，说明这样的资料对社会经济史研究方面所可能有的、使人兴奋的价值。四川巴县的档案数量在 10 万件以上，年限从 1757 年直到 1941 年。① 其中约 80%来自县衙门，内有大量涉及家庭纠纷、借贷争执和县以下基层单位半公职人员等的材料。

现存巴县档案中不知有无户房的编审册。此类档案的内容可以从另一组资料窥见一二：河北石家庄附近获鹿县的约 300 多本编审册。它们的年限包括康熙、雍正、乾隆三朝，尤其集中在 18 世纪 20 至 50 年代。当时正是摊丁入亩正式实施的关键时期。编审册上载有逐户的人丁、土地、丁银和粮地的细数，每 5 年记录一次，

① 这批文件在抗战时由巴县政府移往当地一关帝庙中，以防空袭破坏。战后，资料无人管理，部分当作废纸销毁。1953 年，西南博物馆的冯汉骥发现这批资料，后来转交四川大学历史系分类编目。1961 年，按照规定，这批资料又由四川大学历史系移交雅安的四川省档案局收藏，直至今日，历史学家利用较少。

注明原有和增减丁、亩。它们是政府赖以征收赋税的根据,但同实征数额似还稍有距离。[1] 冯华德(南开经济研究所)在1930年对定县和静海县的研究,用的是记录实征的"红簿"(冯华德,1935—1936)。

对获鹿县资料研究成果的一个初步总结(戴逸编,1980:347—348)显示了该资料的可能用途。史学工作者如果能得到清代与民国时期比较完整的类似资料,当能确定土地分配的长期趋势,并可将土地分配和人口增长趋势联系起来进行研究。这样的研究将可填补目前明清经济史研究中的一个重要空白。

今日国内不知有多少地方政府档案,仍埋藏在县、省或市政府机关之中。中国历史学家如果能够用上这些资料,将可兼有欧洲历史学和第三世界历史学所分别享有的有利条件——长时期的政府机关档案和现代人类学的调查研究资料。

---

① 中国人民大学清史研究所的潘喆先生,1980年为我详述他采用这批材料进行研究的情况,谨此致谢。

第三章　生态环境

研究朝廷政治、士绅意识形态或城市发展的史学家，不一定要考察气候、地形、水利等因素。研究农村人民的史学家，却不可忽略这些因素，因为农民生活是受自然环境支配的。要写农村社会史，就得注意环境与社会政治经济的相互关系。

这种相互关系（本书称之为生态关系）可以从现代向前追溯，探究农村的历史演变。历史人口学者往往依靠现代人口调查的资料，作为回顾过去人口历史的一条基线。我在本书中也引用 20 世纪 30 年代的人类学资料，去补述清代的农村社会史。同样地，我们可以从现代地理学的研究出发，探讨过去的生态关系。这样做实际上比用人口或人类学的资料更为踏实。

图 3 所示，是本书研究的冀—鲁西北平原。为方便起见，可以分成 4 个主要地带：京津铁路东面及北面的冀东；济南—石家庄铁

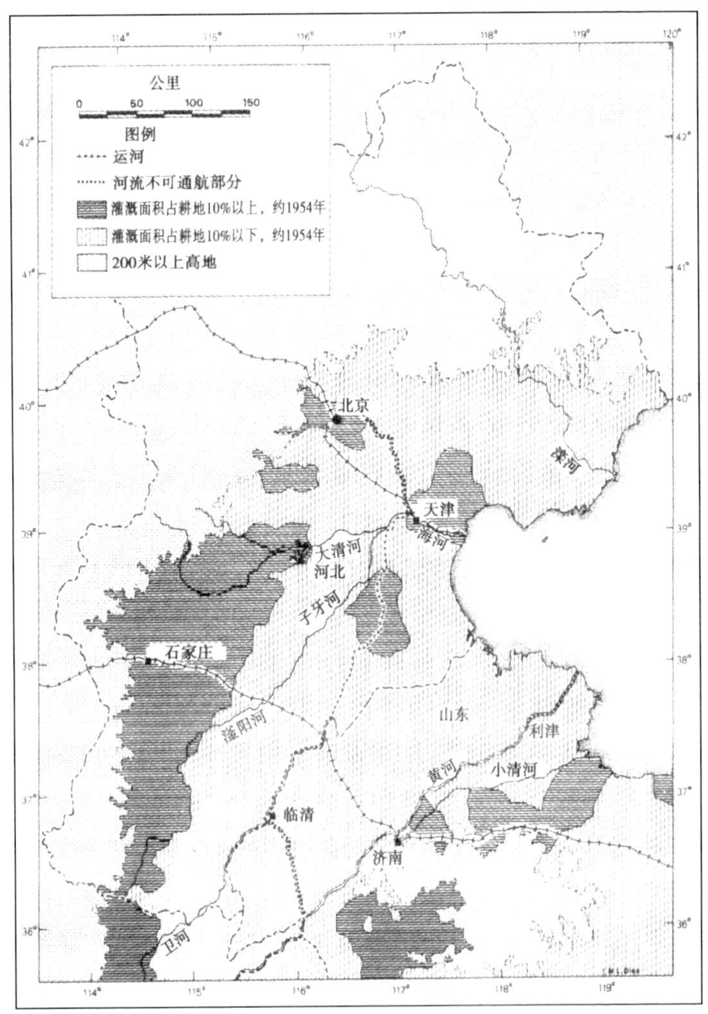

图 3　冀—鲁西北平原的灌溉、排水与水运*

---

* 图片来源：根据中华书局 2000 年版《华北的小农经济与社会变迁》第 52 页影印。

路以北的冀中;其南的冀南;鲁西北,包括小清河流域及黄河北岸。这样划分,主要是为了讨论时的方便,并没有生态上的根据。图中河北西部和山东中部丘陵以北的深影线区,与东面没有影线的地区,才是较实在的生态上的划分。图 3 也显示了主要的通航河道;在前工业的经济体系中,通航河道是反映水运和市场经济发展潜力的一个重要指标。

如图所示,河北的主要通航河道是卫河、大运河、子牙河、滏阳河和大清河。冀东的滦河,只在下游可通小船,在商业和运输上的重要性远不及图中其他河道(孙敬之,1957:74—75,37—38)。黄河一直到三角洲前的利津为止,都可通航。小清河连接济南与渤海。自从 1855 年黄河改道,1860 年天津开埠,海运增加,以及 1911 年津浦铁路通车,取代了大运河往日的多种运输功能之后,黄河到临清的一段大运河便日益衰落(孙敬之,1957:146,120—121;《辞海》,1979:2141)。天津以北的大运河,自从 1911 年北京—山海关铁路通车以后,也弃置不用(孙敬之,1957:74)。

水利与政治经济结构

本区水利工程和华北平原大部分地区一样,主要由庞大的防洪工程和微小的水井组成。看过黄河沿岸堤防的人,对其规模之大都会留下很深的印象。众所周知,黄河发源于西部的高原山区。河水流到平原,流速降低,沿途携带的泥沙不断淤积下来。河床因此不断增高，下游沿岸需要大型堤坝。现在的黄河河道（始于1855年）①，从河南（京汉铁路以东）到山东西北部长约1800公里的一段，河床要高出地面3米至10余米。水坝高耸，威胁着周围农村。卡尔·威特福格尔（Karl A. Wittfogel）认为水利的工程及管理对中国政治经济的结构，具有决定性的影响；无论你对他的夸张说法赞同与否，总不能不承认，建设和维修这类防洪工程需要大量的人力、物力和相应的国家机器。靠前工业的科技，这项工程非动员数万乃至数十万民工参加不可。

至于灌溉，直到1949年以后，仍以个别农户的小型水井为主。华北平原大部分河流与黄河相似：河水发源于西部高原山区；河水流向平原时，沿途带来大量泥沙；河流到达平原，坡度减小，水流减慢，河床泥沙淤积。在春天作物生长季节，大多数河流因秋冬季节干旱，河水变浅。冀鲁平原的雨水70%集中在夏季月份，尤以7月、8月两月为多。因此，黄河春季流水量减至每秒100立方米以下，许多较小的河道几乎干涸见底。华北平原的河道流水量（相对于单位面积）估计仅为长江流域的1/6至1/8（孙敬之，1957：4）。这些自然环境的基本特征严重限制了农业体制。据中国地理研究所在50年代的估计，解放前的灌溉耕地面积，在河北只占约全部耕地的7%，在山东则不到3%。而灌溉的水源几乎全靠水井，占河

① 历史上黄河的重要改道共有九次。历代河道大多在鲁中丘陵以北流入冀—鲁西北平原。其流经鲁中丘陵以南者，第一次是1194—1493年，当时有两条河道，丘陵南、北各一；第二次是1494—1835年；第三次是1938—1947年期间，当时蒋介石炸毁花园口堤防，企图延缓日军推进（任美锷等编，1979：167；谢觉民，1973：115；《辞海》，1979：4712）。

北灌溉面积的 80%,占山东的 90%(孙敬之,1957:53,125)。①

冀中南的石家庄地区,解放前井水灌溉比较发达。水井深度一般为 7—10 米,水位约在地面以下 5 米。打一口这样的砖砌井,约需五六个工人一周的劳动。这种井可灌溉 5—20 亩耕地。另有一种简陋的不须砌砖的土井,实际上只是地上的一个洞,5 个人一天便可挖好,灌溉量约为较深较大的砖井的 1/5(《惯调》,3:365;《惯调》,2:293—294)。供灌溉用的砖井和土井通常由个别农户打挖,归一家一户所有。饮用井则多为全村共有。表 3.1 所统计的是河北和山东 7 个自然村中私井和公井的数字;这 7 个自然村分属 4 个地区,即灌溉不足的河北东部与东北部、鲁西北平原,灌溉较充分的冀中、南平原和位于鲁中丘陵以西和以北的山麓平原。这些都是单个农户或同村街坊共用的灌溉系统,与华北平原上规模宏大的防洪设施相比,真有天渊之别。

表 3.1　河北、山东灌溉条件不同地区 7 个村庄的水井数 1936—1940

自然村	水井总数	私井	公井	灌溉井数
冀东及冀东北				
沙井	10	7	3	7(?)
吴店	8	4	4	4
侯家营	8	4	4	3(?)
大北关	1		1	0
鲁西北				
后夏寨	0			0

① 据估计,1973 年冀—鲁西北平原上 45% 的耕地可灌溉(中国科学院,1980:351)。

续表

自然村	水井总数	私井	公井	灌溉井数
冀南				
寺北柴	80	60	20	60
鲁西北山麓平原				
冷水沟	50	50		50

出处:沙井:《惯调》,2:293。

吴店:《惯调》,5:410。

侯家营:《惯调》,5:297—316。

大北关:满铁,冀东农村,1937a:1。

后夏寨:《惯调》,4:459。

寺北柴:《惯调》,3:365—366,参见27页,有42个灌溉井及12个饮用井的数字。

冷水沟:《惯调》,4:284—285,169。

由国家建造和维修的大型防洪工程,与由个别农户挖掘和拥有的小型灌溉井之间的对比,足以显示政治经济结构中的一个强烈对照,即庞大的国家机器与分散的小农经济之间的悬殊差别。在这方面,如果把华北平原与长江下游三角洲或珠江三角洲做对比的话,彼此间的不同是很鲜明的。在长江和珠江三角洲地区,典型的治水工程的规模介于华北的大型堤坝和小水井之间。三角洲地区有渠道排灌系统贯通江、湖。湖边、低地四周常有堤、圩,为防洪、围田之用。这类水利工程需要数十、数百乃至数千人的劳力,是一个社区或宗族的组织所可能应付的。

研究中国社会的学者都知道,在长江下游和珠江三角洲,家族组织比华北平原发达和强大。长江和珠江三角洲地区宗族组织的规模与水利工程的规模是相符的。两者也许可以视为同一生态系统里互相关联的两个部分，显出自然环境和社会结构之间的相互作用。松田吉郎（1981）叙述了明代中叶到清初，珠江三角洲地区由于垦殖"沙田"而扩展耕地的情况，说明"沙田"的控制是当地士绅扩张其政治经济势力的物质基础。

灾害频仍的旱地农作与高密度的人口

有些比较史理论家误将中国农业简单地和水稻经济等同，试图用水稻农作来解释中国政治经济结构的特征。[①] 事实上，在历史上对中国社会政治经济结构起决定性影响的两个地区，是西北的关中平原和华北的黄河下游地区，都是以旱作为基础的地区。在冀—鲁西北平原，每年平均雨量仅约 500 毫米，加上缺乏人工灌溉，一般不可能种植水稻。主要作物是高粱和小米（近来玉米增多），以及越冬的小麦，继之以夏播的大豆。

华北平原农作物生长季节的长短，也与稻作地区有显著差别。冀东的无霜期，每年只有 6 个月，鲁西北是 7 到 7 个半月。这对复种的时间压力很大。春、夏一茬作物的收割和越冬作物的种植，都要在霜降前的 6 个星期内完成。时间和用水的限制，使冬季土地使用受到限制。人民政府曾在 1949 年对该地的复种指数做过一个系统的调查（中央人民政府农业部，1950：53—55）。冀东的比例是 116.3%，冀中 139.3%，冀南 143.7%。这同国民党土地委员会在 1934 年调查的结果大致相符。当时的统计数字如下：河北全省平

① 例见伊曼纽尔·沃勒斯坦（Wallerstein，1974：第一章）。沃勒靳坦对"世界（经济）系统"的分析，是个深具启发性的模式。本书第六章引用了他的模式。

均122.6%,山东 143.7%;而南方省份,江苏 167.1%,福建 204.7%(土地委员会,1937:19)。较长的生长期,使南方水稻区复种指数高于冀—鲁西北平原。

水稻每茬的收获量也高于北方的旱作物。长江下游地区在宋代已达到每亩 300—400 斤谷子的产量(珀金斯,1969:21—22)。20 世纪 30 年代的亩产量是 260—700 斤。而河北、山东的小麦、玉米、小米、高粱的产量只有 70—150 斤。折算货币比较,是每亩 9—13 元的产值比 3—4 元(土地委员会,1937:20—21)。即使以华北的棉花产值来比,相差仍约 50%(河北和山东的棉田,当时每亩平均产籽棉 55—65 斤,现金价值 6—8 元)。换言之,南方的稻田,无论是绝对的亩产量还是亩产值都比华北高。

南方与北方单位面积的生产率,早就有很大的差距。16 世纪就有这样的记载:“南方田……有水利,岁可两三收几石。北地无论中下,其价其产与南悬绝,即土地亦不能与之比埒。”(葛守礼,引自片冈,1962:157。)时至今日,差距仍在。1957 年颁布的《1956 年到 1967 年全国农业发展纲要》订出的生产指标是:黄河以北亩产 400 斤,黄河以南及淮河以北 500 斤,淮河以南及长江以北 800 斤,长江以南则 800 斤以上。这种差距被形象地概括在两句鼓励华北农民生产的口号里:“跨黄河”,即突破亩产 400 斤;“过长江”,即突破亩产 800 斤(刘义辉[译音]等编,1977:0487,0667,1797)。

此外,华北平原遭受自然灾害较多。中国科学院地理研究所的研究人员计算历史上黄河决堤,有文献可考的共 1593 次(任美锷等编，1979：168）。[①] 在排水不良的河北平原东半部和山东西北部，7月、8月大雨时，经常发生渍涝。1949年至1972年，华北平原每年平均有3000万—5000万亩农地（全部耕地面积的约10%）受涝灾（中国科学院，1980：352）。灾情最重的地区会变成沼泽，滋生蝗虫，形成区内另一主要自然灾害。

随着洪涝而来的往往是旱灾。此区雨量极不均衡：多雨月份的雨量，可能比干旱月份多出七八倍。春旱尤其严重，春季的平均雨量只占全年雨量的10%—15%。从汉代到清末，河北、山东两省有记录的旱灾共1078次（据姚善友［1942：308］的统计。）。即使在解放后的1949年至1972年这段时期内，也有七年受旱灾，其中每年平均有4000万—6000万亩耕地受损（中国科学院，1980：350，352）。

本区尽管具有易于耕作的土壤（由风成黄土和冲积成的次生黄土混成），[②]但由于上述生态条件，形成了一个十分苛刻的农业体制。在这样的自然条件之下，人口密度本应偏低。然而，事实上本区却一直有着较高密度的人口。这无疑与它在中国历史上的地位有关。它长期是中国文明的中心地区之一，也是中央政权的枢纽所在。国家政权的一系列扶植自耕农的措施，也可能助长了本区人口的增长。

关中平原及华北平原在汉代就已达到相当高的人口密度。许倬云（1980：21，及第五章）估计汉代平均每人耕地面积约4—5亩

① 姚善友仅依据《图书集成》中汉代到明代的资料和《清史稿》的清代资料，统计出河北、山东两省有记录的水灾共1521次（姚善友，1942）。

② 何炳棣，1969，指出这些土壤特征与黄土地带成为中国文明的“摇篮”有关。

(现在的市亩)。[①] 许氏还指出,春季作物(通常是小米)之后,继之以冬小麦的这种20世纪复种模式,很可能汉代已在关中平原采用(同上:第四章)。同样地,宁可(1980)也指出,汉代每个农业劳动力平均耕地15亩。这样的密度已远高于20世纪美国(1925年,美国1个家庭农场平均873亩)和法国(1908年,135亩)。许、宁的估计与20世纪30年代一般中国农场的实际状况,相距并不很远:当时河北省农业人口每人4.21亩,山东省3.70亩,陕西省5.02亩(土地委员会,1937:28,24)。[②]

人口密度之高,减少了采用耕牧混合方式的可能性,因为生产一斤牛肉、牛奶或乳酪,须要用好几斤饲料。这种差别可以解释中国同西方国家饮食习惯的不同。长久以来,中国小农实际上基本都是素食者,这并非出于自愿,而是受制于中国的农业制度。以中国饮食模式(以粮食为主食,佐以菜肴)与西方食料中肉、薯和蔬菜3分相等的膳食习惯相比,就可以看出中国农业体制较高的集约性。

华北平原上土地利用之高度集约化,也可以见于作物的种植方式。提高土地使用率的方法主要有两种,一种是两年三作的轮作法:5月、6月种高粱或小米,9月、10月收,跟着便在霜降前赶紧种冬小麦。翌年7月收割小麦后已来不及再种高粱或小米,故种大豆,10月、11月收获。一般在这次收获后,便休耕一季,用大豆遗留的氮素来休养地力。种地的人要适当地协调劳力与土地的使

① 1市亩等于1.45汉大亩,或3.47汉小亩。(编注:一市亩约等666.7平方米。)

② 这些30年代的数字,当然并不限于平原地区,也包括现在已充分垦辟的高原地区。

用,尽一切可能,发挥它们的最大效用。

另一种提高土地复种率的办法是间作。小麦隔一行(叫"挨垄")或隔两行(叫"单扇")种植,翌年春天,在小麦收割之前,再在行间套种小米或玉米。一个有办法克服秋季茬口压力而又有充分肥料的农场,可以用这个方法把土地利用率提高到几乎一年两茬的地步。但在解放前,华北的套种基本上仍不过是两年三作制之中的一种方法,并不是真正的一年双作。

无论采用哪一种方法,华北平原的小农都已在当时的技术条件之下,把耕作集约性发挥到极点。这个生态系统的特点是:它产生于造成低产多灾的旱作农业体制的恶劣自然环境,与助长高密度人口的国家体制的交接。两者的结合,造成这个地区的经济贫困,使该地区的生活水平远低于长江下游地区。

简单地比较人口对耕地的比率,很容易产生误解:江苏(每人3.80亩)、浙江(3.76亩)、安徽(2.56亩),会显得人口压力比河北(4.2亩)、山东(3.7亩)严重。我们应拿人口与播种面积的比率来做比较,即把长江下游复种率较高的因素考虑在内。这样,两个地区的差别不大:江苏每人4.85亩、浙江3.44亩、安徽2.99亩,而河北则每人3.95亩、山东3.88亩(土地委员会,1937:24,25)。这些数据没有把两个地区亩产率的差距计算在内,而后者正是长江下游生活水平高于华北的缘由。贫困是本地区社会政治经济结构形成中的第二个主要生态因素。

涝灾和社会经济结构

水利问题不但显示本区和长江下游的差别,更反映出本区内部的一些差别。图 3 的深影线区,在 1954 年(地理研究所做这项调查的年份)有灌溉的耕地占 10%以上,大致包括了山麓平原区和河北平原的西部。这些地区的坡度通常在 1/3000 以上(每 3000 英尺低 1 英尺);图上没有影线的河北平原东部和鲁西北平原的全部,坡度是 1/5000 至 1/10 000。这个差别极为重要:坡度较低的东部地区,排水较差,易受洪涝①(孙敬之,1957:35,37,119;任美锷等编,1979:181—3)。

排水方面的差别,又反过来造成其他方面的不同。涝渍会使土壤盐碱化(原因是地下水水位增高以及蒸发后沉淀物积聚——见任美锷等编,1979:192)。河北东部排水较差的地区,约有 1/6 是较贫瘠的盐碱土。一般易涝地区,淡水水位深达 50—100 米,解放前普通小农都无可能设置水井灌溉。因此,该区整个灌溉情况极不理想②:1954 年,鲁西北只有 1.9%的耕地有灌溉设施;河北西部排水较佳地区,则有 25%的耕地有灌溉设施,大部分汲用深只 5—

① 在同一坡度地带之内,也有不同的地域。河水频频泛滥、改道,造成地面的高低不平。河流放道,地势通常较高;泛滥时漫流地带,形成缓平坡地;泛滥尾间地带,则地势通常较低。这些区别又大致与耕地稳定性及生产力的等级相符(中国科学院,1980:350)。

② 图 3 所示区内充分灌溉的两小块地段,是解放后建造防洪支流系统(潮白新河与独流减河)和灌溉沟渠系统,以及改善原有支流(马厂减河和捷地减河)的成果。天津至渤海湾之间的地区多种水稻(孙敬之,1957:38;53,65)。

10 米的地下水(孙敬之,1957:131,63)。

表 3.1 所示 7 个自然村的水井资料,反映了上述差异。寺北柴村位于排水良好的冀中南,在 30 年代就有一个发达的井灌系统。冷水沟村亦然,该村位于排水同样良好的鲁中丘陵以北山麓平原区。表中其他村庄,则位于排水不良的冀东和鲁西北地区,在 30 年代几乎全无灌溉设施。

排、灌上的差别,又造成作物布局的不同。在低洼易涝的土地上,农民通常选种耐涝低产的高粱。高粱是成本较低的作物,在涝地上种植,基本不需肥料。因此在易涝的冀东和鲁西北,高粱种植的比例很高,在 1949 年分别占总耕地面积的 25%和 20%,在冀南则只占 9%。本区的主要经济作物棉花,却是经不起水泡的高成本作物。极少农民愿意在易涝地冒险种植。1949 年冀东只有 5.5%的耕地种棉花——通常沿区内主要交通干线在高地上种植。冀南则有 19.2%的耕地种棉,尤其是冀南的西部,这是由于区内涝灾威胁较小、灌溉①和水运又较发达的关系(中央人民政府农业部,1950:53—55;孙敬之,1957:2,63—65,119,125,131)。

这两种作物的种植,可以反映出一个地区农业商品化的程度,也显出该地社会分化的进程。本书第二编将说明,商品化在某种程度上是与社会分化相关的。经济作物的种植使少数自耕农得有机会晋升为富农,甚至成为较大的农场主和地主。但由于经济作物使用肥料和人力较多,可能的损失也较大,所以也会使许多自耕

① 本区有许多没有人工灌溉的地方种植棉花,但棉花在春天需水,人工灌溉可以在干旱时保证棉花的生长。寺北柴村的小农植棉一般灌水两次,一次在 4 月初播种前,一次在 6 月初,即雨季到来前(《惯调》,3:365,129—132)。

小农沦为佃农或雇农。在商品化程度很高的情况下,在村地主和富农又会逐渐被不在村地主所取代。商品化既然和阶级分化有关,那么,自然环境的因素(土地坡度、有无供灌溉的地下清水、水运)和社会经济结构的各方面(作物布局、商品化程度、阶级关系)也是相互关联的。

生态、居住型式与自然村结构

乡村的居住型式也与华北平原上的其他生态一样,受到洪涝威胁的影响。到过华北平原和四川盆地成都平原的人,都会注意到这两个地区农村居住型式的差别:华北平原是集结式的,成都平原是分散式的。华北平原的村民在高地建屋聚居,以避洪涝,可能亦有集体对付灾害的用意。而成都平原由于早在公元前 3 世纪便建成都江堰,克服了岷江的水患,它在生态上是一个高度稳定的地区。所以这里的村民,只选择最便于到田间耕作的地点建屋,形成了分散的居住模式,即一个村中包括许多一小簇一小簇的房子。每簇有几栋房子,通常以小竹园为界,称为坝、院坝或院子。

这两个地区自然村的结构,又和居住模式同样迥异。集结的和商品化程度较低的华北村庄,有较紧密的街坊关系,也比较孤立和内向。分散的和商品化程度较高的成都平原村庄,街坊关系则较松散,而与施坚雅所称的"市场共同体"的关系则较密切。华北和成都平原的村庄,前者内部团结力较大而村际关系疏远,后者村内关系较疏远,而村际关系却较密切。

华北平原上自然村宗族组织并不突出,这也可能是由于村内街坊组成的共同体发挥较大作用的原因。冀—鲁西北平原的村庄中,多姓村占的比例较大,而广东、福建、江西等省却多同姓的村庄(萧公权,1960:326—327)。在一个多姓的村庄内,血缘关系和地缘关系并不等同。农村居民在以血缘为基础的集合体之外,尚形成了地缘关系的共同体。如果说,在研究南方的社会关系时,必须首先考虑阶级和宗族关系这对轴线的话,那么研究华北时,就得同时仔细留意自然村共同体中的地缘关系。

作者无意在此展示华北平原生态系统的全部特征,只想指出与本区社会政治经济史有关的生态关系上的几点显著特征。总起来说,华北平原上的冀—鲁西北地区,其特点是:(1)小型和大型的水利工程,是与由个体小农和建于其上的国家机器一齐组成的政治经济体制相适应的;(2)低产、多灾的旱作农业与高人口密度结合,造成本区经济的贫困;(3)本区排水不良的东部,与排水较好的西部地区的基本差别;(4)集结的聚居,加上商品化程度低和宗族组织薄弱,是本区自然村的高度闭塞性的生态基础。这些生态特征,将有助于了解本区的社会政治经济的演变。

第二编

经济内卷和社会分化

第四章　20世纪30年代的经营式农场与家庭式农场

农村社会经济的分析

解放前,中国农村社会可以从两种生产关系的角度来分析:租佃关系和雇佣关系。前者重点着眼于土地关系,因此区别为地主、自耕农和佃农(及半自耕农)。后者着眼于劳动关系,区别为雇用他人劳动的地主、富农和与人佣工的雇农。

这两种生产关系,在20世纪中国的农村中实际上是结合在一起的。有的地主同时出租土地与雇用工人,有的小农同时租入土地与出外佣工,而有的小农虽租入土地,但经济情况比较好,不需出外佣工并可能雇用他人。1950年的土地改革法,便根据这种实际情况而同时用两种生产关系来划分农村阶级。据此,“地主”是主要靠地租生活的;“富农”雇用一个或一个以上的长工①;“中农”自己从事大部分田间工作;“贫农”除了耕种自己的或租来的小片土地,还受雇为短工;“雇农”则主要以受雇维持生活。(这个阶级分析的形成过程可见于黄宗智,1975a)

这是个符合实际情况的分析,而本书亦将采用这些类别。但这里我首先要区别少量主要依赖雇佣劳力的较大的农场,以及一般的家庭小农场,无论其土地是租入的还是自有的,其农户是贫穷的还是较富裕的,都是主要靠自家劳力耕作的农场。这样区别两种农场,可以同时考虑到生产关系和人口两种因素。因为在严重的人口压力之下,这两种农场会因不同的生产关系而显示出明显的差别。家庭小农场不可能“解雇”本身的过剩劳动力;在生产关系和人口过剩的双重压力下,如果没有在自家农场外就业的机会,一个贫农家庭会被迫忍受劳动力过剩的状态。本书将指出,在30年代的冀—鲁西北平原上,大部分家庭式小农场,正处于这样的困境。

使用雇佣劳力的农场,却可按需要雇用劳力,也可“解雇”过剩的劳力。这种弹性较高的劳动组织,若和争取最高利润的经营意识配合,便不会忍耐劳力过剩的经济状态。本书将证明,30年代的

① 为了便于区分“富农”与“中农”,土地改革法采用的方法是计算家庭总收入中“剥削收入”部分所占的比例。在解放战争时期,分界线在剥削量占总收入的15%;1950年后则改为25%。解放战争时期曾采用两个粗略的估计:较宽容的规定,即把雇工超过本人及其家庭劳动力数目的人定为“富农”。同时,革命实践中也曾规定一户人家所有土地,若超出中农人均亩数一倍以上,便把剥削收入加倍计算。第二条的规定实际上把许多雇用一个长工的人划为富农。1950年,国务院再次把分界线提高到一个长工以上(北京政法学院,1957:42,44;韩丁,1966:405,409)。

冀—鲁西北平原上的经营式农场,在劳动力的使用上,效率多高于家庭式农场。它们可以用较少的单位面积劳动量,获得与小农场相等的产量。

经营式农场一般都超过100亩。其中的复杂原因,将在第九章分析说明。这里只需指出,按照30年代的农业技术水平,本区一个成年男子可以耕种15—30亩地。这里许多富裕的农户家庭,分家较晚(已婚儿子常同住一起),一家很可能有两三个成年男子,因此,有不少农场用自家劳力可以耕作50亩以上的土地。一般来讲,农场面积要达到相当的规模,并使用4个以上劳动力,才是主要依靠雇佣劳力的农场。反之,一个与其雇农共同耕作30余亩农场的"富农",通常仍会受家庭式农场的意识所束缚。他们不是经营式农场主,也不是纯粹的小农,应视为介于两者之间的过渡者。

就土地革命所用的分类而言,本书所用的"经营式农场主"一词,和"经营地主"一词接近。1942年"中共中央关于抗日根据地土地政策的决定",明确区别这些经营式农场主与出租地主:

> ……承认资本主义生产方式是中国现时比较进步的生产方式……富农的生产方式是带有资本主义性质的。……一部分用资本主义方式经营土地的地主(所谓经营地主),其待遇与富农同(北京政法学院,1957:381)。

后来,在1950年,党中央决议把这些"经营地主"都简单地视为地主:

> 劳动既是区别富农与地主的主要标准，因此对于那种只雇长工耕种，没有其他地租债利等剥削，自己负指挥生产之责，但不亲自从事主要劳动者①，仍照地主待遇（北京政法学院，1957：39）。

这样区别劳动与不劳动的人，从革命的立场上来看，可能是正义的，但却容易混淆社会经济史上一个极其重要的事实：经营式农场一般是解放前农村中最成功的农业经营形式，与出租地主性质不同，这点将在下面进一步说明。

村中"富户"和经营式农作

日本调查员曾问本区农民什么样的人才可以称为"财主"，村民回答说："有土地100亩以上的人"（《惯调》，1：124）。1980年，我问沙井老村民关于这个名词在解放前的用法，得到的答复也一样。②

在这里我要提出的问题是：村民心目中的这些居村财主到底是什么样的人？他们之中，经营式农场主占了什么样的比例？表

① 这项决定把每年4个月以下的，以及割草之类较轻的劳动，定为"辅助性"的农业劳动，以区别于"主要"的农业劳动（北京政法学院，1957：38—39）。

② 农民把"财主"和有学问、人品受敬重的人分别开来，后者简单称"先生"。对"绅士"一词，村民却有各种不同的理解。一个村塾老师，认为"绅士"是有功名者的意思（《惯调》，5：43）。其他的人却把"绅士"理解为有学问和品格高的人，与财富无关（《惯调》，1：96）。另有部分人认为"绅士"与"财主"含义一样（《惯调》，4：401）。

4.1所示满铁调查的33个村的富户,分别出租土地和雇工经营。很明显,大部分在村富户是经营式农场主,而非出租地主。前者在这些村中的55个富户中占了40个。如果撇开较少代表性的第五类至第七类自然村,只看有高度代表性的第一类至第四类村庄,则得出在46家富户中有34户是经营式农场主。

本书将指出,自己经营农场,收益要比出租土地高。部分原因是经营式农场主多自己参与劳动,而出租地主则否。但另一部分原因是经营式农场主可以合理地配合土地与劳力,而出租地主所依靠的佃户家庭小农场则不可能。两者收入的差别,对工业社会中城市居民来说,似乎是微不足道的,但对于这些冀—鲁西北平原上占地一二百亩的"富"者,这样的差别却足以使经营式农场制压倒出租地主制。

经营式农场主的面貌

现在让我们较仔细地观察一下表4.1中两个经营式农场主。第一个是住在冀东丰润县高度商品化的米厂村的董天望。1937年,表列一年之后,他有地128.3亩(包括他家宅地)。一部分由他家里的劳动力耕作(两个成年男子总共工作193天),但主要还是靠雇工(总共1198天)。他的土地有一半种棉花,主要为市场生产——通过附近河头和宣庄的棉花商人运销到天津。其余的土地主要种植粮食作物。以32%种高粱,7%种玉米,3.4%种大豆,2.9%种大麦,4.1%种蔬菜——大多是白菜。这部分粮食作物的收入,主要作一家8口和4个长工消费之用。

表 4.1　河北、山东 33 个自然村中的经营式农场主和在村地主　1936—1942

自然村	总耕地面积	经营式农场主			在村地主			租地占总耕地%
		经营式农场主人数	经营土地	占耕地%	在村地主人数	租出地	占耕地%	
I.商品化程度较低的村庄								
阿苏卫	1527	0			0			不详
胡庄	2400	0			0			<10.0%
焦家庄	2502	0			0			9.2%
Ⅱ.中等商品化的村庄								
大北关	2438	3	124					8.2%
			212					
			189	21.5%				
后夏寨	2530	0			0			3.6%
后延寺	5012	3	320	6.4%	0			不详
纪各庄	1575	2	116	14.0%				
			104					0
卢家寨	2497	3	100		0			<10.0%
			105					
			200	16.2%				
沙井	1182	1	110	9.3%	0			17.2%
孙家庙	1037	0			1	176	17.0%	24.4%
眺山营	1230	0			0			5.5%
小街	2692	2	266		1	190	7.1%	41.2%
			127	14.6%				
小营	3025	2	120		3	150		
			220	11.2%		270		
						143	18.6%	34.5%
Ⅲ.高度商品化的村庄								
东鸿鸭泊	1143	1②	80	7.0%	1	240	21.0%③	19.2%
龙窝	524	1	110	21.0%	0			10.5%
马村	4209	4	695①	16.5%	0			24.2%
米厂	2237	3	183					
			120					
			109	18.4%	0			34.6%
前梁各庄	1564	0			5	660③	42.2%	36.0%
寺北柴	2053	0			0			66.8%

续表

自然村	总耕地面积	经营式农场主：经营式农场主人数	经营土地	占耕地%	在村地主：在村地主人数	租出地	占耕地%	租地占总耕地%
中两山	2000	2	159					
			100	13.0%	1	100	5.0%	18.5%
Ⅳ.手工业发达的村庄								
杜雅科	1558	2	280[①]	18%	0			<10.0%
冷水沟	4200	3	125					
			125					
			175	10.1%	0			<5.0%
祁寨	2245	2	165		0			3.4%
			102	11.9%				
小王庄	1036	0			0			20.0%
芝麻堼	676	0			0			5.3%
小计	53 092	34	4839	9.1%	12	1895	3.6%	17.9%[④]
Ⅴ.市郊村庄								
东焦	1459	2	255[①]	17.5%	0			30.0%
南权府庄	279	0		0				15.0%
Ⅵ.出外佣工工人的家乡								
郦各庄	1200	0			2	130		
						100	19.2%	>45.0%
柏庄	1860	0			0			30.0%
侯家营	2979	4	170		1	160	5.4%	12.1%
			170					
侯家营			150					
			114	20.3%				
胡庄	1943	0			0			47.5%
Ⅷ.经历战祸的村庄								
黑汀庄	1799	0			0			72.7%
吴店	1100	0			0			54.5%
总计	65 711	40	5698	8.7%	15	2285	3.4%	22.1%[④]

①农场主或地主总数。

②此人有地320亩，其中240亩租出。

③此数字比村中总租地面积还大，因为它包括部分村外土地。

④计算平均数时，以<10%等于5%，<5%等于2.5%。此数字不包括

“不详”的村庄。

出处:见附录一。

备注:经济作物占作物面积10%以下的称为“商品化程度较低”,10%至30%为“中等商品化”,30%以上的“高度商品化”。

董天望的家庭收入简单清楚。现金收入(843元中的650元)几乎全部来自棉花;少量来自售出小部分高粱、玉米和蔬菜。非农业收入很有限,较大的一项是1938年借给友人的30元,月息2%(满铁,北支事务局调查部,1938:表2,9,40;满铁,冀东农村,1937b:表11,12,13,15)。

董天望从他父亲手上继承了不过85.8亩土地,但他靠这样的经营方式,不多几年就增加了自己的土地。满铁调查人员根据他不完全的记忆,做了这样的记录:他在1931年购地5.8亩,1933年2.2亩,1935年10.5亩,1936年10亩。增置土地的理由很简单:他在30年代蓬勃发展的棉花市场中,以种植棉花获利(满铁,冀东农村,1937b:表2)。

第二个例子是平谷县大北关村的农场主张彩楼。大北关是一个商品化程度中等的村庄,处于较落后的冀东地区。张氏在1936年有地218亩,除租出30亩外,其余的均由自己耕种。家中成员14人,有3个成年男子劳力(第4个在邻村学校念书),另外雇用4个长工。大部分田地种植粮食,供自己消费,即28%种小米,16%种高粱,17%种玉米,9%种大豆。经济作物以棉花为主,占种植面积19%,芝麻则占5.3%。除了这些经济作物,1936年他还养猪22头。

张彩楼的现金收入,主要来自棉花(535元中占314元),部分来自养猪(141元),小量得自地租(71元)。凭这样的经营方式,他在最近 20 多年间，把自有土地从原来的 150 亩增加到 218 亩。他为满铁人员忆述了其中 65 亩的增购日期（满铁，冀东农村，1937a：表 2，5，11，13，15，16）。

从满铁资料中可以看到，董天望和张彩楼这种逐次上升的经营式农场主绝非罕见。调查的村庄中，有 9 个村有可以上溯其三代的富户。其中 3 个村——米厂、大北关和前梁各庄——的资料，都经满铁研究人员系统地排比列表。至于其余 6 个村，我把日本调查员访问村民的记录整理编排（有关早几代的资料可能片面而不完整）。这几个村仍照前面讨论过的类型分类，7 类之中，这 9 个村占了 5 类，只缺商品化程度较低的村庄和市郊村庄这两类。

从表 4.1 我们已看到大部分的乡村富户都是经营式农场主，而非出租地主。在 30 年代，这 9 个村经营式农场主在富户中所占的比例，是 20 中占 14。这 9 个村中的前梁各庄情况较为特殊。据当地人的记忆所及，以追求利润为目标的经营式农场，在该村一向都相当发达。这个村原以种水果（特别是梨）著称，主要销售于东三省，直至由于日本的侵略，东三省与关内断绝了贸易往来，情形才有所改变。从此以后，村中经济一直衰退，出租地主遂取代经营式农场主。到了 1936 年，所有村中富户，都因商品化的衰退而变成了实行分成租制的地主（满铁，冀东农村，1937c：12—16）。如果把这个情况特殊的前梁各庄从表 4.2 中剔除，则在村 15 名富户中经营式农场主占了 14 名（参较表 4.1）。唯一的出租地主住在侯家营，是过去替一个官员服务而致富的。

30 年代 10 个可以清楚上溯三代的富户中，一半是新富，是本人或父辈方始致富的。更重要的是：在 13 个上升为“富户”阶层而致富原因明确可知的例子中,8 个是力农而致富的。此外,有 3 个因在东三省就业而致富。这是毗连东三省县份的一个特殊情况。

表 4.2 河北、山东 9 个村庄中的富户(100 亩地以上) 1890—1940

	1890—1900		1910—1920		1930—1940		升入或降出
自然村	姓	拥有地	姓	拥有地	姓	拥有地	“富户”的理由
第二类型:中等商业化的村庄							
后夏寨	王	500	王	100	×		分家:3 兄弟
			王	100	×		?
			王	100	×		?
			王	100	×		?
	?		刘	140	×		分家:自己及 2 子
	王	150	×		×		分家:5 兄弟
大北关	郭	160	×		×		分家:3 兄弟
	郭	230	×		×		分家:3 兄弟
	张	172	×		×		分家:2 兄弟
	?		(张	86)	张	145	耕作获利
	张	180	×		×		分家:2 兄弟
	张	300	张	150	张	243	1920—1940:耕作获利
			张	150	张	218	1920—1940:耕作获利
	张	300	×		×		分家:3 兄弟
沙井	李	200	李	100	×		分家:5 兄弟
			李	100	×		?
	崇	500	?		×		?
	杜	700	?		×		?
	杨	270	×		×		分家:3 兄弟
沙井	?		赵	140	×		分家:3 兄弟
	×		×		张	110	都市就业
第三类型:高度商业化的村庄							
寺北柴	徐	200	徐	100	×		分家:5 兄弟
			徐	100	×		?

续表

自然村	1890—1900 姓	拥有地	1910—1920 姓	拥有地	1930—1940 姓	拥有地	升入或降出"富户"的理由
米厂	董	150	×		×		分家:2 兄弟
	董	165	×		×		分家:3 兄弟
	?		董	140	×		1890—1920:耕作获利 1920—1940:分家 3 子
	(董	46)	(董	86)	董	130	耕作获利
	(董	20)	董	150	董	157	耕作获利
	(董	93)	董	120	董	109	耕作获利
前梁各庄	?		白	546	白	185	
					白	192	
					白	172	
	?		张	130	×		分家:2 兄弟
	傅	210	(傅	90)	傅	118	1890—1920:? 1910—1940:耕作获利
	(王	40)	(王	40)	王	104	东三省就业
第四类型:手工业发达的村庄							
冷水沟	?		李	100	×		分家:3 兄弟
	?		王	250	王	125	
					王	125	
	?		?		杨	175	?
第六类型:出外佣工工人的家乡							
侯家营	刘	400	刘	160	刘	170	
			刘	160	刘	170	
			刘	160	×		?
	?		×		侯	150	东三省经商
	?		×		侯	114	东三省经商
	?		×		侯	160	官员手下任职
第七类型:经历战祸的村庄							
吴店	禹	100	×		×		分家:3 兄弟
	赵	200	×		×		分家:4 兄弟

续表

自然村	1890—1900 姓	拥有地	1910—1920 姓	拥有地	1930—1940 姓	拥有地	升入或降出“富户”的理由
	?		禹	100	×		分家及军阀勒索
	?		郭	300	×		移居县城

出处:后夏寨:《惯调》,4:445,506,556—563。

大北关:满铁,冀东农村,1937a:6—11。

沙井:《惯调》,1:附图表。

寺北柴.《惯调》,3:529。

米厂:满铁、冀东农村,1937b:6—12。

前梁各庄:满铁、冀东农村,1937c:6 11,16。

冷水沟:《惯调》,4:206。

侯家营:《惯调》,5:5—6,151,179,193。

吴店:《惯调》,5:430—431,588。

备注:括号内者占地百亩以下。“×”号表示此家这代没有富户。“?”表示没有资料。

同时,这些资料指出,经营式农场主很少能够连续数代维持富户地位。1890—1900 年间的 19 个富户,只有 3 户的后代在 1930—1940 年间仍是富户(总数 5 户)。家道衰落的主要原因是分家。这些家庭的财产,其实相当微薄;他们的“富”,只是相对于他们周围的小农而言。一次分家析产,经营式农场主便会降为富农或中农,单靠农场收入,很少有人能够抵挡得住这种下降的压力。(下文将讨论:这样,更进一步迫使成功的农场主去从事收益较高的农业外的事业。)

总之,当时乡村一般的“富户”是占地 100—200 亩的经营式农场主,主要依靠雇佣劳力耕作土地。这类农场主的数目远超过出租地主,在“富户”中两者的比例约为 3 : 1。这些经营式农场主大部分从小农出身,因商业性农业获利而增置土地。他们在数量上超过了通过其他途径(如在市区或边区经营工商业)致富的经营式农场主,两者的比例约为 2∶1。他们大多数只是第一代或第二代的经营式农场主,因为在分产的压力下,只有少数(19 户中 3 户)能把"富户"身份维持到第三代。最后要指出的一点是:如表 4.1 所显示,这些"富户"通常只在商品化程度较高的村庄出现;尚未商品化的村庄,一般既没有"富裕"的经营式农场主,也没有地主。

数量估计

以上材料,能够说明的只是:被同村居民视为"富户"的村户中,大多数是经营式农场主。这并非说经营式农业是当时中国农业中主要的组织形式,更不是说华北农村主要是资本主义式的,或业已开始迈向资本主义发展的道路。如果要把经营式农业放在整个华北较大的农业经济中进行考察的话,首先要对经营式农业做出数量估计。

据国民党土地委员会的调查材料,河北和山东共 391 170 个农场中,有 4122 个面积大于 100 亩,占调查农场数的 1.05%及其总耕地面积的 9.95%。① 这些资料说明:这两个省份的总耕地约有一成

① 9.95%这个数字是这样得来的:划为 100—150 亩的农场,一律算作平均面积 125 亩;划为 150—200 亩的农场,一律算作 175 亩;划为 200—300 亩的农场,一律算作 250 亩。依此类推,超过 500 亩的,简单地算作 500 亩。这项调查对超过 100 亩的大农场虽然得出上列相当高的数字,对雇农在所有农村户口中的百分比,却得出很低的数字:1.57%。这个差距可能是由于对"雇农"一词定义过严,把任何拥有或租用一点点土地的人都排斥在外。正如本书第十一章指出:大部分的长工其实是第一代的雇农,家里仍有小块农场,由家中其他成员耕作。

用作经营式农耕(土地委员会,1937:26)。

另一个可以用来估计经营式农场所占比例的方法,是利用有关雇佣劳动力的数据。这类调查有好几个,但没有一个令人完全满意。最有分量的一个,是陈正谟在1933年做的全国调查。当时调查表格一共发到726个被调查县份的"农业调查员"手中。至于各地的调查员具体如何收集资料,却不得而知。有的可能做了实地调查而收集到翔实的资料,有的可能只坐在办公室内编制出一些数字。此项调查的结果是:河北有10%,山东有12%的农村人口做长工(全国则有10%)。至于短工有多少,则没有调查(陈正谟,1935:1—4,58)。

卜凯的调查,提供了一些关于雇佣劳动在农业劳动总量中所占比例的数字。他的两次调查,一次调查了2866个农场,一次是16 685个,分别得出了19.5%和15%的数字。第二次较全面的调查显示出,雇佣劳动的总量中,有70.7%是长工所做,其余是短工(卜凯,1930:VII,234;1937a:293)。卜氏在河北调查了9个县的一些农户,得出农业劳动总量中平均23.4%是由雇工承担的;他在鲁西北只调查了2个县的一些农户,这里雇工承担的劳动量是16.5%(卜凯,1937b:305)。我认为卜氏的数字可能偏高,因为他在调查中所选择的都是较大的农场(在本区平均每人占地7亩,是一个不符合实际的数字)。

另一项调查是马龙和泰勒在1922年指导61个清华大学学生所做的关于河北、山东、江苏、浙江和安徽共240个村的调查。他们在冀东的遵化、冀中的唐县和冀南的邯郸3个县的村落,了解到平均有16.5%的农业劳动是由雇工做的。至于山东,他们只调查了位于黄河最下游,盐碱地比例极高的沾化县的村庄,得比 3.3%的数字(Malone 和 Taylor,1924:25)。

这些调查虽然都不能令人完全满意,但它们之间有着较多的一致性,可以作为我们推测雇佣劳动所占比例的基础。如果把卜凯关于长工和短工的比率应用到陈正谟的数字上去,便得出这样的结果:河北和山东的农业劳动总量中,有 14%到 17%是由雇佣劳动力做的。如果把卜氏的数字调低,以改正其偏差,所得的数字也很接近 14%—17%。

这个数字,可以在满铁调查资料中得到佐证。满铁调查的前 4 个基本类型的 25 个自然村中,有 22 个村有翔实可靠的关于长工的资料,有 12 个村有关于短工的资料。这一组村子内,占所有户数 12.5%的家中有人受雇为长工,36.2%的家中有人受雇为短工(根据附录一资料计算)。但 12.5%这个数字应稍为调低,以反映出长工所负担的农场工作的实际比例。因为许多雇农仍保留小块耕地,由其家人耕作(见本书第 228—231 页)。如果把这些因素也计算在内,则长工负担的农业劳动量的数字应该接近 10%。

短工通常平均每年受雇 40—50 天,长工则每年工作约 200 天(见本书第 166,227—228 页)。就两者的农业劳动总量而言,长工与短工的比例,按满铁调查资料约为 5∶3(参较卜凯关于全国的 7∶3)。按照这个比例,短工劳动占全部农业劳动的 6%。长工与短工合起来的总数,则很接近卜凯与马龙和泰勒的数字。

满铁资料除了佐证卜凯等的宏观数字,还使我们得以分辨 100 亩以上的大型经营农场和利用雇佣劳力的较小型农场。正如表4.1 所示,在属于村庄基本类型一至四的 25 个村中,耕作面积的 9.1%

属经营式农场。这与国民党土地委员会研究所得出的100亩以上的大农场占10%的数字吻合。由于经营式农场主的家庭成员通常都参与劳动(举例而言,在米厂村2个经营式农场中,农场主自家投入的劳动量分别占总劳动量的10.4%和13.9%)(见本书表10.1),我们不妨这样估计:在农村经济中担任全部农场总工作量16%左右的雇佣劳动力,可能有半数受雇于经营式农场,其余的则受雇于较小的富农或中农的农场。

这些估计当然都比较粗略。但在没有更好的资料之前,这是我们对20世纪30年代冀—鲁西北平原区经营式农业的发展程度,可能得出的最佳推测;满铁资料,国民党土地委员会的调查,陈正谟、卜凯和马龙与泰勒的调查,都显示耕地总面积约9%—10%属经营式农场。

经营式农场主和出租地主

如果以上所指出的情况基本正确,那么"自然村内富户通常是出租地主"这个常见的误解,便需要纠正过来。造成这种错觉有几方面的原因。首先,由于它没有区分不在村地主和在村地主。冀—鲁地区大部分的租地都由住在城镇或邻村的地主或小土地拥有者租出。① 这就说明,何以表4.1中有好几个村庄,虽然出租土

① 根据国民党土地委员会的统计:河北和山东总耕地面积的13%是出租的,由15%的农户(包括半自耕农)租用(土地委员会,1937:36,34)。这些数字可能稍微偏低。正如周锡瑞(1981)所指出,当时中央农业实验所编出的数字可能比这个可靠。据此,河北有28%的户数租用部分土地,山东则有26%。如果从佃农户数反过来估计出租耕地的百分比,得出的数字很接近表4.1第一类至第四类型的25个村庄的17.9%。

地所占比例相当高,却没有一个占地超过 100 亩的在村地主。就拿高度商品化的米厂村为例,村中 34.6%的土地是出租的,但村中却没有一个地主占地超过 100 亩。原因是大部分出租的土地(774 亩中的 663 亩),都为村外人所有:411 亩属于占地超过百亩的不在村地主,其余 252 亩属于村外较小的土地所有者(满铁,冀东农村,1937b:4,27,39—50)。在同是高度商品化和产棉的寺北柴村,1371 亩出租地,差不多全为镇上的地主所有,其中王赞周所占尤多(《惯调》,3:5—6,177—186,525—533 及全村地块附图)。在中等商品化的沙井村,大部分的出租地则属于村外的小土地所有者。在 426 亩属于村外人的土地中,307.4 亩为邻村石门和望泉村的小农所有,多由他们自耕(除 45 亩出租地外)。其余的主要由住在镇上的小商人所有(《惯调》,1:464—7)。

造成以上错误观念的第二个原因,是土改时期对"地主"一词使用不是十分严谨。前面已经指出,"经营地主"在 1942 年是与富农和"资本主义生产方式"相等同的,但 1950 年施行土地改革法时,却又把"经营地主"和"地主"同样对待。事实上,在革命过程中,"地主"往往包括一切乡村中的恶霸分子。丁玲在《太阳照在桑干河上》描述的暖水屯村(在河北涿县桑干河畔)的"恶霸地主"钱文贵,其实只是个中农,和 2 个成年儿子共耕 60 余亩土地。钱文贵激怒村民,并非因为他是地主,而是因为他常搞一些损人利己的活动(丁玲,1949:8,451—453)。同样,韩丁书中张村(近山西长治)的"地主"盛京和[音译],实际上只是个经营式农场主,拥有土地 138 亩,雇 2 个长工耕种。整个张村在土改前其实只有 1 户佃农,没有一个出租地主(1966:29—32;592)。大卫和伊莎贝尔 · 克鲁克的“十里铺”同样也没有一个在村地主。[1]

区别经营式农场主和出租地主、在村地主和不在村地主，对我们了解农村社会经济的演变过程极其重要。大部分在村富户是经营式农场主这个事实，说明社会分化是与农业商品化相偕而来的。仔细考察经营式农场的性质，又反过来有助于说明家庭式农业经济的某些特征。这点将见于下文讨论。此外，自然村中的显要人物到底是经营式农场主还是出租地主的问题，对我们了解该村内部权力结构的性质也很重要。一个不在田间耕作的富裕地主，与一般小农之间的社会距离，远大于一个和雇工一起工作的富裕经营式农场主与普通小农之间的距离。如果是不在村地主，距离就更大。最后，在本书后文可以看到，不在村地主很少关心并非他们居住的村庄的事务，而在村地主则一般积极参与村中事务。

经营式和家庭式农业

本章讨论的资料显示：社会史和经济史家都不应忽视以雇佣劳动为基础的农业。如果冀—鲁西北平原在20世纪30年代，真的有总耕地面积的约16%由雇佣劳动耕作，如果真的有12.5%的农户家里有人出外当长工，另外36.2%有人出外当短工，那么，如不仔细研究农业雇佣劳动，就无法对本区的农村社会和经济有全面认识。佣工的农户实际多于租地的农户。后者在本区大约只占全部农户的1/4。再者，如果本区最成功的农场真的是经营式农场，雇用了

---

① 占村里土地最多的傅新[音译]是个住在镇上的不在村地主(克鲁克，1959:5，129，18—19)。

全部农业雇佣劳力的近半数，并占总耕地面积的 9%—10%，那么，任何对本区农业发展及停滞的分析，都不容忽略这些农场。

可是，我们对解放前本区经营式农业的发展程度也不宜过分夸张。根据本章的数字，30 年代，耕地面积的 84%，仍属小规模家庭式农场。如果把雇佣劳动力占总劳动力一半以下的农场，都算作家庭式农场，这个数字则更大，它既包括所有在农忙时雇佣一些短工的中农农场，也包括许多土改时划为“富农”的农场。照这样的计算，家庭式农场所占的耕地面积，将包括了经营式农场以外的所有耕地，相当于总耕地面积的 90%。

本区农业经济的历史，需要透过小农经济中的变迁与停滞两个方面来研究。经营式农业的发展证实这个经济体制中的动态变化，而 20 世纪 30 年代家庭小农场继续占据的压倒优势，证明经营式农业并没有能够取代小型农场。对这两种农场做比较分析，可以同时显示两者的特征，并帮助我们探讨本区农业发展和停滞的原因。

第五章　清代前期的小农经济和庄园经济

在清政府政策的扶持下,直隶—山东因明清之际的战祸而荒芜的地区,多由小土地所有者重新定居。同时,清政府在作为首都省份的直隶地区,建立了很多以农奴为基础的庄园。结果,这个地区出现了庄园经济与小农经济并存的局面。于是,这就为这两种体系的竞争提供了一个罕有的视察点。

本章将指出:小所有者的经济体系在清代前半期经历了长期的农业商品化以及伴之而来的阶级分化。在此过程中,有的小所有者分化为雇佣劳力的富农或经营式农场主以及受雇的贫农与雇农;有的分化为出租地主与佃农。另一方面,在庄园经济体系中,农奴制度因商品化和人口增长的压力而崩溃。经营式的庄园和出租式的庄园都从依赖农奴转向依赖从小农经济体系中滋生的雇农和佃户。它们在过渡期间使用的是半农奴性的劳力(例如“雇工人”和佃仆)。到了 18 世纪后期,两种经济体系已经相互混合,而冀—鲁西北平原在 20 世纪的土地所有型式和生产关系亦已基本形成。

清代前期的小农场和大庄园

明清嬗递之际的战争，使华北平原上广大地区人口减少，直隶、山东的可耕地可能荒芜了1/4—1/3（见本书第123—131页）。在这些地区，清朝实施鼓励小农经济发展的政策。顺治朝曾三度（在1649年、1651年及1652年）明令，流民不论原籍，均可获得无主荒田的永久所有权。清朝政府还将本属明朝贵族的庄园土地授予庄园上原来耕作者。于是，再一次助长了小农经济的扩展。

同时，清政府也采取一系列措施试图抑制大庄园的扩张。它禁止晚明所实行的小农向大庄园主投献田产政策（依照投献法小农可在大庄园优免差徭的条例之下逃避重税，而大庄园主借此获得夺田占地的机会）。它又设法限制缙绅地主的优免特权。首先，限定绅衿只免其本身的丁徭。雍正、乾隆年间实行摊丁入地新税制后，国家遂按照占地数量征税，不再顾及所有者的法律身份地位。其次，禁止缙绅地主逃避或拖欠钱粮。仅在苏州、松江、常州、镇江四府，便有2171个缙绅和11 346个生员，因欠税而被撤职或贬抑（李文治，1963a：78—85；1981：144—145）。

清政府实行扶持小自耕农经济而抑制大庄园的政策，是不足为奇的。和大庄园相比，小农毕竟是较易控制的税收源泉。从中央政府的观点看来，个体小土地所有者在政治上对它的威胁也远较大庄园为小。秦国之所以能够成功地统一中国，就和小农经济有极大关系（Hsu［许倬云］，1980：13；Elvin，1973：第一部）。唐代曾一度实行过小耕作者的“均田制”。明代也同样扶持过自耕农经济的发展。1368年,朱元璋下令,农民归耕,已开垦之荒地归农民所有,并免除三年徭役或赋役。1372年,诏令“止许尽力耕种到顷亩以为己业”,禁止地主多占土地(李文治,1981:144)。所以,历代新朝的开始,多和小农经济的重新确定有关。一般在朝代衰落时期,才出现强大的庄园势力的扩张,威胁着中央政权。清政府以少数民族取得政权,更须考虑到这点。

清代实行加强小农经济的同时,也建立了为数众多的大型庄园。和以往其他朝代一样,清初把土地赏赐宗室、亲属和功臣。最大的一类庄园是皇庄,占地约400万亩。其次是王庄和赏给功臣的庄园。如把八旗兵丁份地(通常每人30亩)也算在内,朝廷颁授的全部庄园地和旗地,约占全国可耕地74 000万亩中的2000万亩(李文治,1963b:73;杨学琛,1963:176—181;珀金斯,1969:240)。在畿辅直隶,官地所占的比例远较他省为大。鞠镇东的研究估计,1657年共有官地1760万亩,相对于4270万亩的民地,约为全部耕地的29%(鞠镇东,1977:39615—39622)。①

一个典型的庄园有720亩,连带赏赐的还有10个壮丁,1个管理壮丁的庄头,以及6—8头牛。杨学琛(1963:177,184)根据顺治朝(1644—1661)的档案,证明朝廷的意图是建立一个以农奴为基础的体制。赏赐的庄园,通常不仅包括土地,还有附着于土地的农奴。顺治时期计丁授田的奴仆约40万。正如李文治(1963a:78)指出,晚明李自成的起义曾发出“贵贱均田”的口号,并普遍地拷掠

① 我们不应以直隶的特殊情况来概括全中国。马克·艾尔温(Elvin,1973:第六章、第十五章)以为直至18世纪为止,“庄园经济”一直在中国农业经济结构中占主要的地位,这种说法即使对直隶而言,也是夸张之词。

勋戚、官宦和富家。这次起义使直隶、山东和河南的大庄园遭受严重打击。清朝政府的措施扭转了这一地区大庄园没落的趋势，并使大规模的经营式庄园得有可能兴起。

经营式庄园

清廷意图中的庄园制，不是一个可以长期维持的体制。首先崩溃的是农奴制度。一个庄园的耕地是基本固定的，但它的农奴则随着其他人口而递增。在土地稀少的情况下，极少庄园能长期维持递增的农奴人口。到了1700年，朝廷已承认实际上大部分的庄田已像一般的民田一样租与佃农。1744年，朝廷正式准许皇庄上的农奴晋身为“良民”。不久之后，这项规定延伸至八旗贵族庄园。18世纪中叶，就连畿辅地区内，农奴制也已经不占重要地位（杨学琛，1963；村松，1962）。

作为大农场，也就是说作为经营式那样管理的庄园中（区别于分成小块出租的庄园），农奴为“雇工人”所取代。“雇工人”在明代已相当普遍。根据明律，这些“雇工人”通常是“立有文券，议有年限者”。法律规定，在和雇主的关系上，这些“雇工人”的法律地位低于一般“凡人”。一个“雇工人”如果冒犯了雇主，其刑罚将较冒犯身份相等者为重；基于同样原因，雇主伤害“雇工人”而受到的处罚，将较伤害同地位人的为轻。比方一个雇主殴打他的“雇工人”，如果没有致伤，雇主在法律上不会受罚；相反，如果“雇工人”殴主，虽不致伤，也要受三年徒刑加杖100的惩罚。同样的斗殴事件，如果发生在地位相等的平民之间，共刑罚仅笞20而已。1588

年附于明律的“新题例”中,短工“短雇月日,受值不多者”,已特从“雇工人”的范畴中排除出来,但农业长工则仍作“雇工人”对待。在法律眼中,他们都受雇于有身份的地主(经君健,1961a,1961b)。在清初,明律仍继续有效,直至新的社会现实导致 1788 年法律上对“雇工人”的重新规定。

在人口压力下,“雇工人”制度比农奴制可行。“雇工人”和农奴不同,并非永久附着于土地上,而可以在需要时才订约雇佣。但“雇工人”尚非自由的雇农,因为雇主对他们享有类似农奴主对农奴的超经济权力。这种权力又因法律上的身份区别而更为强固。只有在小农经济内部较平等的雇佣关系遍布整个农村社会时,“雇工人”制才没落下去。

刘永成(1982:115—116)为我们提供了一个 18 世纪直隶经营式庄园的具体例子。① 在刑部的命案档案中,我们可以看到新城(直隶中部)一个蒙古贵族的庄园。它由一个名叫钱瑾的汉人庄头管理,作大农场般经营。农忙季节,有临时短工辅助农场上的长工。在这一案件中,死者名叫于囤子,曾和五六十个其他工人受雇收割小麦,每人日领一个牌子,日暮交回取酬(于要求在整段工作期完结后一次全数取酬,但钱诬赖他企图索取双工,最后于被庄园中的仆人殴打致死)。

另外,我们可以在明末冯梦龙的《醒世恒言》中看到这一地区一个虚构的经营式庄园。小说的故事情节,是环绕北直隶极南(今日豫北浚县)的一名有才华且富裕的监生卢楠展开的。卢有一个

---

① 片冈芝子过去用方志资料做的周密研究没有发现一个经营式庄园的例子(1959:81—90;1962)。

大庄园,以其中两三百亩辟作一个精致的园林,其余为农田,约由上百名"雇工人"耕作。在农历十二月,他习惯地以银两预发"雇工人"来年的报酬。卢还亲自点名,主持发薪事务,以免家里仆人欺骗他们。他又以酒肴款待这些"雇工人"。他们在告退时叩头称谢(冯梦龙,1958,2:612)。[①]

关于经营式庄园在所有庄园中所占的比例,我们无法准确知晓。以上的轶事式证据,指出这类庄园的存在,但没有说明它们的相对比例。另一方面,明末清初的律例,将所有的长工都等同于经营式庄园的"雇工人"。显而易见,这类庄园在这一时期可能颇为普遍。

清代前期富农和经营式农业的扩展

当庄园经济中的农奴制为雇工人制所取代时,小农经济中一种新的雇主、雇工关系也在扩展。随着农业的商品化和人口的增长,小农也日益分化(原因在下章有所分析)。一方面分化成雇用劳力的富农和经营式农场主;另一方面分化成出卖劳力的贫农和

---

① 其中一名叫钮成的"雇工人",曾是贫苦农民,又因"少些行止",无人肯把田与他耕种。他后来成为卢楠的"雇工人",其兄弟曾被卖给一小官为奴。小说中那位仁慈和卓越的文士卢楠,被邪恶的县官嫉妒而遭诬陷,把他牵连进一宗虚假捏造的控告中,并涉及"雇工人"钮成和钮妻。事件的真实详情,在十多年后一个清明的新县官上任时才被揭发。真实情况是:卢楠有仆名卢才,垂涎钮妻,贷款给钮成,试图亲近钮妻。后钮妻反抗,卢才恼羞成怒,殴打钮成致死。狠毒的县官利用这个机会诬陷卢楠。新县官在对案件的复审中进一步指出,因钮成曾是卢楠的"雇工人",法律身份比卢低,即令卢侵犯了钮,也无论如何不能判处这样严厉的刑罚。卢于是从狱中获释(冯梦龙,1958:卷29,597—627)。

雇农。及至18世纪,农村的大部分长工,都受雇于属于小农经济的较小的富农式或经营式农场,而非庄园农场。

在1736年、1737年和1796年三年共2337宗土地债务命案中,我分别找出57宗、70宗和107宗关于直隶、山东的案件。[①] 从这234宗案件中,我得出52个佣工小农(长期的和短期的)的面貌——在这三个年份中分别为15人、16人、21人。

如表5.1、表5.2和表5.3所示,身份雇主是例外而非通例。在这3年的所有案件中,只有1个有功名(生员)的雇主和1个雇用2个工人的旗人的事例。还有一个管理旗人300亩庄园的庄头,出租大部分土地,并雇用1个长工,另加日工助耕部分土地。最后是一个没有功名,但显然是大富户的案件:陈步添是李明的雇主(1796,包80号,5.20),他有一个看门人、一个契买家人和契买婢女。[②]

表5.1　直隶—山东命案中所见雇农　1736

			雇主		出处[①]	
雇农姓名	原居	命案发生处	身份	长工数	包号	(阴历)月、日
袁　亮	逃兵	冀中(易州)	—	—	95,	2.28
时玉龙	邻村	鲁西北(齐河县)	经营农场主	3+	99,	6.6

① 这批案件按年份分成小包。包号内有农历月日,以分辨包内案件。本书先以年、再以包号、继以月日,注明这些案件。

② 陈家在刑部档案中出现,是因李明和契买婢女私通,而主人已将她许配给契买家人。事发时,李不顾一切谋杀了雇主。案件作"雇工人"和主人间的诉讼处理,李被判凌迟处死的极刑。

续表

雇农姓名	原居	命案发生处	雇主		出处[1]	
			身份	长工数	包号	(阴历)月、日
王　永	移居(山西,汶水县)	冀西北(宣化县)	农民	1	99,	6.11
刘美玉	本县(?)[2]		生员	1		
王成	移居		农民	1		
刘进才	移居(直隶景州)	冀南(易州)	农民	1	82,	6.17
王进理	移居(直隶束鹿县)		农民	1		
王明九	移居(直隶守晋县)		农民	1		
崔　林	移居	开州大名府[3]	农民	1	83,	6.18
赵子纲	移居(河南息县)	口外	农民	1	83,	6.20
李世清	移居(山东阳信县)	鲁北(寿光县)	农民	2	98,	6.21
李世明	移居(山东阳信县)		农民	—		
辛　永	移居(山东阳信县)		农民	1		
韩玉先	移居(山东临邑县)	北京附近(顺义县)	农民	—	103,	11.12
刘文举	移居(直隶卢龙县)	口外(狮子沟)	农民	—	107,	12.11

①清代刑科题本档案土地债务类(北京第一历史档案馆)。

②这些刑部档案中出现的雇农有许多只具名而没具原居地。此类雇农应多是本县居民。

③今日河南濮阳县。

表 5.2　直隶—山东命案中所见雇农　1737

<table>
<tr><th rowspan="2">雇农姓名</th><th rowspan="2">原居</th><th rowspan="2">命案发生处</th><th colspan="2">雇主</th><th colspan="2">出处[1]</th></tr>
<tr><th>身份</th><th>长工数</th><th>包号</th><th>(阴历)月、日</th></tr>
<tr><td>崔　六</td><td>移居
（山东即墨县）</td><td>口外</td><td>—</td><td>—</td><td>51,</td><td>2.2</td></tr>
<tr><td>黄　汉</td><td>移居</td><td rowspan="2">北京附近
（宛平县）</td><td>农民
（同族）</td><td>1+</td><td rowspan="2">52,</td><td rowspan="2">2.2</td></tr>
<tr><td>张　贵</td><td>邻县
（昌平）</td><td>农民</td><td>1 +</td></tr>
<tr><td>李秉瑞</td><td>本县</td><td>冀中
（博野县）</td><td>农民</td><td>1</td><td>63,</td><td>6.20</td></tr>
<tr><td>张　大</td><td>移居
（山东历城县）</td><td>口外
（西沟）</td><td>—</td><td>—</td><td>65,</td><td>7.7</td></tr>
<tr><td>张六儿</td><td>本县(?)</td><td rowspan="2">冀东
（通州）</td><td rowspan="2">旗人
（庄头）[2]</td><td rowspan="2">1+</td><td rowspan="2">67,</td><td rowspan="2">7.7</td></tr>
<tr><td>辛　大</td><td>本县(?)</td></tr>
<tr><td>张广增</td><td>本县(?)</td><td rowspan="5">冀中
（沧州）</td><td rowspan="3">旗人</td><td rowspan="3">2</td><td rowspan="5">77,</td><td rowspan="5">11.4</td></tr>
<tr><td>尹二秃子</td><td>本县(?)</td></tr>
<tr><td>赵　二</td><td>本县(?)</td></tr>
<tr><td>李　高</td><td>本县(?)</td><td rowspan="2">经营农场主</td><td rowspan="2">3+</td></tr>
<tr><td>梁芽子</td><td>本县(?)</td></tr>
<tr><td>李小狗</td><td>本县</td><td>鲁北
（昌邑县）</td><td>农民
（同族）</td><td>1</td><td>76,</td><td>11.22</td></tr>
<tr><td>刘　二</td><td>移居
（山东即墨县）</td><td>口外
（把棒沟）</td><td>农民</td><td>1</td><td>76,</td><td>11.29</td></tr>
<tr><td>张　八</td><td>移居
（山东胶州）</td><td>口外</td><td>农民</td><td>1</td><td>77,</td><td>11.30</td></tr>
<tr><td>贾　大</td><td>本县(?)</td><td>鲁西南
（滋阳县）</td><td>农民
（佃户）[3]</td><td>1</td><td>60,</td><td>12.3</td></tr>
</table>

①与表 5.1 同。

②看管 300 亩地。

③租种 30 亩地。

表 5.3 直隶—山东命案中所见雇农 1796

雇农姓名	原居	命案发生处	雇主身份	雇主雇工数	出处[1]包号(阴历)	出处[1]月、日
张小五	移居（直隶沧州回民）	鲁西北（宁津县）	—	—	109，	2.23
李怀成	本县(?)	鲁西北（宁津县）	—	—	109，	2.23
张月宽	本县(?)	鲁西北（宁津县）	—	—	109，	2.23
张子河	本县[2]	鲁西北（宁津县）	—	—	109，	2.23
刘好学	移居	冀西北（怀来县）	—	—	90，	3.27
王连玘	移居（山东阳信县）	口外（承德府丰宁县）	—	—	111，	4.20
李　明	移居（山东邹县）	鲁西（济宁州）	大户	1	80，	5.20
刘安邦	本县	鲁西北（齐河县）	农民	1	120，	5.26
朱来成	移居	冀中（深州）	—	—	107，	8.17
刘牛儿	本县	冀中（青苑县）	—	—	112，	8.17
王　禄	移居（滦州旗人）（出外做工多年）	冀东（滦州）	—	—	83，	8.30
马左宝	本县	鲁西北（惠民县）	农民	2	115，	12.2
赵　宣	本县	鲁西北（惠民县）	农民	2	115，	12.2
陈　明	移居（山东即墨县）	口外（平泉州）	农民	1	103，	12.13
殷添锡	移居（山西忻州）	冀西北（张家口）	农民	1	69，	日期不详

续表

雇农姓名	原居	命案发生处	雇主		出处[1]
			身份	雇工数	包号(阴历)月、日
李珍	移居（山西）	冀西北（张家口）	农民	1	84，日期不详
董二	移居（山西武襄县）				
张世保	移居（山西平遥县）				
张盛德	移居（山西平遥县）	口外（淮口北道）	—	—	107，日期不详
张生祥	移居		—	—	
张　申	移居		—	—	

①与表5.1同。

②回民

从这批资料来看，①典型的雇主是庶民，通常本身是农民。一个比较富有的小农，会雇用1个，有时甚至2个长工协助耕作。长工或者来自他县，多数是逃荒出来的，或者来自同村或邻村。雇用的条件，一般是口头约定，没有书面合约。长工多年年继续留下。短工则常按日雇用发酬（在关于李小狗的一宗案件中，有日薪50文的记录）。

其中2个雇主，可以清楚地鉴定是本书所讨论的经营式农场

① 当然有人可以提这样的意见：在刑部档案中，有身份的雇主不见得有充分的代表，因身份的差异把他们和雇工分开，两者之间发生斗殴的可能性也就比发生在庶民雇主和雇工之间为小。而且，肇事的社会权贵，会运用权力和关系推卸责任。因此，刑部资料便不能成为最后的证据。这里的论点，是以几种不同种类证据的总和为基础。这点可见于以下的讨论。

主类型。一个是冀中沧州的屈二。他有 3 个长工——赵二、李高和梁芽子——为他种小米和棉花。屈案在档案中出现,是因为他的侄儿张文举杀了 1 个在他的田里拾棉花、摘豆角的年幼村女。张文举父张宝试图隐瞒整个事件,贿赂女父使之保密。但当屈二的雇农说出事件发生的经过,真情便外露了(1737,包 77 号,1.14)。第二个经营式农场主是(近河南的)齐河县的杨坤。杨命他的一个长工雇请一个名时玉龙的协助 2 个长工锄地。当时议定日薪 90 文。时氏上工时,杨企图将协定工资降至 62 文。时氏抗议,被杨氏杀害。(结果杨因犯案的日期在 1735 年农历 9 月 3 日雍正帝颁恩赦之前而获释。[1735,包 99 号,6.6])

表 5.1—5.3 中的案件,大部分发生在两类地区之一:商业化程度较高的"核心"区,如北京或济南的邻近地区和冀中、冀南较发达的地区;或"边陲"地区,如长城以北的地区。这个"口外"地区在 18 世纪时有大量的移民涌入,而聚居最盛的是这一地区的东部,1777 年命名为承德府。府中的平泉州(1777 年前称为"八沟"地区)(赵泉澄,1955:8),似乎特别难控制——是经常闹事致命的地点。

此边区内的雇主,一般是较早移居该地的自耕农,一个正在经济阶梯上向上攀的小农阶层。雇农是较近期抵达的移民,是到此地佣工就业的人。举例说,在 1736 年,有 2 个这类的人在刑部档案中出现。雇主杨连廷及其工人赵子纲,被杨的一个路过该区的朋友李万良所杀。李曾留杨家,杨向李借 3000 文。李索还时,杨拒绝,认为供李食宿已足偿所欠。但事实上李已付伙食费。结果发生斗殴,当时和雇主杨叙饮的雇工赵某偏帮杨氏。李遂将两人杀死(1736,包83号,6.20)。

最近国内的研究

李文治编的《中国近代农业史资料》中有些数据,可以进一步证实本章所提的小农经济中雇佣关系发展的观点。牵涉到雇农的命案,从1723—1820年有明显的增加,从1723—1735年刑部档案中每年0.9件(共12件),从1736—1795年每年4.3件(259件),从1706—1820年每年17.5件(437件)。[1]

其他得自刑部命案档案的资料,也为此观点提供了一些佐证。在140件涉及长工的命案中,有68件载明雇主和雇农之间的关系为"彼此平等相称","平日共坐共食",以及"素无主仆名分"的关系。其余的案件中,有67件没有这方面的明确说明,4件注明没有立书面契约。只有1件载明雇主与雇工之间是主仆关系(李文治,1963a:107—108)。和上面讨论的案件一样,这项资料说明,到了18世纪后期的雇农已多受雇于庶民雇主。

关于这种现象如何产生的问题,中国史学界有两种不同的解释。刘永成(1979b:32—46)强调商业资本的作用。根据他的分

---

① 在这里应当说明:"牵涉到雇农"不应理解为发生在雇农和雇主之间。如果我翻阅的1735年、1736年和1796年的资料具有代表性的话,这些案件中只有小部分牵涉雇主和雇农间的纠纷;大多数属于雇农之间,或雇农和农村社会其他阶层人之间的冲突。刘永成(1962:113)从刑部档案以外各种材料中找出180宗命案,加上李文治的708件,共得出888个案件资料。刘氏的补充资料,把时间延至1644—1840年,但他似未彻底翻查1644—1722年和1821—1840年两段时期的刑部档案。刘氏的888个案件,似乎反而没有李氏取材自同一资料的数据有用。

析，手工业的兴起导致对农业原料的需求和由此而引起的农业商品化；商业资本进入农业，引起小农分化和由此产生的雇佣劳动的增加。在刘氏的分析中，雇用长工的农场主多来自商人，雇有至少五六个工人，通常人数更多，并且一般结合商业性农业的经营与粮食加工、手工业作坊等其他活动。刘氏的重点在"资本主义萌芽"，并非单指某些带有资本主义性质的企业的存在的局部事实，也指"封建制度"日暮途穷后，必然是资本主义渐露曙光的阶段。

另一方面，李文治（1963a：99—109）特别强调"庶民地主"的兴起。这些"庶民地主"通常"力农致富"。在他们当中，亲自监督生产的"经营地主"和较大的"缙绅地主"必须区别开来，后者一般不愿意为农业生产事务烦扰，而通常是不在村的收租地主。

李氏的解释较符合直隶—山东地区的情况，较小的经营农场主远比大商人而兼农场主普遍。一如我收集的 1735 年、1736 年和 1796 年的事例显出，农业雇佣劳动的雇主，一般是规模较小的富农或经营式农场主。本书第三章所用的 20 世纪 30 年代资料，也指出同一现象。

这并非说刘氏所强调的那类大规模商人兼农场主型企业不存在。举例说，我们知道 18 世纪有一个名牛希武的山西商人，租了北京郊区一大块土地作商业性农业之用，并同时经营一家钱铺（刘永成，1982：102）。在景甦、罗崙所记载的事件中，我们可以看到另一个例子：山东淄川县（李家村）排水灌溉条件良好的山麓平原区，有一个名毕丰涟的小农。他开始只有地 30 亩，后来以丝织致富。毕丰涟（据其后人向景、罗所做的口头供述）在 1840 年去世时，已把他的丝织业扩大至一个相当规模的企业，拥有 20 多部织机，雇工操作。当时他的田产已超过 300 亩。在其孙毕远蓉(1814—1896)的管理下,这个家族的财富达到占地 900 多亩的规模,其中在李家村的 600 亩用作经营式农场,雇有长工 30 多名,农忙时另有 50 多名短工协助。这时,毕家在织丝作坊外,又开设了一个制毡帽的商店,两个企业各自雇用 100 多名工人(景、罗,1959:68—72)。

然而,这类经营是比较罕见的。就是在景、罗 19 世纪 90 年代山东"经营地主"的 331 个样本中,也可以清楚地看到,这些"经营地主"变得越大和越富有,便越会放弃直接的农作经营,转而出租土地和进行商业及其他活动。拥有 100—200 亩地的一组地主,以他们全部土地的 87.5%作经营农业之用;而全体 331 个经营地主,则仅以他们土地的 20.7%作经营农业之用(景、罗,1959:附录 1,2;比较威尔金森,1978:17—21,35)。

法律对新的社会现实的承认

占地 100—200 亩的经营式农场主,通常和富农一样,与雇工一起工作,彼此间的社会距离,并不像大经营庄园主或大规模的商人兼农场主与雇工之间的社会距离那么大。导致清代法律对农业雇工身份的重新规定,乃是这些小型经营式农场的兴起。

18 世纪似乎是一个关键性的过渡时期。当时,法律困于旧条例和新的社会现实矛盾之中。1735 年,冀南新城县的雇主刘七达子杀死时毛儿。该案的记录清楚显示,依 1588 年的定义,时氏不是"雇工人";未曾"立有文契,议有年限"。档案又显示,时氏是刘的同村人,而且两人关系平等到足以共饮于市。然而,直隶总督裁定该案须作雇主杀"雇工人"案处理。刑部虽持不同的意见,但总督固执己见,该案最后按照直督的意见处理(经君健,1961b:55)。但1757年直隶另一宗牵涉一个庶民雇主和雇工的案件(案中雇工张狗儿强奸雇主之妻),却被判为两个庶民间的案件。到了1760年,刑部正式承认"民间经营耕获,动辄需人。亲属同侪,相为雇佣"的现实。在这种情况下,刑部裁定雇农不应作与雇主身份有别的"雇工人"对待(经君健,1961b:60)。

在一个1784年直隶的案件和翌年山东的两个案件中——案中雇工都是议定年薪的雇农——刑部否决总督的建议,而裁定雇农应作为庶民而非"雇工人"对待(经君健,1961b:62)。三年后,在1788年,清政府正式在法律上承认新的社会现实,并指出农村中的雇农,其实多是"农民佃户雇请耕种工作之人……平日共坐共食,彼此平等相称……素无主仆名分……"。这样的雇农应从"雇工人"的范畴中剔出,当作一般"凡人"看待,在身份上与其庶民雇主相等(经君健,1961b:63)。

在有真正权贵身份的人——八旗贵族、官僚、持有功名的缙绅地主眼中,庶民雇主和他们的雇农同样是低贱卑下、双手沾泥的农民,当然不应当作有身份人物看待。承认大多数雇农受雇于庶民而非有身份雇主的现实,正是促使清政府重新规定农业雇主和雇工间关系性质的主要因素。

这种在小农经济内部产生的新的生产关系,最后也在朝廷封授的庄园内盛行起来。十七八世纪,旗地和庄园田地大量从八旗兵丁、官员和贵族手上流出,典卖与汉人地主和农民。清廷虽多次采取各种措施,都无法禁止旗地地权转移的趋势。生活的奢华使许多满族和蒙古族的地主成为汉族商人的债户，结果是典押或出售旗地。一位 18 世纪中叶的观察者指出，朝廷所封授的旗地，当时已有百分之五六十“典卖与民”(Woodside,1978:21—28;李文治,1963a:89—93)。土地上的生产关系也伴随着地权的转移[①]而向小农经济的生产关系转变。“雇工人”变成愈来愈罕见的现象。直至 19 世纪 90 年代，连较大的经营式农场也常和小型庶民经营式农场以同样的条件雇用长工(景、罗,1959:118—124,147—153)。

租佃关系的变迁

租佃关系更早经历这种变化。在宋元时代，束缚于土地的佃农较多，其身份在法律上低于庶民土地所有者。到了明代，租佃关系已趋于松弛，出现了较多在自由契约关系下耕种的佃农。他们还在法律上获得了庶民身份。其他多是介于农奴和自由佃农间的佃仆，或耕作于出租的庄园小块地的世仆(李文治,1980:148—150;仁井田陞,1963:138—144)。

清廷曾试图在庄田中维护农奴式的租佃关系。但和经营式庄园一样，出租式庄园无法在固定面积的庄园上维持递增的农奴人口。农奴式的租佃关系于是让渡给一种介乎农奴制与自由租佃制间的关系，使庄园主既可以保有对佃农的超经济支配，又可以自由

---

① 及至清末，除了皇室庄园，几乎所有旗地都已售与私人，遗留下来的实质上与民地难于区分(李文治,1963b:93)。例如，20 世纪 20 年代的吴店村——在北京以南的良乡县——所谓旗地和一般民地的区别，只在旗地的税率稍高而已。因此，旗地的售价比民地稍低。除去这一差别外，在这个一度有 70% 土地是旗地的村庄内，这两种田地并无不同之处(《惯调》,5:513,521)。

地使耕者数目和庄园面积相适合。部分庄园,尤其是典卖与民的土地,租佃关系更转变为属于小农经济的纯契约性的经济关系。

自由租佃制度和带有农奴色彩的租佃关系的并存,导致了有关租佃关系方面的纠纷。刑部档案资料使我们对这一过程的了解比以前更加清晰。①

表 5.4 列出 18 件有关这类纠纷的命案:14 宗是我自己从 1736 年、1737 年和 1796 年的档案中找出的案件,4 宗是刘永成发表的资料中的其他年份的案件。合起来我们可以从乾隆朝的关键性过渡时期观察前后。

表 5.4 直隶—山东命案中所见地主和佃农 1736—1796

	租入地			地主			
佃农姓名	亩数	种类	命案地点	姓名	备注	租佃形式	出处[1]
陈　玉			鲁北(安邱县)	刘　玕	不在村	分成租	1736,83,6.8
刘　四	10	旗地	冀东(昌平州)	张国义	庄头		1736,105,12.13
庞正喜	25		冀西北(怀安县)	刘　珠	父贡生	分成租	1736,78,日期不详
陈思敏		旗地	冀东(武清县)		不在村	货币租	1737,52,2.2
崔　杰	70		冀东(南皮县)	张如椒	监生		1737,57,4.7

① 片冈芝子在方志中找出五个有关此一地区明清时期租佃关系的材料:一个在万历朝(1573—1620),一个在康熙朝(1662—1722),三个在乾隆朝(1736—1795)。这些资料都指出:分成租是最普遍的租佃方式,有的是简单的分成租,有的在地主供应耕畜和种子的场合,则采取较高于分成的租率。但这些资料无法说明租佃关系在这期间如何转变。

续表

佃农姓名	租入地		命案地点	地主		租佃形式	出处[1]
	亩数	种类		姓名	备注		
史有财[2]			口外			分成租	1737,56,4.27
谢　大[2]		庙地	口外（西沟）		庙僧人		1737,65,7.7
辛　三	10	旗地	冀东（通州）	李定国	庄头300亩	实物租	1737,67,7.7
李能时	65		冀南（肥乡）	李修德	监生	实物租	1737,69,12.6
聂万仓[2]	50		承德府（建昌县）		蒙古人	1/2分成租 1/2实物定额租	1796,75,6.8
黄凤起		洼地	鲁北（寿光县）	孟来宁	富农	分成租	1796,92,7.6
张士杰			鲁东（莱阳县）	汤继甫	不在村大地主	分成租	1796,82,10.9
王忠富[2]			口外	阎好名	富农[2]	分成租	1796,117,10.24
柳连郡			鲁东（莱阳县）	张玉玲	生员		1796,70,日期不详
刘　喜			冀东（沧州）	张廷英		分成租（住张房屋）	1755,刘1980:61（3.5）
李茂哲	30	旗地	冀东（滦州）	佟　镆	小地主		1776,刘1980:74,1979a:60(日期不详)
乔有智	3		冀南（鸡泽县）	田根子		分成租	1788,刘1980:63（5.日期不详）
张　杰			鲁东（高密县）	单　焯	不在村		1790,刘,1979a:65（日期不详）

①清代刑科题本档案,土地债务类(北京明清档案馆),年、包号,(阴历)月、日。

②移居。

首先我们可以看到,介入租佃纠纷的地主多属较小的基层身份地主。这些小地主，似在企图行使大庄园所认为当然的特权。当时他们的佃户则正在要求行使商业化中的小农经济内的佃农所通有的权利。因此，在 1736 年直隶西北的怀安县，小地主刘珠（一个有下等功名者——贡生的儿子）企图撤销其佃户庞正喜耕种的 25 亩河边土地的租约。刘指责庞非法秘密租地给别人，但实际上这不过是他的借口，想把土地改租给另一佃农，以获得较高的租金。但庞拒绝退租土地，认为他家把那块生荒地垦熟耕种已历三代，应有永佃权。但刘径自在该块地上下了种，遂发生斗殴（刘被与庞同住共耕的母舅所杀）。在另一宗 1790 年同样性质的案件中，鲁东高密县一个居住城中的地主单焯命他的佃户张杰推煤进城；张拒绝为单服务，纠纷遂生。另一宗事件发生在 1737 年直隶东北的通州，当时一个管理蒙古人 300 亩庄园的庄头，雇佃户之子辛大做些日工。辛大以为他会按日得酬。当辛大完工以后，庄头李定国拒绝支薪，辛氏提出抗议，而被李氏之子及侄殴死。这类事件说明，由于商业化的小农经济新的租佃关系的扩增，引起了租佃关系中不同要求的矛盾。而这种矛盾在较低阶层的身份地主的土地上最为严重，这似乎并非偶然。

其他的案件也说明因伴随商业化而来的农村变化，产生了新的矛盾。1788 年，在高度商业化的直隶南部的鸡泽县中，一个地主试图要他的租户由粮食改种利润较高的烟草。该佃户拒绝依从，地主田根子便欲退租，遂发生争斗。在 18 世纪这个流动性较高的社会中，地主和佃户的运气有时可能颠倒。在 1776 年发生于直隶西北部的滦州的一宗命案中，一个小地主，先后向租耕他 29.5 亩旗地的佃户借了 66 000 文钱；后来地主无力偿债，佃户李茂哲遂提出以欠款为押金，要求取得永佃权；凭此地主必须同意不加租或转租田地给他人。

然而，直隶和山东租佃关系中商业化的程度，不宜过分夸张。刘永成（1979a：55）从刑部档案中，搜出有关乾隆时期直隶省的租佃形式的案件 47 宗，其中有 27 宗，即 57.4%，是货币地租，相当于各省平均的 28.5%。[①] 这些数字似乎显示直隶的农业商品化程度极高。刘氏对这些数字并未提供解释。但笔者怀疑，这不过反映首府省份有不成比例数目的朝廷建立的贵族庄园。如上所见，这些庄园主大部分是过着奢侈生活的贵族，一般都采用出租方式，不直接经营他们的土地。他们要求佃户付货币租，以供他们在城镇生活的使用。村松祐次用一个庄园 1729 年的“取租册档”和“差银册档”，证明当时此庄园全部租单的约 89%是收银的（村松，1962，1：59）。我们不应因刘氏的资料而夸大直隶农业商品化的程度。刘氏所提供的山东方面的数字（19 案中 6 件，即 31.68%属于货币地租），对于了解此地区农业经济商品化的实际程度，可能较具代表性（刘永成，1979a：55）。

在边境区域，土地租佃经常在早期移民和后期移民之间产生。比起传统束缚较大的早开发地区内身份地主和庶民之间的关系来，边区的租佃关系较为平等。这类案件中有一个发生在直隶西北部长城以北的边区。据载：一个新到的移民王忠富（来自山西），以分成形式租用一个富农自己所不能耕种的土地。

在这种趋势下，有的庄园主试图维护往日的特权，仍旧把他们

---

① 刘氏从刑部档案中得出共 288 件有关乾隆时期租佃形式的资料。

的佃户当作法律上低于庶民身份的奴仆看待。清政府的官员则试图执行法律的规定,除了实际上是在主人家中服务的奴仆,一般的佃农都应当作庶民看待。双方的争执一直到1809年方得解决。是年,嘉庆皇帝明令规定,真正在主人家中服务的人才能当作奴仆对待。1825年刑部更裁定其他一切佃户,“虽佃大户之田,葬大户之山,住大户之室,非实有主仆名分者,不能压为世仆”(刘永成,1980:60)。及至18世纪末,出租形式的庄园上的租佃关系,已接近于庶民经济中的租佃关系,与过去的大庄园迥然不同。

18世纪的土地分配状态

在获鹿县政府户房所藏康熙、雍正和乾隆年间的税务记录(三百多卷的编审册,多集中在18世纪的20—50年代)的基础上,潘喆和唐世儒重构了该县当时的土地分配型式。①

表5.5　河北获鹿县的土地分配　1725—1750年左右

拥有地(亩)	户数[1]	%	拥有地总数(亩)	%
0	5331	25.3	0	0
<1	888	4.2	439	0.2
1—5	3507	16.7	10 207	3.2

① 潘氏指出这里所用的单位是地籍上的丁,而非地籍上的户,后者实际包含数人至170或180人之多。该县共有18社,每社有10甲。这资料多半包括了该县大多数的人口和耕地(1980年访问潘喆所得)。国民党统计局统计出该县在1930年有42 200户,491 000亩可耕地(《华北综合》,1944b,第一卷:78)。他们整理的91甲包含了21 046户和315 229亩土地,占全县户口、土地的很大部分。

续表

拥有地(亩)	户数[1]	%	拥有地总数(亩)	%
6—10	3172	15.1	22 948	7.3
11—15	2137	10.1	26 157	8.3
16—30	3332	15.8	70 006	22.2
31—40	967	4.6	33 205	10.5
41—50	498	2.4	22 313	7.1
51—60	334	1.6	18 195	5.8
61—100	540	2.6	40 534	12.8
>100	340	1.6	71 225	22.6
总数	21 046	100	315 229	100

出处:戴逸编,1980:347。

① 91 甲。

由表 5.5 的数据可见,当时获鹿县的土地分配状态已和 20 世纪的十分相似。在这个较发达和人口较密的直隶山麓平原区,每户平均有地仅 15 亩(和 1930 年该县平均每户 11.6 亩相比)。同时,我们可以看出土地所有权已高度分化,大片土地变成许多差距不大的小块地,一如 20 世纪的模样。18 世纪的获鹿县,显然已是一个人口稠密并处在小农家庭农场经济之下的县份。

社会分化的形态也已与 20 世纪的相似。约 1/4 的户口没有土地,他们大致是佃农和雇农。另 1/3 只有 10 亩以下的土地,多是半自耕农和半佣工者。如表 5.6 所示,大地主比较少,地主人数最多的一组有地 100—200 亩,这一种土地分配形态可以帮助我们理解一些有关这段时期的土地买卖记录。山东章丘县太和堂李家的特大经营农场的记录显示,该家族的土地是在一段长时期内,以购买分散的零星小块土地积聚起来的。李家在1761年至1790年期间，经过36次不同的小块地交易，每年平均买得5.4亩。在1793年至1868年期间经29次交易，平均一年买地2.2亩。① 同县的出租地主矜恕堂孟家，也有类似的得地记录：1718年至1850年间，经18次不同交易，得地154.7亩。② 晚明以后到19世纪期中，江南的鱼鳞册和土地买入记录，也显示相同的置地型式（赵冈，1981）。这样的土地买卖状态，也是小块家庭农场经济的佐证。在土地分配形式和生产关系上，18世纪后期的直隶—鲁西北区已形成至20世纪仍保持的基本轮廓。

表5.6　获鹿县的大地主1725—1750年左右①

所有地面积（亩）	户数
100—200	310
201—300	86
301—400	25
401—500	20
501—1000	33
>1000	4

① 这些总数以该县共181甲中的139甲的数字为据。潘喆先生为我提供这些资料，深表感谢。

① 最后，在1870年至1905年的40次个别交易中，他们平均一年买进5.01亩。到1905年，他们共拥有515亩，这是在144年间以105次交易获得的（景、罗，1959：50—53）。

② 随后在1854年至1911年间买入610.7亩，也以小块地为主，共经60次交易（景、罗，1959：81—85）。

第六章　清代前期的农业商品化和小农分化

农村租佃和雇佣关系的蔓延,是随着长期的人口增长和农业及家庭手工业商品化而来的。本章着重探讨棉花种植的传播如何导致小农的分化。棉花收益远高于粮食,也因此赋予小部分农户力农致富的机会。但它也同时加大了农作所冒的风险,因为它需要高于粮食的资本和劳力投资。失去一茬棉花对一家农户的影响,要比失去一茬高粱严重,许多改种棉花的小农,有可能因此而在经济阶梯上滑下来。

人口压力和商品化的家庭手工业生产,对小农分化的基本过程起着双重的作用。人口增长,一方面促进农业的商品化;另一方面它通过分家制度而妨碍大规模农场的形成。农村手工业,同样地刺激农作物商品化,但同时也协助维持小自耕农经济。本章的重点在探讨促进小农分化的一些动力。至于人口压力和家庭手工业如何维护小农经济,则将于第十一章讨论。

20 世纪资料中所见的农业商品化和小农分化

冀—鲁西北农业商品化过程,主要与从 16 世纪开始种植棉花有关。但在讨论历史证据之前,我想先借助较详尽的 20 世纪关于冀东丰润县米厂村的实地调查资料来说明基本的变化形式。

1910 年以后棉花传入之前,米厂村一直都以种植谷类为主。到了 30 年代,村中所有较佳的土地,即在夏天雨季时不易成涝的土地——约占耕地面积的三成——都转种棉花。转种棉花的原因是棉花的收入较高,每亩比高粱高出一倍多。表 6.1 对比棉花与高粱的种植,列出米厂四家自耕中农农场的数字(依赖雇佣劳动的富农或经营地主和租佃土地的贫农的数字,因介入生产关系的因素,待第九章再讨论)。我们可以看到,棉花单位面积的总收入价值要比高粱高出将近两倍。棉花当然需要较多的肥料,而种于低洼地的高粱则不需施肥(因涝淹对土地起施肥的作用)。棉花也需约多一倍的劳力。在这个不缺劳力而土地相对贫缺价高的地区,棉花的纯收入仍比高粱要高出一倍多。在这种情况下,种植棉花对大部分农户具有难以抗拒的吸引力。

表 6.1　米厂村 4 个中农农场上棉花和高粱收入的比较　1937

	棉	高粱
每亩总收入(元)	17.7	6.1
每亩支出(元)		
肥料[1]	4.6	0

续表

		棉		高粱
工资(元)	1.7	6.3	1.2	1.2
纯收入(元)		11.4		4.9

出处:满铁,北支事务局调查部,1938:表3,28,29,32,33。

① 包括购入肥料和自家肥料的现金等值。

但生态条件及经济的因素却限制了棉花的种植。米厂村较低的土地,和冀东许多地方一样,因排水不良而易涝,棉花经不起水涝,故低地一般仍种耐涝的高粱。同时,棉花在一个农场的作物中所占的比例也受到一些经济因素的限制。过多种植棉花会造成一种不合理的作物组合型而引起双重困难;一方面,不能像种植多种作物那样把农忙的日子匀开;另一方面,若遇到春季旱灾,单种棉花的农户会损失全年的收入。在这样的情况下,大部分有选择余地的农户,都采取多种作物的种植组合型。

第九章将较详细地指出,经营式农场和富农农场,与贫农农场比较而言,在种植棉花方面的动机性有极大歧异。这里只需要指出棉花的种植所引起的社会分化。因土地收益倍增,较幸运的家庭——土地与人口的比例较有利、男丁劳动人口与消费人口的比例较有利、侥幸不患病、没有额外支出的家庭——会有可能略有积蓄去增购田地。慢慢从以维持生计为主要目的的农作转变为部分为赢利而生产的农作。第三章所见的董天望和村中另外两个经营式农场主,正是这种类型的具体例子。

但种植经济作物有利也有弊。对一个小农场来讲,种植棉花虽然利润较高,但所需的投资也较大。这样一来,自然或人为灾害的破坏力也相应增加。对小农来说,失收一茬棉花远比失收一茬高粱的损失大,一户小农的经济情况有可能因此开始下滑,被迫以土地抵押举债,进而可能失去土地,沦为佃农,出外受雇干零活,最后成为没有土地的雇农。新崛起的经营式及富农农场所需要的劳动力来源,就是这样产生的。

米厂村的这个小农分化过程,在满铁调查员收集的土地买卖资料①中得到证实。据调查员的记录,1890 年至 1936 年出卖的 538.39 亩土地中,有 424 亩是在最后 20 年中购置的,亦即在种植棉花以后的年代中购置的。这些土地中的 207.85 亩是由经营式农场主用他们经营商业化农作的利润买入的;265.84 亩是由富裕中农和富农家庭(耕作 20—100 亩土地)购入的(满铁,冀东农村,1937b:5—10;吉田,1975:16)。出卖土地的,当然主要是没落途中的农户,是正在沦为半佃农、佃农、半雇农和长工的农户。

冀中、冀南和鲁西北的农作物商品化型式

从两年三作的农作制转为一年一作的棉花(4 月播种,到 10 月、11 月才收获,因此不可能接着种冬季作物),变化没有上述的例

① 这些口述历史资料虽然差不多可以肯定是有缺陷而不完整的,但我觉得可信程度很高。土地买卖对村民来说,毕竟是头等大事。多数村民都能够向满铁调查员提供买卖土地的确实数量(甚至是小数点后面的数目)和交易的大约年份。总的来说,我认为受访者所提供关于自己那一代的资料是高度可靠的,关于他父亲那一代的资料可靠程度略低,关于他祖父那一代的则可靠性更低一些。对本书最重要的是刚好在调查之前 20 年内的资料(吉田浩一[1975:16]系统地表列了村里七类不同经济阶层的家庭购买土地的资料)。

子那么大,但牵涉的原理差不多一样。转变较小,首先是从商业化的程度来说的。因为小麦长久以来就是高度商业化的作物。从多种 20 世纪的资料看,小麦是城市和上层阶级的食粮,而高粱、玉米和番薯则是贫苦人民的食粮。北京附近的沙井村,一石小麦在 1940 年的价格是 34 元,而一石高粱卖 18 元(《惯调》,2:55,69,238,252)。在鲁西北的后夏寨村,一石小米在 1942 年卖 40 元,而一石高粱售 25 元(《惯调》,4:402,460)。杨懋春(1945:32—33)童年时期的台头村(近青岛)中,贫民一年"每天每顿都吃"甘薯,而较富裕的人则享用小米、小麦,甚至肉类和米。山东济南附近的冷水沟村有个饽饽社,社员每人每月交费两毛钱,就能较便宜地集体购买面粉,以确保所有社员在新年期间可以享用面粉饽饽(《惯调》,4:428—429)。甚至在 1980 年,沙井大队还因为可以保证队员每天中午吃"细粮"(馒头或面条)而引以为豪(沙井村访问,1980 年 4 月)。

清代已有"细粮"和"粗粮"这种粮食上的社会等级。例如康熙年间(1662—1722)的《巨野(鲁西南)县志》就记载:"富家多食麦,贫者以高粱为主食。"乾隆年间的《海阳(鲁极东)县志》也说:"富者稻米为饭,麦面为饼,贫者食黍粥豆渣。"(引自片冈,1959:96)贫民通常出售小麦,以现金购入粗粮——这样可以使他们不足的粮食得到一些补偿。由此看来,棉花取代了冬小麦,并不是将未商品化的粮食转为经济作物,而是更进一步推动了农作物的商品化。

从农业集约化和土地收益提高的程度来看,两年三作制转种棉花,其变化也不像从全年单种高粱转为种棉花那么大。本区农作物种植和产量的大体情况,可见于两个较系统的调查:春天种植的高粱的产量，一般（在容积和重量上）都稍高于越冬小麦或夏天种植的大豆（根据国民党土地委员会所做的庞大调查，比率约为10：8）。不过两年三作制的总产量却比一年一作制要高（根据土地委员会的调查，两年里的比率约为5：4；根据中央人民政府1949年调查，比率约为6：5）。1934—1935年，河北及山东两年三作法的总收入现金等值，是平均每年每亩约9元，而每年只种高粱为6元（土地委员会，1937：20—21；中央人民政府，1950：68）。在劳动力的应用方面，两年三作制中的高粱每亩7.2天，小麦每亩7.8天，大豆每亩5.7天（满铁，北支事务局调查部，1938：表46），两年中每亩共需约20天。与此比较，两年都单种高粱约需14天。无论从收益或劳力的角度来看，两年三作制的集约化程度都高于只种高粱，所以从这种作物制转种棉花，其商品化的程度也没有从一年一茬高粱转种棉花那么大。

但这种转变仍是重要的一步。从一年一作高粱转为两年三作制，会把每两年的粮食单位面积产量提高20%—25%，作物的现金等值约50%。再进一步改种棉花，作物的现金等值便超出单种高粱的一倍。为了清楚显示种植棉花和种植粮食的区别，我在前面把这两种耕作制度当作截然分开的耕作制度来分析。实际上，一般小农农场同时混合采用这几种种植方式。一个极普遍的作物组合型（卜凯，1937b：259—260），是在一块地上轮流地种植棉花和两年三作的作物；而在一个家庭农场的不同田块上，交替使用上述两种制度。任何一年中，同一农场往往同时包含这两种制度的三个不同阶段，如下面所示：

		第一块田	第二块田	第三块田
第一年	春	棉花	高粱	（小麦）
	夏	（棉花）	（高粱）	大豆
	冬	休耕	小麦	休耕
第二年	春	高粱	（小麦）	棉花
	夏	（高粱）	大豆	（棉花）
	冬	小麦	休耕	休耕
第三年	春	（小麦）	棉花	高粱
	夏	大豆	（棉花）	高粱
	冬	休耕	休耕	小麦

这样一个混合和轮作制度，首先使一个家庭农场一年内的农作劳动分摊得较均匀。此外，大部分农场除了以上那些作物，还种多种其他作物。本区最普遍的是小米、玉米、大麦、甘薯、白菜等。所以农业商品化的过程一般并不是全盘由粮食转为经济作物，而是渐渐把比重增大的经济作物纳入一个高度复杂和多样化的系统里。

本区的演变型式与冀东变化较大的米厂村的情况，在原则上基本无异。棉花带来较高利润和较大风险，也促进了社会分化。小自耕农中，有少数人可借收益增加而沿社会经济的阶梯向上爬，进行富农和经营式农作；其他人却下滑而沦为佃农、半雇农和长工。

明清时期的棉花种植

本区16世纪始种棉花，原因是当时长江下游和闽、广市场的需求，提高了棉花的价格，因而种植棉花的收益高于粮食。嘉靖年间(1522—1566)，山东六府都已有棉花种植，而尤以西北部的东昌府为多。正如省志所载：棉花“六府皆有之，东昌尤多。商人贸于四方，其利甚溥”①。东昌府内高唐州和恩县商业化程度尤其高，如府志所记：“土宜木棉，江淮贾客贸易，居人以此致富。”(引自从翰香，1981:62)棉花的种植，在鲁西南的郓城也相当繁盛，因为地土宜种木棉。“贾人转鬻江南，为市肆居焉，五谷之利不及其半矣。”(《兖州府志》：卷四，引自陈诗启，1959:30；参较片冈，1959:97)河北到了明末时期，也同样广泛种植棉花。即使是比较落后的冀东地区的蓟州和滦州，也已于嘉靖和万历时期(1573—1620)植棉(从翰香，1981:75，62)。冀中和冀南地区——保定府、河间府、真定府、大名府和广平府棉花更多。种植最盛的是近豫鲁边境的地方(从翰香，1981:61，75)。

棉花在北方推广种植，为南方较先进的地区提供了较廉价的手工业原料。正如农学家徐光启(1573—1620)在17世纪初年指出：“今北土之吉贝贱而布贵，南方反是。吉贝则泛舟而鬻诸南，布则泛舟而鬻诸北。”(徐光启，1956:708)

棉花种植在清代继续扩展。1754年的一则资料提到，“直隶保

① 引自从翰香(中国社会科学院近代史研究所)，1981:61。共收集了所有现存的明代方志有关棉花种植的证据。她的研究成果超越了过去西嶋定生(1966)的研究。

定以南，以前凡有好地者多种麦，今则种棉花”（黄可润，《畿辅见闻录》，1754。引自翦伯赞，1957：351）。1765年，直隶总督方观承的报道说：“冀、赵、深、定诸州属，农之艺棉者计八九。”而“三辅神皋……种棉之地，约居十之二三”。“新棉入市，远商翕集，肩摩踵错。居积者列肆以敛之，懋迁者牵车以赴之。”（引自尚钺，1957：184，197）

伴随棉花的普遍种植，社会经济也相应发生变化。道光年间（1821—1850）济宁县令徐宗干在他敏锐的观察中曾做过这样的概括：“查州（高唐）境种花地多，种谷地少，富者素无盖藏，贫者专恃佣趁，一遇灾歉，既至束手无措。……如今春偶尔亢旱，遂至人情惶惶，贫者无借贷之门，富者惧爬墙之害，均粮滋讼，合境不安。”（引自景、罗，1959：33）这是高度商业化的棉花生产区内社会高度分化的现象。

农业商品化和人口增长

明初的河北、山东，是个类似边区的地域，因12世纪20年代蒙古伐金，使这一地区大部分成为荒土。《明实录》有很多关于本区荒芜、鼓励移民入迁，特别是从山西移民至此的记载，例如1388年的一段文字，就提及从山西东南泽州府和潞安府移民定居临清的事。翌年的另一项记载，提出要移民到人口稀少的东昌县。1416年，“徙山西诸户以实藁城（位于冀南中心地带）”（引自片冈，1959：85—86；1962：139—141）。满铁调查的村庄中的沙井、寺北柴和后夏寨，据村中口头相传，是明初从山西洪洞迁来的移民聚居而成的(《惯调》,1:59,67;《惯调》,3:27,150—151;《惯调》,4:397)。在1393年,这两个省份的人口总数只有700万人左右(有关这地区人口史的资料,见附录二的讨论)。

本区部分地方一直到明末,人口仍旧比较稀少。万历年间景州(位于排水不良的冀中东部)的农民,“力大者耕至二三顷,一顷以下者为小”(《景州志》,卷一“风俗”;参较片冈,1959:80)。如下章所示,20世纪30年代一个男丁在较理想的情况下,可以耕种20—30亩部分植棉的土地。在家庭农场平均占地100亩以上的人口稀疏地区,一个小农可以较粗放地耕作较大的面积。他可以用1亩棉田的同等劳力耕作2亩高粱。他的收益可能相等,或者更佳——因为他不需用现金去买肥料。所以在土地多而劳力少的地方,每一单位面积的土地上种植棉花所得的双倍现金收益,不一定足以诱使农民放弃高粱,转种棉花。作为耕作集约化的一种形式,农业商品化是需要一定的人口密度作为基础的。

然而,河北、山东没有长期停留于边区性质的地域这个阶段。如上所见,本区较先进的地带已于16世纪开始种植棉花。人口实际上在明代已开始长期上升,到1800年约有5000万人,相当于明初7倍左右。

这个长期的增长趋势,于明清两朝交替时,曾因战事而一度中断。1644年的一份奏折说,山东“土地荒芜,有一户之中,只有一二人,十亩之中,只存二三亩”(引自尚钺,1957:169)。另外,河南巡抚罗绣锦的奏折也提出“河北府县荒地九万四千五百余顷”,“乞令协镇官兵开垦,三年后量起租课”(南开大学历史系,1959:59);迟至1683年,灵寿(位于冀中石家庄正北)知县陆陇其还报道说:“报垦者寥寥……北方地土瘠薄,又荒熟不常,近山之地,砂土参半,遇雨方可耕种,稍旱即成赤土;近水之区,水去则有田形,水至则一片汪洋。”(引自陈振汉,1955:288)可见该地人口尚较稀少。如果我们把1724年的耕地数字作为充分聚居的标准(河北7000万亩,山东9900万亩),而以1661年的数字作为清代初年耕地的大约亩数(河北4600万亩,山东7400万亩)(附录表3.1),那么河北、山东便可能有1/4—1/3的耕地曾因战祸而荒芜。但这只是长期人口增长趋势中的一个短暂下降现象。

到了18世纪中叶,每人所占耕地面积已从明初的15亩下降到4亩(附录二)。在这种相对的土地不足的情况下,能提高耕作集约化的程度,并能使单位面积收益增加一倍的作物,人们势必争相种植。对有条件雇佣劳动力和做必需的资本投资的较富裕农场来说,种植棉花,提供了升入较高社会阶层的机会。对占地二三十亩的“一般”的家庭式农场,种棉花也比种粮食更能充分运用家庭的劳动力。至于贫苦而受土地短缺压力更大的小农,种植棉花可以提高他们维持生计的能力。在这种情况下,富农和贫农共同推动了农业的商品化。

人口和社会分化这两个趋势合并起来对贫农所产生的压力,可以更清楚地见于甘薯的例子。甘薯在明末经菲律宾传入福建,又经缅甸传入云南(陈树平,1980:198—199)。在冀鲁地区,甘薯于1749年在山东胶州种植,是为了适应“旱涝蝗蝻,三载为灾”的情况而种的。德州(位于西北部与直隶接壤处,临大运河沿岸)有1746年种植甘薯的记载。其后于数年之内,从德州传遍山东西部,成为主要粮食。与此同时,也传播到了直隶。据总督方观承报告,天津府靠甘薯“生活者甚众”。乾隆帝曾晓谕：“使民间共知其利，广为栽种，接济民食。”（同上，1980：198—199）到了20世纪，河北和山东的甘薯种植超过了七百万亩（约占耕地面积3.5%）（珀金斯，1969：236，254）。[①]

人口压力是甘薯种植的主要推动力。一茬甘薯需要两三倍于一般谷类作物（如高粱、小米或玉米）的劳力（虽然只需要等量的肥料）。折合为粮食等量[②]，甘薯单位面积产量高出谷物甚多。所以同样大小的土地，种甘薯可以吸收剩余劳力，并养活更多的人口。正如陆耀在他1776年编撰的《甘薯录》中指出：“番薯亩可得数千斤，胜种五谷几倍。”（引自陈树平，1980：201）

但甘薯在人们心目中一向是比“粗粮”还低贱的穷人食品。只有在贫困和人口压力之下才迫不得已用甘薯代替五谷作为主食。它在直隶及鲁西北平原的广泛种植，以及它在最贫困农民日常食物中所占的重要地位，既表明了人口密度之高，也显示了小麦商品化所反映出来的社会分化。

笔者在本章开始时已指出人口递增同时刺激和妨碍农业的商品化。它对经营式农作发展的主要阻力，来自分家制度。一个家庭可以在一代由家庭式农作上升到经营式农作，但只要一次分产

---

① 明末，山东和直隶已有玉米种植的记载。（陈树平，1980：192）玉米是一种比高粱更能相应施肥而提高产量的作物。但高粱耐涝，在易涝地区，一般农户都不愿冒险改种易受水害的玉米。解放后三十年以来，排涝条件改善，玉米已在华北平原大部分地区取代高粱而成为最主要的作物。

② 甘薯的成分约为三份水一份固体，因此中国国家统计局把4斤甘薯当作1斤谷类。用这种计算法来看1931—1937年的数据资料，便可得出全国平均亩产的数字：甘薯263斤，小麦114斤，高粱170斤，小米160斤（珀金斯，1969：276—279）。

给两个以上的儿子，就会再次回降为一个家庭式农场。这就是乡村“富户”何以很少连续几代都能保持“富户”身份的原因。表 4.2 所见的 9 个村庄中，在 19 世纪 90 年代可以清楚判明为富户的家庭有 19 个，到 20 世纪 30 年代，只有 3 个家庭仍有富裕的后代(总数是 5 户)。这种阻挡小农向上流动的障碍作用，也可以解释后夏寨那样中等商业化农村的社会形态——那里有约 20%耕作面积种花生，另外 5%—10%种棉花(见附录一)——在 20 世纪 30 年代为什么没有一个拥地过百亩的地主或经营式农场主。分家制已把前两代的地主和经营式农场主家庭消除殆尽。

分家，当然也同样会对家庭式农场形成压力：由于分家，富农或中农家庭会下降为贫农，贫农会下降为雇农。而贫农和雇农又提供了经营式农业所需的劳动力。这方面在第十章有详细讨论。这里我们只需注意人口压力对经营式农业的矛盾影响。

经营式农作和手工业的商品生产

为市场而生产的家庭手工业的发展，同人口增长一样，和经营式农作有双重性的关系。家庭手工业的商品生产，提高了农户从事种植棉花的收益，因此也促进了农业的商品化。而这样的收益，也有助于维持家庭式农场经济，使它不致在人口增长和社会分化的压力下崩溃，故又妨碍了小农分化和经营式农作的进一步扩展。

我们先看看明清手工业生产发展的情况。如前所述，明末华北对长江下游的关系，是一种“边陲”对“核心”的关系。[①] 在17世纪初期，华北的原棉输往长江下游和其他南方地区，而长江下游的棉布则输往华北。华北平原有部分最发达的地区——如肃宁县（冀中河间府）——也生产棉布。正如徐光启在17世纪初所说：“肃宁一邑，所出布匹，足当吾松十分一矣。……今之细密，几与吾松之中品埒矣。其值仅当十之六七，则向所言吉贝贱故矣。”（引自从翰香，1981：67）但这只是少数几个地区之一（山东西南的汶上和定陶是另两个地区）（引自从翰香，1981：67）。

但长期人口增长和棉花种植的扩展，很快就为华北平原本身提供了手工业商品生产的条件。到了18世纪，直隶南部及中部，都成了主要棉布生产中心；如总督方观承观察所得：“冀、赵、深、定诸州属，农之艺棉者什八九，产既富于东南，而其织纴之精，亦遂与松、娄匹……更以其余，输溉大河南北、凭山负海之区，外至朝鲜，亦仰资贾贩，以供楮布之用。”（引自尚钺，1957：184）山东的蒲台县，同样有乾隆时期的资料：“户勤纺织……既以自给，商贩转售，南赴沂水，北往关东。”（《蒲台县志》，卷二；参见片冈，1959：98）附近的齐东县到嘉庆时也有类似的记载：“民皆抱布以期准集市场，月凡五六至焉，交易而退，谓之布市。通于关东，终岁以数十万计。”（引自片冈，1959：93）

这些早期的手工纺织业中心都有水运之便，以及较有利的生

① 这里所用的“核心”和“边陲”两词，只是指两个发生经济接触的地区，一个较发达，另一个较落后。至于施坚雅（1977a，1977b）的“区域系统”所赋予此两词的附加含义，这里没有采用（因为这里我们不单要看区内关系，也看区际关系），“附属”理论和“世界系统”理论关于剩余从边陲流向核心的说法，也在这里一并略去（弗兰克，1978，1973；沃勒斯坦，1979，1974）。

态环境。河北的冀州，赵州和深州位于可通航的子牙河、釜阳河沿岸，而定州则临近大清河。鲁西北的蒲台和齐东也同样位于可通航的大清河和小清河畔（见图4）。

华北很快就发展出本身的“核心”和“边陲”地区。一个平原“核心”区一旦住满，人们便向“边陲”区流移。早在1709年，康熙帝就指出：“今河南、山东、直隶之民，往边外开垦者多，山东民人往来口外垦地者，多至五十万余。”（引自翦伯赞，1957:346）在移民的初期，这些边区和已住满了人的“核心”地区的关系，极似早期华北平原与长江下游的关系，一如乾隆时期《乐亭县志》所示：“邑之经商者，多出口贸易。……粟则来自关外，以资邑人之用。布则乐为聚薮。”乐亭所产的布，“本地所需一二，而运出他乡者八九”。这本方志也提到：“以布易粟，实穷民糊口之一助云。”类似的贸易，在嘉庆时期（1796—1820）的《滦州县志》中也有提及（片冈，1959:93）。

到了19世纪，承德部分地区亦已开始进行家庭手工业生产。1831年的《承德府志》提道：“幽州土产棉而徼外无闻焉，今承德府皆有之，民但以作絮，不事纴织。”编这本方志的官员海忠继续吹嘘自己提倡纺织的一些措施，使该地“自是鸦轧机声，遍于关外”（《承德府志》，1831:卷74，“物产”，2）。

从经营式农作的发展来看，手工业的商品生产，主要是进一步刺激了棉花种植的推广。正如长江下游和闽、广的手工纺织业，通过对原料的需求而刺激了华北平原的棉花种植，冀—鲁西北平原核心区内手工业商品生产，也刺激了该区的边陲地带内的棉花种

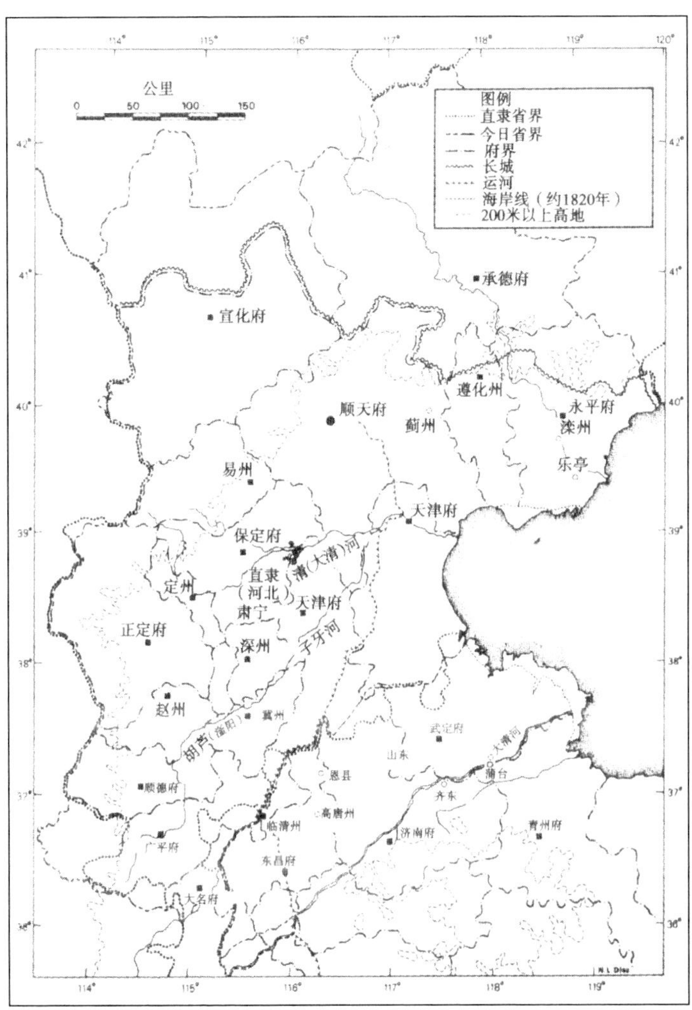

图 4　冀—鲁西北各府州　1820 年前后*

---

*　图片来源：根据中华书局 2000 年版《华北的小农经济与社会变迁》第 116 页影印。

植。但家庭手工业生产,也常有助于维持小家庭式农场。一个土地少于劳力所能耕作的家庭,无法单靠农作应付生活需要,可以纺纱织布,在市场上出售,以弥补开支的不足。这样的家庭,常因此得以避免沦为佃农或雇农。

简而言之,小农经济,远在中国接触近代世界经济之前,就经历了显著的变化。商业化的农业和家庭手工业,以及人口的递增和流动,在小农经济内推动了一个延续不断的社会分化过程。上升的小农,雇用了数量不同的雇农来补充自家的劳动力,有的更逐步扩展自己的农场;下降的小农,不同程度地出外佣工,以帮补他们日益缩减的家庭农场的收入。经营式农业包含这个过程的两端:最上层的农场主以及最下层的长工。正是这种变迁,促使清政府在 1788 年重新规定农村经济中雇佣劳动关系的性质。

第七章 20世纪农业的加速商品化

河北和山东西北部的小农经济,受到帝国主义怎样的影响?本章将证实世界市场的需求,外国的经济侵略以及国内的经济发展,促使小农经济加速商品化。它在20世纪的三四十年中经历的商品化程度,至少相当于过去三个世纪。帝国主义通过农业商品化,影响到区内许多小村落。从这样的角度来看,过去西方的"二元经济论"那样的分析是值得商榷的。同时,"世界经济系统论"以及第三世界的经济是"附属性经济论",都过分夸大了帝国主义的影响,认为它起了决定性作用。本区历史的实际情况,将显示帝国主义并没有引起小农经济基本性质的变化,只是使它沿着已经存在的、自生的道路而加速内卷化和商品化。

中国农业和世界经济

中国农业在19、20世纪,成为世界商品市场的一部分。国际需求大大刺激了几种主要经济作物的种植——像茶、丝、棉、糖、花生和大豆。对冀—鲁西北区而言，棉花和花生，处于特别重要的地位。同时，因国际需求而扩大的生产，有的又被后来的国际竞争所侵蚀——茶、丝及糖，都是这种情况的例子。国际市场的周期运动也对中国农业起了过去所没有的影响。1929 年世界经济大衰退，影响到几乎所有和出口有关的经济作物的价格。商品化了的中国农业，不再只受国内市场动向的影响，同时也受世界性市场升降影响。

首先以茶叶为例。国际需求大大刺激了 19 世纪中国的茶叶种植。中国的出口茶叶，在 1880 年高达 200 万担，约为中国茶叶总产量的一半。但此后的国际竞争使中国茶逐步失去了部分市场。印度和锡兰茶叶夺去了中国茶叶的英国市场，日本绿茶夺去了中国的北美市场，而印度、锡兰、日本和爪哇茶则夺去俄国市场。中国茶叶出口，在 1918—1927 年间遂下降至年平均约 651 000 担，仅为国内总产量的 16%（章有义，1957：第二卷，137—138，148；第三卷，408—409，419—420，628—629；珀金斯，1909：285；岳琛，1980：65—67）。后来，世界经济大衰退，外销的祁门（安徽）红茶在 1931—1933 年间价格下降 57%，对茶农影响极大（章有义，1957：第三卷，629）。这些变化，对主要植茶区，如福建、江西、广东、湖南、湖北及安徽这类省份中的地方社会经济的影响，仍待详细研究。

作为一种出口商品，丝的重要性仅次于茶（占 1867 年中国总出口的 32.6%，而茶则占 58%）。中国出口生丝，从 1840 年的仅仅 10 000 担增至 1890 年的 102 000 担、1920 年的 139 000 担及 1925 年的 168 000 担（章有义，1957：第二卷，149）。到 19 世纪后期，出口丝占了中国丝总产量的 30%至 40%。[①] 某些地区的经济,变成高度依赖这种出口商品的系统。广东的顺德县,就是一个颇为典型的例子。在 1923 年左右,约有 70%的耕地种桑(珀金斯,224)。长江下游的无锡县,是另一个主要产丝区。

这些生产中心受到有政府赞助和技术高超的日本丝业的严重打击。到了 1925 年,日本丝占据了中国丝在 19 世纪一度控制的世界市场的 60%左右(岳琛,1980:89)。世界经济大衰退时,日本丝业制造商大量廉价倾销剩余货,使中国丝的国际需求进一步下降。1931 年到 1932 年,丝价下降 30%以上,而出口值也同时降低(由 1.47亿元到 0.56 亿元)。在无锡的桑田,由 1930 年的 251 000 亩减至 1932 年的仅仅 84 000 亩。在顺德,蚕茧及桑叶价格降至工价以下。当时摘 1 担桑叶的工资要 0.60 元,而植桑小农所能得的卖价也不过如此(章有义,1957:第三卷,623,626—627)。[②]

蔗糖也有类似情况。1884 年中国糖的出口达到 1 570 000 担,是历史最高峰。但后来因国际竞争,特别是爪哇和菲律宾出产的蔗糖以及欧洲的甜菜糖,先打进中国蔗糖的国外市场,最后更进入中国的国内市场,使出口下降至 1894 年的 780 000 担;到 1906 年,中国输入为 6 540 000 担,而输出只 170 000 担(章有义,1957:第二卷,139)。汕头地区外销糖,由 19 世纪 80 年代的每年 200 000 担的高峰,降至 1890—1891 两年内的共 20 000 担(李文治,1957:453)。其后汕头更失去了部分国内市场。由汕头输往长江地区的

---

① 得自茧数(珀金斯,1969:286),可以用 13 : 1 的比率转换为丝的数字。

② 世界资本主义和顺德及无锡依赖出口的农业的政治经济关系,是加利福尼亚大学洛杉矶校区的苏耀昌(1982)和夏明德(1985)的两篇博士学位论文的课题。

糖，由 1899 年 8 000 000—9 000 000 担的最高峰，降至 1911 年和 1912 年的约 2 000 000 担。第一次世界大战期间，爪哇糖的出口暂停，汕头糖稍有复苏，在 1918 年输往长江地区约有 8 800 000 担。但战后爪哇重新进入蔗糖市场，再一次导致汕头区糖产的衰落。及至 30 年代，广东省由一个糖输出地变为净入口地（章有义，1957：第二卷，140，146；第三卷，661）。①

大豆是另一个相似的例子。1920 年，中国占世界大豆总产量的 80%，其中 60%至 70%产于东三省，而大部分（75%）供出口（珀金斯，1969：133）。但此后，东北开始失去它所占的市场。它的大豆生产虽继续上升（1924—1930 年间上升 50%），但和具有较强扩张力的美国大豆生产相比，便大为失色了。后者在同期成倍增长。美国大豆不单侵入中国大豆原有的美国市场，也进入远地市场，如澳洲。同时，化肥生产的进步和广泛销售，使用豆饼肥料相应减少。世界经济大衰退来临时，大豆跌价②，给东三省主要依赖出口的农民带来灾难性的后果（章有义，1957：第三卷，639）。

烟草增加种植的历史有两面：它受出口需要的刺激，也受国内消费增长（由英美烟草公司积极促进）的刺激。出口从 1870 年的仅仅 4000 担，增长至 1880 年的 19 000 担，1890 年的 93 000 担，1900 年的 134 000 担，1910 年的 218 000 担，及 1920 年的 277 000 担（章有义，1957：第一卷，149）。烟草种植的扩大，在山东特别显著——在 1916 年的总生产量仅为 2 400 000 磅，到 1937 年增至120 000 000磅（章有义，1957：第二卷，201）。20 世纪 30 年代种

① 罗伯特·马克斯（Marks，1978）联系世界糖价的起伏变动和海陆丰地区的农民运动。

② 在山东，大豆价格由 1929 年的每担 8 元降至 1933 年的每担 4.50 元。

烟面积达到 920 000 亩(约为该省全部耕地的 0.8%)(珀金斯, 1969:262),种植地带多沿胶济铁路密集,尤其集中在益都和潍县。这两县经济,变成高度依赖这种经济作物的系统。剧烈的市场波动对种烟地区社会经济的影响,尚有待历史学者进一步研究说明。①

对本书研究的地区来说,花生尤其重要。花生可在砂地或不能种植其他作物的土地生长。19 世纪 80 年代以后,由于出口需求和价格上涨,花生种植相应地迅速扩大。玉田、丰润和滦州等县,于 19 世纪 80 年代和 90 年代即开始种植。在长城以北的土地和不毛区,传播尤快——及至 19 世纪 90 年代,花生出口的价值,每年达到 500 000—600 000 两(海关两)。榨花生油的工厂首先在天津出现,然后扩展到种植区。到 20 世纪初年,冀南已向广东输出花生(李文治,1957:436—437)。自河北输出花生的价值,由 1908 年的 500 000 两,增至 1928 年的 10 800 000 两。河北花生播种面积, 1914—1918 年达 200 万亩以上,到 30 年代,已超过 400 万亩。山东的播种面积,同样地快速增长,至 1920 年,已超过 300 万亩。到了 30 年代,则超过 590 万亩。当时冀鲁花生种植面积,约占两省总耕地的 4%,仅次于这一地区的主要经济作物棉花(珀金斯,1969: 259,361;章有义,1957:第二卷,227)。

河北、山东两省的某些县份,花生的种植尤其集中。例如,

---

① 种植面积也剧烈上下波动。以 1926 年为 100,中国烟团总数如下:1921 年 364, 1922 年 140,1924 年 252,1925 年 138,1927 年 94,1928 年 242(章有义,1957:第二卷,202)。加利福尼亚大学洛杉矶校区的叶汉明正撰写博士学位论文,比较自明朝到 20 世纪 30 年代的潍县和临清。

1924 年冀中的河间县,花生种植面积占耕地总面积的 20%。鲁西北的章丘县和济阳县,花生种植分别占两县耕地面积的 50% 和 40%。这两个县的花生,几乎全供出口——1924 年,约 90%的收成输出,大部分经青岛远销至马赛等地(章有义,1957:第二卷,232,227)。

要知道近代中国花生种植对各地方农村社会经济的影响,首先需要区别高度依赖外销的地区(如章丘和济阳)和其他只产少量花生的地带。同时,我们需要顾及世界经济和市场中花生生产和贸易的动态,以及对中国花生生产的影响。例如,在 20 世纪 30 年代,山东章丘种花生的小农,深受印度花生侵入英国、荷兰和澳洲市场的影响。这种日益增长的竞争,加上世界经济恐慌,使青岛的(脱壳)花生价格,由 1929 年的每担 12.90 元,下降至 1934 年的每担 8.50 元(章有义,1957:第三卷,638)。世界商品市场价格的周期性升降,对中国依赖生产商品作物为生的小农所起的影响,仍有待系统的研究。

棉花种植的增长

棉花作为冀—鲁西北平原上最主要的经济作物被纳入世界市场,对本区的政治经济影响深远。在讨论这一问题之前,让我们看看 20 世纪棉花种植的规模。

美国两位经济学家,曾利用现存的(较粗略的)统计资料,对 19 世纪 70 年代至 20 世纪 30 年代棉花生产的大体趋势,提供了可信的图像。理查德 · 克劳斯(Richard Kraus)采用了华商纱厂联合会编集的1918—1936年的各县资料。在9省中各省的12—13个县的颇可靠的数据资料的基础上,克劳斯先做分省的估计,然后以中央农业实验所的数字(由1929年起)为辅,计算出全国产量的数字。克劳斯再根据1918—1936年期间的较可靠数字,对缺乏资料的1870年至1920年做出一些推测。这种推测方法,当然不无缺点,但毕竟是受现有材料限制所能做到的最好的估计。克劳斯总结说:

> ……从1870到1900年,手工纺纱生产减低一半,棉花产量减少约1/5,中国的农民和整个经济,都受到严重的打击。……生活水平多半降低……从本世纪初到20年代初期,机器纺纱工业的成长,促使棉花生产大大增长(约50%),使农民和整个经济都受益(Kraus,1968:167)。

棉花生产经历1931年自然灾害的挫折之后,在1933年至1937年间再度增长(Kraus,1968:30,145,167)。这些结论的大体轮廓,基本上为赵冈后来的研究所进一步证实(Chao,1977:224)。

这些产量的变化趋势,并非出于每亩产量不断地提高,而主要是由于植棉面积的增加。短期的波动,主要是天气变化的结果(Kraus,1968:37—42)。在这个对中国整体的描述中,克劳斯提供了河北(各省中材料最好的)和山东可信性相当高的数字,我将这些数字表解于下,并和上海市政府在1950年整理的数字并列(所根据的资料和克劳斯的相同,但较完整)。棉花种植的面积虽于20世纪20年代一度下降,增长的长期趋势却是无可怀疑的。克劳斯估计1900年的播种面积,可能比1925年少50%。我们若将这项估计应用于河北和山东(1925年河北2 700 000亩,山东2 900 000亩,根据上海市政府的数字),则两省1900年棉作面积都低于1 500 000亩。如果这一估计是正确的,那么1900—1936年间播种面积增加了3—5倍。从占总耕地面积的比例来计算,则由2%—3%扩大到河北的10%和山东的6%(珀金斯,1969:236,261)。

表7.1　河北和山东植棉面积　1927—1936

(百万市亩)

年份	河北		山东	
	上海市政府	克劳斯	上海市政府	克劳斯
1927	2.3	2.5	2.9	3.2
1928	1.9	2.1	3.1	3.3
1929	2.4	2.6	3.9	4.2
1930	2.7	3.0	6.1	6.5
1931	2.7	3.0	7.4	8.0
1932	4.8	5.1	6.3	6.8
1933	5.7	6.1	5.0	5.5
1934	7.2	7.8	5.1	1.3
1935	5.8	6.3	1.7	5.8
1936	9.7	10.4	5.7	6.1
1937	13.9	—	5.6	—

出处:《中国棉纺统计资料》,1950:114—115;Kraus,1968:附录B。

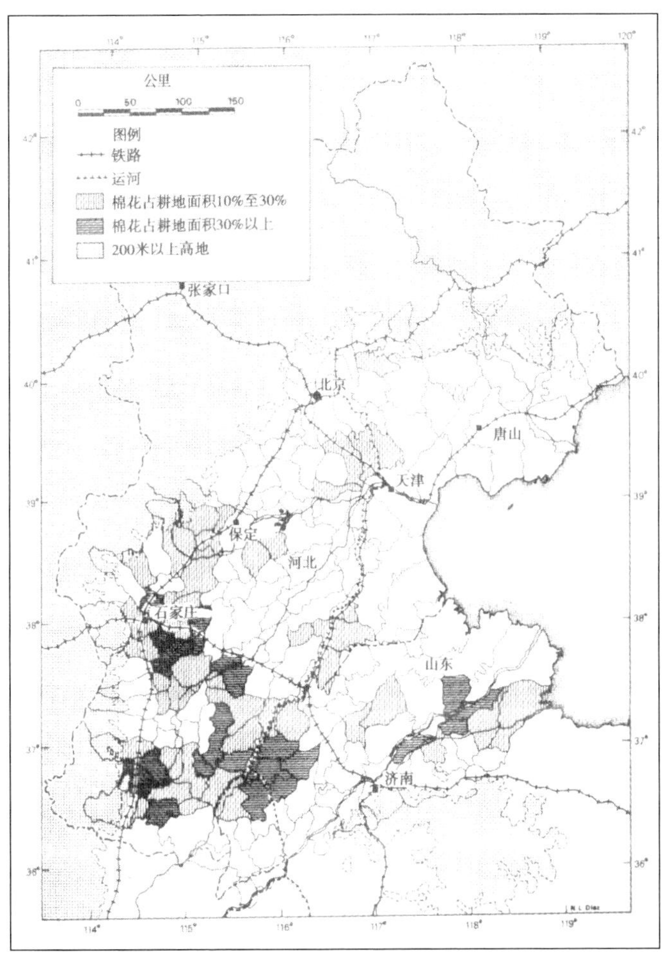

图 5　冀—鲁西北的棉花种植①　1936*

① 1936年河北的棉花种植数字出自河北省棉产改进会,1937。山东的统计数字则根据克劳斯,1968:附录B。两省的耕地面积则得自天野,1936:305—311。

* 图片来源:根据中华书局2000年版《华北的小农经济与社会变迁》第131页影印。

6%和10%的数字,使我们意识到不要过分夸大"世界经济系统"对此地农业经济的影响。然而,我们也不能低估棉花种植规模扩大的重要性。如图5所示,冀—鲁西北不少地区植棉比例,多至占总耕地面积的30%以上,还有许多占10%至30%。如本书以下几章所述,这样的种植规模足以改变当地村庄的经济,社会以及政治结构。

棉花和世界经济

在最近几个世纪,中国的棉花与世界经济息息相关,我们不能脱离世界经济来观察它的状况。这个事实在1863年上海棉花市场上已清晰可见。当年棉花价格,因美国南北战争引起国际性短缺而上涨,在两星期内,每包由9.8两升至25两(李文治,1957:396)。1923年,华商纱厂联合会要求北京政府限制中国棉花出口,因当时出口100万担棉花而使国内短缺,中国厂家必须购买印棉和日纱(章有义,1957:第二卷,167—168)。市场价格因世界经济恐慌而下跌的事实,又一次证实中国棉花生产和世界市场的联系。例如在冀南的赵县,棉价因世界经济恐慌而下降约1/4。山东某些地区棉价跌得更多,从每担21元降至10元(章有义,1957:第三卷,634)。

河北的棉花经济虽和世界市场相连,但它的原棉却多供应华商的纺织厂。山东则不然。及至20世纪30年代,山东的原棉多供应青岛的八家日本纺织厂。南开大学经济研究所的吴知,曾十分清楚地阐明外力入侵对山东棉花经济的影响。1935年,共有500 000

纱锭的八家日本纺织厂,每年消耗 1 200 000 担棉花,四倍于华厂(青岛只有一所,济南有三所)的 300 000 担。日厂所用的原棉几乎全部来自山东省内(吴知,1936:67—68)。

济南和张店(在铁路上位于济南以东约一百公里),是青岛日厂的两个主要棉花购买中心。在山东平原西部生产的棉花,大多以大车经陆路运到济南,然后由铁路运到青岛(1934 年有 744 962 担)。在小清河流域和山麓平原区所产的棉花,或由小清河航运至济南,或由大车运至张店,然后由铁路运往青岛。1935 年,青岛纺纱用棉约有 200 000 担来自张店(吴知,1936:36—37,55,61—62)。

青岛日厂全通过日本经纪行购买棉花。这类日本公司在张店有四家,1935 年由张店运到青岛的全部棉花的 3/4 由它们买去。济南有十几个日本经纪行,买去该市棉花的大部分(吴知,1936:37,46)。

这样一个棉花生产贸易结构,意味着日本公司的支配性控制。青岛日厂决定棉花的需求程度;济南和张店的日本经纪行则决定棉花的标准和价格。华商的角色,主要限于低下层的贸易——在基层定期小市集向小农生产者收购、轧花、打包,以及把棉花运至济南和张店。在那里由日本公司为青岛厂大批购货。

日本所强加的经济体系大大改变了山东商业化农业的结构。小清河流域是一个产棉新区,是适应青岛日厂新的需求而兴起的。在较老的种棉区,如临清,中国棉籽被美国"脱字 36"棉种取代——后者用以制造青岛日厂所需的较细长纤维。在 1934 年,该县所种全部棉花,约有一半属于美国种。邻县如夏津、高唐、清平和恩县等比例更高。更重要的是贸易体系的基本改组。鲁西北平原西部所产棉花,曾主要经大运河运去天津,至 1934 年,只有约 30%运去天津,其余都进入以济南—青岛为中心的贸易系统(吴知,1936:15,28)。

这种小农与近代工业之间的"附属"关系,也可见于烟草经济。潍县及益都烟农完全处于英美烟草公司的控制之下。如谢尔曼·科克伦(Sherman Cochran)指出,英美烟草公司的确可以说榨取了山东小农经济的"剩余"。因该公司在 1913—1941 年间,只将其所得利润中的 7%用于重新投资。以"附属"理论的用语来说,剩余由"卫星国"流出而进入"都市国"。为了引诱农民种植公司所需的美国烟草,英美烟草公司最初提供种子和收购的保证,但在 20 世纪 20 年代和 30 年代却撤掉了这些补助。从公司的观点看,这种方法很奏效:当地种植的烟草,和在美国种的相比,质量非常接近,但成本仅为 0.08—0.10 元一磅;而相比之下,由美国运来的烟草约需 0.43元一磅。该公司在中国享受的利润率(约为总销额的 17%),远比在美国国内所得为高(Cochran,1980:142—144,202—207)。对种植烟草的贫农而言,若能用家里缺乏其他就业机会的剩余劳动力(也就是说只具极低"机会成本"的劳动力)来供应种植烟草所需增添的劳力,其收益是有吸引力的。一旦从事种植,烟农便易受这种附属关系的束缚。

河北的棉农则多为民族工业生产。20 世纪 20 年代河北省年产的一二百万担棉花,只有约 10%—20%经天津外销,大部分输往日本。[①] 其他多半为华资纺织厂所用(天津的华资厂共约 200 000

① 日本人发现河北出产的短粗棉花有特别工业用途:可作填塞料、纱布、炸药之用,和毛混合,更可制粗毛毯和地毯(曲直生,1931:4)。

纱锭，就消耗 200 000—300 000 担）（曲直生，1931：15，103）。这里民族工业的影响要比外资工业大。

天津的新纺织厂所用的原料，同时来自新旧产棉中心，以新旧结合的交通网与天津连接。到 20 世纪 30 年代，天津的棉花商人之间，仍沿用棉花贸易的古老术语。河北棉花按其河流系统分类："西河棉"指沿"上西河"（即大清河）和"下西河"（即子牙河及其上游的滹沱河和滏阳河）种植及运津的棉花。"御河棉"指沿南运河种植和运来的棉花。"东北河棉"指东河（即滦河）和"北河"（即北运河，或天津北面的大运河）地区的棉花。（曲直生，1931：3—7）。这些名词足以显示依赖河流运输的旧体系的延续。同时，新的铁路网也发生作用。举例说，在宝坻和石家庄一带的棉产区，多结合河流和铁路运输来供应天津。图 5 反映出旧河流运输和新铁路运输的结合作用。

当日本把经济扩张进一步变成殖民地抢夺时，它有意将华北变成一个日本工业的庞大棉产区。在 20 世纪 30 年代早期，纺织品出口占日本出口总数的 1/4，而原棉进口（主要来自印度和美国，来自中国的仅属次要）共占日本进口总数的 1/3（章有义，1957：第三卷，585；叶笃庄，1948：167—168）。军国主义对华北冀、鲁、豫、晋各省的 12 年发展计划中，企图把植棉面积由 1939 年的 500 万—600 万亩，在 20 年内扩至 3000 万亩（叶笃庄，1948：222—223）。棉花在日本经济中所占的地位，当然是占领军当局对华北植棉村发起多项系统调查的一个原因。

棉手工业和世界经济

世界经济对手工棉纺业和棉织业的影响不同。纺纱业急剧衰落。手工纺纱在中国总供纱量中所占的百分比,由19世纪70年代的98%,降至20世纪初年的40%和20年代的25%(Feuerwerker,1970;Chao,1977:232—233)。机纺进口纱首先侵入手工市场,带头的是印度纱。其后继之而起的是中国纺纱厂生产的纱。

一个纺纱的小农不可能与新的技术竞争。根据严中平的估计,一个工人用机锭生产的纱,相当于用简单手纺车的80倍(严中平,1963:59—69,251—255)。结果,机纺纱的售价,有时便宜到和原棉价格相近。在这种情况之下,手工纺纱所能得到的收入十分有限。以定县为例,到20世纪20年代,当地纺纱户每年的净收入已降至不过3.26元,而手工织布者的年收入则有22.15元(Chao,1977:179—183,185)。

手工织布业的情况异于纺纱。手织土布迟至1932—1936年仍占中国棉布总产量的66.3%(1928—1931年是86.8%)。更重要的是,这时手工织布产量的绝对量增加,由1905—1909年的1 876 000 000方码,增至1927—1929年的2 845 000 000方码。这样的增长,正发生于中国机器纺织工业成长最具生气的时期(Chao,1977:232—23)。正如严中平和赵冈指出,首要的因素是机动织机和手工机(特别是20世纪20年代在中国广泛流行的铁轮机)之间技术差距较小。一个工人用一部铁轮机可以生产一个操作机动织机的工人的1/4。这样手工织布业便有可能和机动纺织厂竞争。

在棉纱供应量增加和纱质改良的刺激下,手工织布业得以发展,使河北和山东出现了几个新的土布中心。其中最著名的是冀中的高阳,在 1926—1930 年景气繁荣的高峰时期,有织工 50 000 人,每年产布 3 800 000 匹(包括 600 000 匹人造丝棉布)。[①] 冀东的宝坻,在 1923 年较早地达到发展的高峰,产布 4 600 000 匹,织布家庭 10 469 户。至于鲁中山区以北的潍县,在 1926—1933 年高峰期间,有织工 150 000 人,年产 10 000 000 匹布(Chao,1977:191—196;严中平,1963:243)。

变迁和延续

农村状况在近世纪的变迁和延续两方面,可以同时见于棉花经济。世界商品市场、日本侵略和国内工业化结合而产生的影响,形成了一个结构上异于过去的棉业经济。清代的体系是一个整合于中国境内、在中国地方和区域内以及区域之间的贸易体系。如我们所见,华北平原的棉花种植,先是因长江下游和福建、广东的发达的手工生产中心对原料需求的刺激而发展的。而后,冀南、冀中和鲁西北发展为手工棉纺织生产中心,供应长城以北及更远的新边区。同时这也是一个由一家一户构成的整体:种棉的农户通常也同时把生产的棉花纺成纱、织成布。

这样的体系比较稳定。在没有天灾人祸的状况下,供求关系相对稳定,一般可以预测。即使在非常时期,也有一定的内在平衡

① 顾琳(Linda Grove)研究高阳地区手工织布业的盛衰多年,会对这个在世界资本主义和旧政治经济相交处发生的复杂现象,有清楚交代。

机能:当收成不良、供应不足时,价格便上升,补偿种植者的歉收;丰收时,价格便下降。农业商品化当然也导致社会分化,但这种分化,没有资本主义世界市场的升降涨落那么剧烈。

20世纪的棉花经济体系,则是一个受远离中国国境的升降力量影响的系统。中国棉花和纺织品的市场不再限于中国境内,而小农家庭也不再把植棉、纺纱和织布的整个过程集于一户。到了30年代,原棉多远离农村到城市或国外(特别是日本)纺成纱;而机纺纱又多转回来在农村织成布,供应农民。一个小农家庭,在各个生产阶段都要面临严峻的国际竞争。寺北柴村的村民所能获得的棉花售价,取决于天津、青岛的棉花商人,这些商人能付的价钱,又受远地以至美国和印度的棉花供应所左右。过去靠纺纱辅助生计的小农,因廉价的机纺纱而失去了这项收入。对织布的农户来讲,20世纪的这种商品化,有利也有弊。他们得助于机器纺纱,因为它提高了棉纱的供应量和质量。他们也获益于近代的运输条件,因为它使不产棉的地区——如高阳、宝坻和潍县——的小农也可织布增加家庭收入。另外,织户发觉他们的命运常决定于变化莫测的国外市场的升降。世界经济大衰退便是一例。在20年代的全盛期之后,它给许多植棉区都带来打击。此外,日本军国主义的兴起及其对东三省的侵略,以及将东三省从华北经济分割出去的政策措施,给依赖东三省市场的华北乡村织户以严重打击。

在新的织布地区兴起了新的生产组织。商业资本以前所未见的方式介入生产过程。织户带产品到市场自售的旧方法,为新的"包买主"制度所代替,商人供纱给织户,并指定生产布匹的种类。到1923年,宝坻约有72%的织机在这种包买制下操作,由67所店铺指挥着进行生产。1932 年,在高阳同样约有 65%的织机受 80 间店铺的控制(Chao,1977:204)。

这种包买主生产组织方式——基于商业资本和家庭手工业的结合——所引起的社会经济和政治经济的变迁,有待系统性的探讨。这种制度,意味着许多农家,成为类似计件雇佣工受雇于镇上商人。至于这种制度是否意味着向工业资本主义迈进一步,则需要结合小农经济来探究,这问题留到本书第十一章再作讨论。此外,这样的一个生产制度所引发的一连串问题:关于商人阶级的转化和因此涉及地方显要阶层的组合的演变,以及他们在变动中的 20 世纪中国的地方政治结构内所发挥的作用,棉业经济的整体和与其关联的政治、社会变化,都是值得单独研究的课题。[①] 在本章里,我只试图指出 20 世纪中国棉花和纺织经济所经历的一些结构性变化的轮廓。

棉业经济以外,当然还有许多其他的变化。这里可以略述重要的几项。1855 年后,黄河改道流入山东大清河,因此影响到黄河以北临清以南的大运河的流水量,而使这一段运河逐渐废弃。同时,1860 年天津开港后,长江下游与京津一带的运输,多以海道逐步取代了大运河。津浦铁路完成后(1911 年),更不需依赖黄河和临清间的大运河段。因运河而兴的临清县城便随之衰落;该城在 1600 年至少有人口 100 000(景、罗,1959:5—6),但到 20 世纪 30 年代,下降为一个只有 36 000 人的市镇(Wilkinson,1978:256)。临清周围的农村因此受到的破坏,尚有待于深入细致的地方性研究

① 武凯芝(Kathy Walker)(洛杉矶加利福尼亚大学)撰写中的论文正从这个角度探讨南通县的近现代史。

来说明。

大运河在天津和通县间的极北段,也在 1901 年京山铁路建成后废弃不用(孙敬之,1957:74)。运河沿岸地区经济的衰落和新建铁路沿线地区经济的发展,都有待于深入的地方性分析。满铁调查的村庄之中,米厂村就因受新建铁路所打开的新的商业网的刺激,而转向棉花种植,变成了高度商品化的村庄。米厂种的棉花,售予铁路线上的胥各庄(位于该村以北十公里)和唐山,然后再由铁路运往天津及东三省(满铁,冀东农村,1937c:1,4)。

铁路对冀鲁地区经济各方面的影响,已超出本书讨论的范围。① 我只能指出最显著的几方面:铁路使没有主要通航河道的地区得以商业化和都市化,例如胶济线上的潍坊,和天津—山海关线上的唐山。在其他地方如保定、石家庄和济南,铁路增补了较旧的河道运输网,使其进一步发展和商业化。如前所述,小清河沿岸的新植棉区,靠河流交通以达济南和张店,然后由铁路去青岛。

最后,铁路使内陆经济与海洋交通及世界经济联结:这个变化可见于通商港口的迅速发展。天津到 20 世纪 30 年代,已成为 1 000 000人口以上的城市;青岛在 19 世纪还是一个渔村,但到 1938 年,已成为一个有 592 000 人口的城市(珀金斯,1969:293;孙敬之,1957:10,12,75—85,147—150)。前文已指出,青岛和新的工业交通网的兴起,使山东省整个棉业经济重新布局,以青岛为其"中心",取代往昔以天津为中心的大运河运输系统。

结果,近代交通和工业化的来临,使华北平原与中国国家经济

---

① 张瑞德的硕士学位论文(台湾师范大学历史研究所)讨论京汉铁路对华北经济的影响,是篇有用的论文。

的关系产生根本的变化。唐代之前,华北平原和中国西北的关中平原一样,同为中国文化的心脏地带。然而,到了唐代,虽然中央政府行政中心仍然设在北方,经济重心已南移到生产力较高的长江下游。国都的消费(隋唐的长安、北宋的开封和明清的北京)要依靠大运河运来南方的漕粮和产品。一直到工业化和近代交通出现后,北方才再次成为国家的主要经济重心。这种变化已由珀金斯清楚地说明(珀金斯,1969:143,156,174—184;孙敬之,1957:7—14)。

不过,正是在这种变化的背景下,我们必须注意小农经济基本仍旧延续的事实。如图 5 所示,冀—鲁西北大片地区,受棉花种植的影响不大。图中无阴影的县份,只有一成以下的耕地种棉;这些县的自然村,在很大程度上仍然是孤立分散的单位,与国家和世界经济系统的联结有限。“附属性经济论”和“世界经济系统论”片面地夸大了市场经济所起的作用(在这一点上,这两种理论和古典形式经济学有相似之处)。在这里值得重温恰亚诺夫、波兰尼、斯科特等人对小农经济的分析。

以上所分析的变化发生于小农经济的结构之内。正如本书第四章所指出,在 20 世纪 30 年代,这两省内还有八成以上的耕地属家庭式小农场。世界经济并没有使小农经济崩溃,只是促使小农经济沿着原先变化的道路更向前推进。20 世纪的变化型式与原则,和过去基本相同:经济作物的种植,同时提高了小农的收益和成本,因而导致了他们的分化。

但我们却不可因此而低估这种变化的规模和深度。冀—鲁西北的农业,在 20 世纪的 30 多年中,毕竟经历了高度的商品化,中国农业之被纳入世界经济,也就加速了小农经济的变化。这就是 20 世纪 30 年代的经营式和家庭式农业的背景。

第八章　经营式和家庭式农场的对比：耕畜的使用和农场生产力

熟悉正统马克思主义对农业经济中资本主义发展的分析的读者，一定已经留意到本书以上所描绘的变化型式，与列宁在《俄国资本主义的发展》中所描绘的相似。如果小农经济在商品化的进程中的确是在向以雇佣劳动为基础的大农场发展，那它不正是向资本主义过渡吗？前面几章所说的经营式农场主，不就是事实上的原始资本家吗？他们所雇用的劳工，不就是事实上的"农村无产者"吗？这些生产关系，不正是标志着新的资本主义生产方式的来临吗？

商品化和雇佣劳动关系的出现，正是解放后中国学术界的"资本主义萌芽论"的中心。学者们首先积累了有关商品化和工业及原始工业企业中的雇佣劳动关系的资料。最近，更在农业雇佣劳动关系的出现这个问题上获得重要研究成果。

笔者和这一学派的分歧,不在于以雇佣劳动为基础的农作的发展这一事实。我相信现存资料确实证明农村雇佣劳动的蔓延,甚至超乎一般的想象,这点已见于前面几章。我的不同意见只在于如何理解这些生产关系。在人口过剩、有数以百万计的从农村流离出来的游民的中国,自由雇佣劳动力的存在,并不足以证明生产力开始有本质上的突破。关键问题是:雇佣劳动是否伴随资本的积累及生产力的质性突破而兴起?

在“资本主义萌芽”这个传统的学术研究中,有两项研究特别在生产关系的分析上更论及生产力的变化。景甦、罗崙在他们那本研究山东“经营地主”的开创性著作中强调这些农场:(一)有比小农优越的农具、耕畜和肥料;(二)通过雇佣劳动而得到更充分的劳动力;(三)因规模较大而可以更高效率地运用各种生产因素,所以他们能够提高农场生产力(1959:130—141)。足立启二(1981)在这个论点的基础上提出了一套有关经营式农作的完整理论。他认为这些农场和小规模耕作之间的分别,主要在他们对耕畜的不同程度的使用。他用一些农书中的资料证明明清时期的华北相当普遍使用四牛一犋的耕地法。这些农场还利用耕畜积存了大量的肥料。根据足立启二的解释,这种经营式农场结合耕作和牲畜饲养,一方面用畜力扩大操作规模,一方面利用畜肥提高耕作的集约化程度。足立认为这种耕作法应叫作“大农法”,也就是以耕畜的劳动力和粪肥为基础的大规模农耕。“大农法”必须与“小农法”划分清楚。后者是小规模的人力农作,很少用到耕畜。长江下游的水稻农作,就是典型的“小农法”,只用一头牛犁田。足立和景、罗的论点已超越一些只着眼于生产关系的研究。他们对生产关系和生产力做了综合的分析。

景、罗和足立的这个论点正确与否,对怎样理解经营式农作这个问题,具有决定性的意义。如果经营式农场真的代表了生产力和生产关系上的同时突破,那么小农经济内部确已产生了质变,向一种新的生产方式发展。另外,如果经营式农场并没有预示农场经济生产力新水平的出现,那么我们便当视之为停滞的小农经济的组成部分,而不应假以“资本主义萌芽”的称谓。因此本书对经营式和家庭式农作的比较分析就以详细审查景甦、罗崙及足立启二的论证为开始。

满铁资料

第一个重要的问题是:经营式农场的生产率是否真的高于小家庭农场?据满铁资料所示,情况并非如此。最初,实在使我自己也感到惊讶。如表 8.1 中所示,在调查员对各户作物收成编有较详细记录的四个村庄里,经营式农场产量并不一定高于或低于一般小农场。不论是经济作物还是粮食作物,经营式农场的产量同样地可能高于平均数,也可能低于平均数。这些数据进一步确定了卜凯关于这方面的调查——他在不同大小的农场的生产率这个问题上,花了相当的功夫(Buck,1937a:273;1937b:295)。

如果经营式和家庭式农场在同一作物的产量上并没有固定的分别,它们会不会在经济作物所占比例或复种比例上仍有分别?从表 8.2 来看,它们显然没有。

这些数字再次显示经营式农场和家庭式农场并没有一致性的

差别。大北关的数字会使我们认为经营式农场上种植经济作物的比例较高,而种植粮食作物的比例较低。但马村、米厂和小街的数字,却模棱两可:有些种植经济作物较少,有些较多。复种指数也有高有低:马村经营式农场较该村平均指数低,小街则相反,大北关没有分别,而卢家寨和米厂则有高出小农场平均指数的,也有低于平均数的。农场大小与复种指数显然没有简单的相应关系。这个结论又一次证实了卜凯关于这方面的调查。他记录下不同大小农场的复种指数,发现农场大小与复种指数在各种不同作物区中都没有相应关系(1937b:296)。

作物的选择是取决于其他多种因素的,而非决定于农场规模的大小。一个主要的决定因素是生态。它对经营式和家庭式农场的影响是相同的。举例说,无论经营式或家庭式农场,都不会愿意冒险在低洼易涝的土地上种棉。这种土地,通常种植成本低而耐涝的高粱。因此,冀东排水不良的村庄,如大北关、卢家寨及米厂,都有相当部分的土地种高粱,而冀中西部排水良好的山麓平原上的马村,却完全不种高粱。至于冬小麦,在冀东地区北部植棉的村庄,如大北关和卢家寨,基本不可能在棉花收摘之后、土地结霜之前种植。这两个村的复种指数因此较低。

表 8.1　河北 4 个村经营式农场的作物亩产量　1935—1939

经营式农场主	耕作亩数	棉花[1] (斤/亩)	高粱 (斗/亩)	玉米 (斗/亩)	小米 (斗/亩)
大北关(1936)		38.4	9.9	9.7	10.6
张彩楼	211.5	39.3	9.3	13.2	13.4

续表

经营式农场主	耕作亩数	棉花[1]（斤/亩）	高粱（斗/亩）	玉米（斗/亩）	小米（斗/亩）
张重楼	188.5	40.0	8.3	13.2	11.7
张德元	124.0	20.0	9.3	8.0	10.0
小街(1935)		115.0	12.6	10.8	
户#1	251.0	90.0	4.0	15.0	
户#2	127.0	94.6	12.5	12.5	
马村(1939)		92.0			9.5
户#1	101.0	82.0			7.0
米厂(1936)		134.9	6.1	9.4	4.9
董德斋	183.0	158.0	8.3		10.0
董天望	120.2	126.2	6.0	8.9	
董继中	109.0	135.0	6.0	9.9	

出处：大北关：满铁，冀东农村，1937a：表11。

小街：满铁，天津事务所调查课，1936b：109—116。

马村：满铁，北支经济调查所，1940d：表3，27，31，35。

米厂：满铁，冀东农村，1937b：表11。

备注：村平均数下划线。只有马村一户经营式农场主种小麦，产量5.3斗一亩，全村平均6.6斗一亩。

①籽棉：皮棉通常是籽棉重量的30%至40%。

表8.2　河北5个村经营式农场上经济作物比例和复种指数

（播种面积百分比）

经营式农场主	棉	小麦	水果蔬菜等	高粱	小米	玉米	复种指数[1]
大北关(1936)	10.5%			20.3%	36.0%	9.7%	100.0
张彩楼	14.4			13.9	26.7	9.8	100.0
张重楼	19.1			15.9	27.6	17.3	100.0
张德元	16.7			21.4	32.2	5.1	100.0
卢家寨(1936)		8.8%	7.4%	32.6%	25.3%	10.8%	106.0

续表

经营式农场主	棉	小麦	水果蔬菜等	高粱	小米	玉米	复种指数[1]
#32		20.0	15.0	30.0	20.0	10.0	106.5
#33		9.5	14.3	28.6	24.1	9.5	103.3
小街(1935)	26.5%	4.8%	3.7%	4.4%		38.4%	105.3
#1	22.1	7.4	12.2	7.4		36.9	107.9
#112	25.2	13.6		5.4		32.7	115.7
马村(1939)	26.4%	23.0%	3.7%		27.7%		133.0
#1	24.0	15.5	4.9		32.5		112.2
米厂(1936)	30.8%	1.0%	3.4%	43.7%	4.9%	14.7%	103.5
董德斋	27.6		3.8	38.4	1.1	14.8	108.6
董天望	51.4		1.1	33.9		11.7	101.1
董继中	27.5		1.4	37.6		11.0	102.8

出处：大北关：满铁，冀东农村，1937a：表11。

小街：满铁，天津事务所调查课，1936b：44—52。

米厂：满铁，冀东农村，1937b：表11。

卢家寨：满铁，天津事务所调查课，1936a：92—99。

马村：满铁，北支经济调查所，1940d：表3，86—87。

备注：村平均数下划线。

①播种面积比耕地面积。

作物选择的另一个主要决定因素是交通和市场。如米厂因连接天津市场的铁路建成，而在民国时期盛产棉花。小街同样因北有运河通往天津，在20世纪更可借火车与卡车通往北京，而多种经济作物。

除了自然环境和市场因素，一般农场种植多种作物，避免孤注一掷式的作物型，也同时与均衡地摊分全年的劳动量有关。表8.3列示了1936年冀东卢家寨村和1942年鲁西北祁寨村的作物种植日程。从表中可见，一个农场若只种一种作物，那就会因全年劳动力需要的升降都取决于那一种作物而陷入困境。以棉花为例,4 月底是播种期,6、7 月是除草中耕期,9、10 月是收获和犁田期。若混种粮食和棉花,首先可以较均衡地分配劳力:高粱可随棉花之后在 5 月种植,玉米可随高粱之后在 5 月底栽种,而晚小米和晚玉米可在 6、7 月栽种,收获也同样可以在较长一段时间内分开来做。这样就避免了因一种作物遇灾而损失全年农产品的危险。譬如,小麦因是越冬作物,受水灾损害的危险就大为降低,因它的生长季节是较干燥的冬春二季(虽仍受干旱的威胁)。同样道理,种植大豆也有特殊价值。部分原因是它的生长期短,可以在 7 月冬小麦收获后才种。同时大豆也有助于恢复土壤的肥力,因它从空气和土壤中吸收的氮素,约有 2/3 存于根瘤和叶茎中,归回土地(陈文华,1981,1:119)。所以大豆是两年三作制度中重要的一环。

至于复种率的决定,生态又是主要的因素。棉花由于生长期长(可见于表 8.3),植后无法再种越冬作物。另外,一个在种玉米、高粱或小米之后种冬小麦的小农,必须在地面结霜之前的 6 星期内,完成春播作物的收成和冬小麦的栽种。这个时间上的约束,限制了任何农场(无论大小)所能种植冬小麦的比例。即使肥料充足,土壤条件适宜,经营式或家庭式的农场都同样受到限制。以解放前的沙井村为例:不论经营式或家庭式农场,一般播种小麦面积只能达到全部耕地的 1/3。该村在 1959 年引进拖拉机犁田之后,才能达到较高的复种指数(沙井村访问,1980 年 4 月)。

表 8.3　河北卢家寨和山东祁寨不同作物的栽种和收成日程表 1936、1942

	卢家寨		祁　寨	
	栽种	收成	栽种	收成
小米(早)	4/20—5/4	8/23—9/6	5/1—5/15	9/1—9/15
棉花	4/20—5/4	9/20—10/31	4/20—5/4	8/20—11/10
高粱	5/5—5/19	9/8—9/22	—	—
玉米(早)	5/21—6/4	9/15—9/29	6/1—6/15	9/1—9/15
小米(晚)	6/6—6/20	8/23—9/6	—	—
玉米(晚)	7/7—7/21	9/15—9/29	7/1—7/15	9/10—9/24
大豆	7/7—7/21[①]	9/23—10/7	6/7—6/21	9/20—10/4
小麦	9/23—10/7	6/21—7/5	9/20—10/4	6/1—6/15

出处:卢家寨:满铁,天津事务所调查课,1936a:107—112。

祁寨:北支那,1943b:15。

备注:始种日期都是大概的日期。一般作物栽种期和收获期约 2 周。棉花收获期较长,卢家寨约 6 周,祁寨约 12 周。

①这里通常和玉米一起套种。

简言之,作物种植型式,通常取决于生态和市场的因素。因此,不同地区的村子之间有显著区别。但在同一村内,经营式农场和全村的作物布局型式不会有太大区别。

以上分析如果准确,我们便可估计到经营式农场和家庭式农场在使用畜力方面的区别也不会很大。

表 8.4 列举了 5 村庄中 12 个经营式农场饲养耕畜的数目(折合成驴子等同数),及每头牲畜的耕地亩数。表中可见一头驴可供少至 17.6 亩,多至 91.5 亩的耕地所需的畜力,平均是 36.4 亩。

把经营式农场的“每小驴等数耕地亩”来和所在村庄的平均数

比较,便可见经营式农场并没有比家庭式农场用更多的畜力。事实上,12 个事例中有 7 个经营式农场上每头驴要照顾的耕地面积比所在村的平均数要大。这点也可以借鉴卜凯的资料:在他的“冬小麦—高粱区”里,“小田场”(没有详细界定)平均每 19 亩有一“工作家畜单位”,而“大田场”则平均每 38 亩一单位(Buck,1937b:299)。这个差距,也许大部分可从小农场使用牲口效率较低这个角度去解释:经营式农场通常都有自己的耕畜,但家庭式农场常几家共用一头耕畜,会因时间编排及把牲口从一个农场赶到另一农场而降低使用效率。此外,牲口通常要跟饲养它的主人工作,才会达到最高效率。

表 8.4　河北和山东 5 个村经营式农场的耕畜　1935—1941

经营式农场主	耕作亩数	马	骡	牛	驴	小驴等数[1]	每小驴等数耕地亩
大北关(1936)							27.6
张彩楼	211.5	1	2	4	0	12.0	17.6
张重楼	188.5	0	3	0	0	6.0	31.4
张德元	124.0	2	0	0	0	4.0	31.0
卢家寨(1936)							21.8
户#32	100.0	0	1	0	1	3.0	33.3
户#33	105.0	1	0	0	1	3.0	35.0
小街(1935)							43.8
户#1	251.0	2	1	0	1	7.0	35.9
户#112	127.0	0	1	0	2	4.0	31.8
米厂(1936)							49.6
董德斋	183.0	0	1	0	0	2.0	91.5
董天望	120.2	0	1	0	0	2.0	60.1

续表

经营式农场主	耕作亩数	马	骡	牛	驴	小驴等数[1]	每小驴等数耕地亩
董继中	109.0	0	1	0	0	2.0	54.5
祁寨(1941)							34.9
户#111	165.0	0	3	1	0	7.5	22.0
户#112	102.0	0	1	1	0	3.5	29.1

出处:大北关:满铁,冀东农村,1937a:表9。

卢家寨:满铁,天津事务所调查课,1936a:117。

小街:满铁,天津事务所调查课,1936b:94,97。

米厂:满铁,冀东农村,1937b:表9。

祁寨:北支那,1943b:67;附录,表1。

备注:村平均数下划线。

①小驴等数的计算法用米厂调查员报道的村民自己的算法:一匹成年(两岁以上)马或二头骡等于二头驴;一头成年牛等于1.5头驴。

简单来说,较大的经营式农场,在畜力使用和单位面积生产量两方面,都没有显示出足立启二及景甦、罗崙所强调的与家庭式农场的质性差异。在检视足立启二和景甦、罗崙所提出的论据之前,我们先仔细看看畜力在冀—鲁西北平原的农业上所起的作用;并探讨20世纪30年代的经营式农场,为什么没有使用更多的畜力。

耕畜使用的经济

冀—鲁西北平原的农业制度,必定要依靠一定数量的畜力。在这个生态环境里,农场工作的自然节奏,形成两个特别紧张的时期:春耕与秋收。在春季播种季节,雨水稀少而阳光充足。因此播种必须在下雨后一两天内办好,以便在泥土水分蒸发前尽量加以利用。据一项日本实地研究估计:一个不用牲口的人,一天只能耕种不到一亩的棉花,绝对无法在两天内把普通大小的家庭式农场种好。据同一研究记载,一个由五人三牛组成的整套"犋",一天可以耕种 20 亩棉田(北支那,1943b:68—72)。在沙井,村民估计四五人加上一匹马或一头骡,或两头驴,一天可种 10 亩玉米或小麦(沙井访问,1980 年 4 月)。动用四五人一组——一人把犁,一人播种,一两人浇肥,一人弥沟——的原因,和使用耕畜相同:就是要保持土壤的水分。同时进行犁田、播种、浇肥、弥沟四件事,是适应缺乏灌溉的干旱农作的特殊需要的工作组织法。大小农场都同样地需要遵守这个原则。大农场一般可以以自己的人手和牲口组合一整犋。一般来说,该地区所有土地都用这个方法耕种(北支那,1943b:69;沙井访问,1980 年 4 月;满铁,天津事务所调查课,1936a:107—112)。

对冀中、冀南和鲁西北的两年三作的小农而言,秋忙季节特别紧张。为了保持水分,收割后立即就要耕地(因为土壤在收割后特别易失水分)种小麦。一个人要是没有耕畜帮手,一天只能耕约1/4亩(约耕 4 英寸的深度)。对普通大小的家庭式农场来说,这样的速度远远不足以应付农忙季节的需要。但一个人用两头牛,一天可以在较平坦而无特殊困难的土地上(如沙井村及祁寨村)耕4.5亩至 5 亩(约 5 英寸的深度)。用两头骡或两匹马,则可耕约 10

亩（北支那，1943a：70；沙井访问，1980 年 4 月）。[1] 经营式和家庭式农场都同样要用畜力来应付种麦的期限。在每年一作的地区，如冀东的大部分地区，秋忙的压力稍轻，但仍需在秋收后翻地。

农场工作需要畜力的第三个主要部分是中耕，通常在 6 月和 7 月初除草之后，于 7 月进行。高粱、小米和玉米都需要除草后中耕。一个人连同一头驴，一天可耕四五亩（满铁，天津事务所调查课，1936a：107—112；沙井访问，1980 年 4 月）。

毫无疑义，耕畜对华北平原农业是必要的（而且自汉代即开始使用）。[2] 但我们却不可夸大依赖畜力的程度。每亩作物于犁田、播种和中耕里所需用的畜力合起来只是一头驴一天的工作量（犁田需 0.6“小驴等数日”，播种 0.2 日，中耕 0.2 日）。

畜力使用量这样低的例子，可见于 1937 年米厂的经营式农场。满铁派驻村内的中国籍研究员曾煞费苦心地记下不同户口每月使用耕畜的日数。两个经营式农场主董继中和董天望的耕畜使用量几乎完全一样。他们在 1937 年各自用了自己的骡子共约 75 天（分别是 74.6 天和 75.8 天），以小驴等数计算，则约 150 天。在这个一年一作的村子，使用耕畜最多的月份是春天栽种期、7 月中耕期和 10 月、11 月翻土期。以董继中为例，他的一头骡子 3 月用了 14 天，4 月 16.5 天，7 月 11.5 天，10 月 12 天，11 月 9 天。在其他月份，这

① 要是地面不平，或土壤特别难犁，便需用较多畜力。20 世纪 30 年代山东一些不同地方用三头牲畜：有些三牛一组，有些二牛一骡，或二骡一牛组合成组，又或三骡一组。根据地形与土壤的情况，这样一组一天可耕少则 3 亩多至 9 亩（天野，1936：53—54）。沙井和祁寨村民所用的粗略计法，足敷我们这儿讨论的需要。

② 许倬云，1980：绪论和第四章。5 世纪的农书《齐民要术》中有牲畜在山东使用的记载（王毓瑚，1970：28；足立，1981：539）。

头牲口每月只用1—2天。以每亩计算,董继中每亩作物用了1.09小驴工作日(每亩耕地用了1.12日。他在1937年有耕地133亩)。董天望每亩作物用了1.16小驴工作日(每亩耕地1.21日)。这两个经营式农场,实际上使用了略低于村内家庭式农场的平均数的畜力(满铁,北支事务局调查部,1938:表50)。对他们和其他小农来讲,畜粪的价值同样减低,因附近有一个沼泽地,那里生长的芦苇可以用作肥料。因此,更促使畜力使用量降到最低限度。在复种指数较高的地方,如两年三作的冀中、冀南和鲁西北,畜力的必需使用量会增加约50%,至每亩耕地用1.5小驴工作日的平均数。

在考虑使用多于最低限度的畜力时,经营式和家庭式农场同样要权衡利益和成本。使用牲口可以减轻一些人力的需要,如拉送肥料到田间、运回收割了的谷物、碾谷等。在井灌盛行之处,牲畜可以用来拖动水车。

多养耕畜的另一个主要益处是它们所产的肥料。众所周知,畜粪通常混合泥土和垃圾(比例约为3∶7)以制造堆肥。冀东的沙井和卢家寨的农家,每亩作物使用这种堆肥约1800斤至2000斤(一大车)(沙井访问,1980年4月;满铁,天津事务所调查课,1936a:103,107)。在水利较发达的马村(位于冀中西部山麓平原区),每亩作物使用这种肥料约3000斤(满铁,北支经济调查所,1940d:89)。满铁调查员在卢家寨,记录了每头农场牲口的粪肥生产率如下:一头驴可供约3亩作物之用的粪肥(约5400斤);一匹马、一头骡或牛约4亩(7200斤)(满铁,天津事务所调查课,1936a:103)。

不过,和这些好处相对的是饲养牲口需要相当大的成本。马、骡、牛，每匹（头）一天消耗约10斤“粗饲料”（玉米和粟秆、高粱和玉米叶之类），相当于15—20亩粮食作物的“副产”。一头驴需5—6斤粗饲料。在耕畜工作期间，还要辅以“精饲料”（高粱、玉米、大豆）。马、骡或牛每匹（头）一天约需2斤，约为成年男子粮食消耗的两倍。驴子所需约为1斤（满铁，北支经济调查所，1940d：90；满铁，天津事务所调查课，1936b：121；北支那，1943b：83；天野，1936：52—54）。①

按20世纪30年代农场雇工的工资水平计算，一个雇主可以用一头驴一日的成本雇用一个短工。这个等式清晰地显露于沙井村的雇佣惯例中：一个牵着自己驴子佣工的人的工资，一般比一个普通短工高一倍。1980年时64岁的张守俊，对我追述他从前习惯在秋季，连同小驴在附近的城镇望泉寺和仁和镇受雇为短工，常得双工钱。因此，从经营式农场主或富农的立场来说，多用一日的驴工，就等于少用一日短工。

畜力用于基本工作如垡地、中耕和翻土上，当然是合算的。但此后其边际效用是会下降的。如运送粮食肥料、磨粉等工作，都可以用人力做。撒种、施肥、除草、收割及其他高度集约化的“传统农业”的工作，只有人力才能做得到。所以，在决定是否使用超乎最低限度的必需畜力时，得考虑这一系列的因素。

多养牲畜能多得肥料的利益，同样要和成本一齐权衡。如上

① 满铁各个调查的这些数字基本一致。通县（北京东面）小街村的调查员所记录的“精饲料”需要量特高：一匹马或一头骡年需1000斤，一头驴年需500斤。但这些数字，多半是从牲口一年到头都每天工作这个错误假设而算出来的（满铁，天津事务所调查课，1936b：121）。

所述,饲养一头工作牲口,仅粗饲料便需用 7.5 亩至 20 亩粮田的副产品(秆、叶、豆壳、谷枇、麦枇)——不然可以用作燃料。牲口所偿还的肥料不多,只够 3—4 亩作物之用,无论是经营式或家庭式农场,都不可能只为肥料的供应而养牲口。耕畜的工作贡献必然是主要的考虑因素。

在我们比较的村庄之中,马村用耕畜最多。该村的经营式农场主在每亩耕地上用了 4.1 天的驴力。家庭式农场则平均用到 4.6 天。该村比米厂村用畜较多的部分原因是所种作物生长季节较长,有利于复种(见表 8.2 和表 8.4)。另一个区别,是这个山麓平原区有较佳的排水条件,该村有高度发展的水井灌溉系统。马村共有水井 185 口,每口平均可以灌溉 20 亩(全村有耕地面积 4209 亩)。这两个特征提高了畜力的需要,也同时造就了饲养更多牲畜的条件(308 户中共有 6 头牛,81 头骡,4 头驴;满铁,北支经济调查所,1940d:87—90 和表 49)。

饲养耕畜的最高点,显然与作物种植面积有密切的相应关系。把粮食的秆和叶(除了家庭的燃料需要)用作饲料,当然很有物尽其用的经济意义。另外,一个农场若饲养牲口,超过了它本身生产饲料的供应能力,便要向外购买饲料。这样一来,边际支出的递增与边际收益的递减同时而来。两者交叉的“均衡”水平,一般似为 20—50 亩耕地有一个“小驴等数”,如表 8.4 中所见。

这些经济上的考虑,对经营式和家庭式农场都一样适用。小农有时两三家“搭伙”,合并牲口和劳力来犁田。贫农常把购买和饲养一头驴的费用摊分数份,由数户共同负担(所以有时一户会拥有耕畜的“一条腿”)。举例说,大北关的大部分耕种不足 15 亩农场的较穷人家,都只拥有一头驴的一部分,通常是1/2或1/3。其中一户(第71户——耕种8.5亩小农场的一个贫农兼长工),只有一头驴的1/6(满铁,冀东农村,1937a:表9)。但除了合用耕畜所难免的较低效率,经营式和家庭式农场在犁田、栽种、中耕方面用的都是相同的方法,同样需要使用畜力,也同样地要权衡成本和收益。

农场、牲口、肥料和纯作物农业经济

足立单一强调耕畜的使用,显然夸大了它们在提供肥料上所起的作用。如上所见,耕畜的饲养率平均是一头驴对20亩到50亩耕地,但一头驴只能供应3亩的肥料(按没有灌溉的乡村如沙井和卢家寨的肥料使用量计算)。换言之,一头驴所能工作的亩数,相当于7倍至17倍于其粪便所能施肥的面积。依据这样的比率,一个农场即使饲养多于平常几倍的耕畜,离所需肥料也还相去甚远。

生态和历史的限制,排除了依靠放牧食用牲口(区别于工作牲口)来提供肥料的可能。平原地区在中国全境只占约一成的比例,而在西欧和美国则超过50%(陈平,1979)。冀—鲁西北平原的短促的无霜期(一年6至7.5个月),是限制畜牧经济发展的另一个因素。最重要的是高密度的人口,消除了用大片土地来牧养牲口的可能,因为同样的土地用来种粮食,可以多养活几倍人口。

在中国的纯作物农业经济体系(区别于欧美作物畜牧混合体)中,提供肥料的农场牲口主要是猪,而非耕畜。在肥料生产上,无论量和质方面,猪都优于其他牲畜。沙井和卢家寨的村民,一年可以从一头猪得到9000斤堆肥,够施肥5亩地——并且比一匹马、骡或牛所产的7200斤或一头驴所产的5400斤的质量为高(满铁,天津事务所调查课,1936a:103;沙井访问,1980年4月)。

但和农村经济中的其他事情一样,养猪与否和养多少猪,取决于细致的成本和收益的计算。20世纪三四十年代的沙井村中,大部分的家庭都养一头猪。完全不养的约有20户;也有少数农户养两口。当问及何以不多养猪时,经营式农场主张瑞的解释是"划不来"。也就是说,因猪所得的肥料和卖猪所得价钱,抵不上养猪的成本(沙井村访问,1980年11月)。小街村的调查员估计:一头猪一年需要336斤黑豆和840斤秋糠作饲料(满铁,天津事务所调查课,1936a:121)。一般来说,养猪似乎只有在农场本身可以供应饲料时才合算;买饲料是划不来的。

解放后的沙井村,养猪数目增加,是由于国家积极补助,供应一半的饲料。1980年,村中的450头猪提供了700亩粮田所需堆肥的八成(现在每亩用到8000斤;沙井访问,1980年4月)。全国养猪的数目,已从1949年的58 000 000头,跳到1976年的238 000 000头,和1979年的301 000 000头(刘、张,1981:105)。

清代时期

现在我们可以回头看看清代的牲口使用,并较仔细地考察一下足立启二和景甦、罗崙引用的证据。景甦、罗崙认为"经营地主力的农场带有'资本主义'性质并有优越的生产力"的论据,来自20世纪50年代收集的有关19世纪90年代生产力水平的口述历史资料。材料围绕三个“典型”的例子，均来自鲁北山麓平原区。其中一个是章丘县东矾硫村李氏家族（太和堂李），资料颇详尽（景、罗，1959：56—57，138）。景甦、罗崙也收集了面较广的41个村庄的口述资料，但这些资料比较粗疏而不明确（同上：138—141）。太和堂李氏家族的材料是景甦、罗崙论点的核心根据。

至于足立启二，他根据几本农书，证明在明清时期中国西北和北部的农场，颇多用四牛一犋的犁田法。他也提出证据，说明当时的大农场十分重视这些牲口的肥料的积聚（足立，1981：539—542）。作为他三个经营式农场的例子之一，足立启二举道光年间（1821—1850）陕西省西安府三原地方一个使用长工和种植苜蓿作为牲口饲料的大农场。[①] 但农书中没有提供耕地亩数、使用雇工及耕畜的数目或作物产量数字的详情。足立的三个例子中的第二个，是18世纪青州府（山东东南沿海）日照县一个半出租半经营的庄园。[②] 这个园庄上的“犁户”有类似佃户的权力：他们各自要负责不同的田块，也出外受雇为短工。但他们同时也在庄园主严密的监督之下劳动。在有重要任务（例如锄地）的前夜，庄园主会把他们召集在一起，指示和分配来日的工作。这个庄园上的生产关系，看来似处于经营式向出租式庄园过渡的阶段。但足立的资料没有提供农场大小、畜力运用或产量的细节。和景、罗一样，足立启二的论据，主要就是山东章丘县太和堂李家的例子。唯有这一例子具备耕作规模、耕畜使用量、施肥程度和生产量的详细资料。

根据景、罗的叙述，这个大型家族管理的472亩经营式庄园，

---

① 足立，1981：531—533，引杨秀元，《农言著实》，1856。
② 足立，1981：533—535，引丁宜曾，《西石梁农圃便览》，1755。

雇用了 13 个长工,3—5 个月工,20—40 名农忙时的短工;它共有 17 头耕畜:牛 9 头,骡 4 头,驴 4 头。此外还养了 40 头猪和 100 只羊。据景、罗论说,这种养畜和耕作结合的经营,使李家可能每亩用 4000 斤至 8000 斤堆肥,而一般的小农场只用 1200 斤至 4000 斤。因此,李家的作物收成,通常双倍于小农场(景、罗,1959:54—56)。

笔者相信有关太和堂李家农场饲养的耕畜的数字是精确可信的。这项资料基本符合我在前面有关本区耕畜使用和猪只饲养的分析。以驴等同数计算,这个李家农场共有耕畜 25.5 头,每头耕地 18.5 亩。这个山麓平原区的灌溉和复种率,都可比得上笔者前面引述的 20 世纪 30 年代马村的例子,可见 18.5 亩这个数字是合理的(前述马村每一小驴等数耕 21.6 亩)。东矾硫村的李家,多半在每亩耕地上用四五天畜力,和 30 年代马村的经营式和家庭式农场差不多。

景、罗报道的养猪和羊的数字也很合理。有关前者,以卢家寨为例:该处经营式农场主(第 33 号农户)养了 10 头猪,也就是每 10.5 亩一头,第 32 号经营式农场主家庭养了 11 头猪,每 9.1 亩一头。和全村的平均 23.6 亩比较,猪与农场面积的比率可算相当高,但该村许多贫农没有猪。我们如果除掉这些农户而只拿中农和富农家庭(这里指有地 15 亩以上者)来与经营式农户比较,则农场面积对养猪数目的比率,差不多相同:每 9.8 亩一头(满铁,天津事务所调查课,1936a:72—82,116—119)。李氏庄园每 11.8 亩耕地养一头猪。

李家养羊的数字也没有问题。冀—鲁西北的山麓地区,养绵羊或山羊相当普遍,因该处牲口可用疏落生长的草来喂饲。举例而言，大北关的经营式农场主张彩楼，在 1936 年养了 58 只绵羊。但绵羊并不是一个重要的肥料来源。根据卢家寨的日本调查员的记载，一只绵羊或山羊生产约 1800 斤堆肥，只够一亩作物之用。

笔者认为值得怀疑的是李家这些牲口所生产的肥料数量：每年 5000 余车（400 斤一车）的堆肥（景、罗，1959：56）。用日本调查员在 20 世纪 30 年代记录下的耕畜每头生产肥料的数字来计算李家牲口的肥料产量，得出的总数是 655 200 斤堆肥，与景、罗的 2 000 000斤和每亩 4000 斤至 8000 斤的数字相去甚远。

但本书和景、罗及足立最重要的分歧在于大经营式农场是否具有显著的较高的生产率这一点。笔者在上面说明经营式和家庭式农场基本上维持相同的耕畜对耕地面积的比率，因为两种农场耕畜使用的成本与收益是同样的。还有，在任何情况下，耕畜肥料在经营式和家庭式农场使用的肥料总数中，都只占较小部分。满铁实地调查资料所显示的两种农场上单位面积生产力基本上相同的现象，要从这角度来理解。足立启二的推理——大农场用较多耕畜，因而有较多肥料和较高产量——与实地调查的证据并不相符，也与华北平原农业制度中的牲口利用逻辑相悖。

在 13、14 和 17 世纪华北的人口稀少地区，情况和边区类似，畜力利用对人力的比率，可能显著地高于 20 世纪。我们可以推测在那样的环境之下，或因土地对人口的比率较高而剩余较多，或因未开垦的土地需要较大的畜力犁田，很可能使用畜力较多。若要进一步推究，必须要有较多的证据。无论如何，我推测在边区的环境里，大农场和较小的家庭式农场的各种收益和成本，仍可能基本一样。

然而,足立启二提醒我们,注意华北平原农业在畜力上的需求,是一个有助于我们对该区农业的了解的重要贡献。足立向我们说明四牛一犋的犁田法,起码溯自元代:

> 北方农俗所云……中原皆平旷,旱田陆地,一犁必用两牛、三牛或四牛,以一人执之。……南方水田泥耕,其田高下阔狭不等,一犁用一牛挽之……此南方地势之异宜也(《王祯农书》[1313],卷二,“垦耕”,引自足立,1981:542)。

这种耕地法之普遍使用,17 世纪王士祯的《池北偶谈》同样指出:“今江淮以北,谓牛四头为一犋。”

但我们不应把这些资料解释为限于大经营式农场上的情况,而应视之为华北平原农作的普遍现象。足立自己所引的资料也说明这一点。顺治年间(1644—1661)《登州府志》记述:“用牛四,谓之一犋,穷民有至三四家合一犋者。”(引自足立,1981:542)这样的畜力利用并没有改变华北平原上农业的基本特征:不管经营式还是家庭式农场,它都是一个以人力为主的高度集约化农业。在那个农业体系中,经营式农场在牲口利用或单位面积产量上和家庭式农场并没有显著分别。

第九章　经营式和家庭式农场劳动生产率的对比

如果经营式和家庭式农场在技术、土地和“资本”(畜力、肥料等)的运用方面确实没有分别,那么,它们在劳动力运用方面有没有分别呢?本章将首先证实经营式农场比家庭式农场显示出较高的劳动生产率。在单位面积产量上,两者虽然大致相同,但经营式农场花的劳动量要比家庭式农场少得多。

我们该如何理解这两种农场在劳动生产率上的差异呢?一个最明显的解释是:经营式农场因运用数人一组的劳动组织而取得较高的效率。但本章将证明这个解释实际上并不能解决问题,因为家庭式农场经常两三家合伙而组成与经营式农场同样的整套耕种人马。

真正的道理是两类农场对人口压力的反应不同。由于经营式农场是一个使用雇佣劳动来争取最高利润的组织,因而不会容许农场存在多余劳动力;而家庭式农场则往往没有选择的余地。一个面积太小的家庭农场(无论是因人口压力、生产关系,还是两种因素结合的影响使然),常常不得不忍受剩余劳动力的存在。

在那种情况下,许多小农家庭因生活的需要被迫投入极高密度内卷性的劳动量。为此,他们会付出一定的代价:劳动力的边际报酬递减,而边际报酬的刺激力也因此下降,导致一定程度的劳动松劲。这种型式在贫农家庭式农场中有最鲜明的表现。它一方面表现在一茬作物的过分劳动集约化,另一方面表现在对单一经济作物的过度依赖。

但单是极端的劳动集约化,并不能解释我们的资料所显示的矛盾:家庭农场在对每单位耕地上投入较多劳动,却不能得到比经营式农场更高的单位面积产量。要说明整个现象,便需要指出耕作内卷化只是贫农农场应付土地短缺的两个主要方法之一。其他贫农不得不在农忙季节出外佣工,以至不能及时在自己的农场上投入足够的劳动。有的贫农缺乏种植经济作物的必需成本或恰当的耕地。事实上,贫农农场同时向“过多与不足”两方面背离最合理的作物组合型和劳力运用,而不是只趋向内卷化这一面。由于生产量在劳动量低于理想水平时会下降,而且这种下降比它在劳动量高于理想水平时的上升要厉害得多。这样,劳力不足的贫农农场的低产量,只能以更多的超常劳动量来抵销。因此,贫农整体要获取同等的产量,必须比经营式农场花较多的劳动时间。

经营式和家庭式农场的不同劳动生产率,说明了两者的一些基本特征。经营式农场的较高劳动生产率,显示其因使用雇佣劳力而得能避免家庭式农场的劳力过剩。但它们在技术和土地及“资本”的利用方面,仍限于小农经济的水平。贫农农场的不合理的作物组合型,揭示了人口压力对商品化所起的推动和阻碍两种不同的作用。实体主义的观点——认为家庭式农场最主要的目的是适应生存的需要——只说明了问题的一部分,因为那样的要求也能驱使贫农农场冒险集中种植经济作物。形式主义的观点——认为家庭式农场最主要的目的是追求利润——也只说明了问题的一部分,主要指出经营式和富农农场的状况。事实上,农业商品化的动力,同时来源于为维持生计而耕种的贫穷家庭式农场和为利润而耕种的经营式农场。

劳动生产率的对比

表9.1 列出5个村庄的经营式农场的成年男子耕作亩数,和全村平均数对比。

表9.1　河北和山东5个村经营式农场中每个成年男子耕地亩数 1936—1941

经营式农场主	劳动人数			每劳动力耕地亩数
	自家劳动力[1]	雇用[2]	总数	
大北关(1936)				16.0
张彩楼	4.2	5.2	9.4	22.5
张重楼	3.3	4.1	7.4	22.5
张德元	2.2	2.0	4.2	29.5
卢家寨(1936)[3]				9.1
户#32	3.0	3.0	6.0	16.7
户#33	1.0	5.0	6.0	17.5
马村(1939)[4]				14.8
户#1	1.0	3.0	4.0	28.8

续表

经营式农场主	劳动人数			每劳动力耕地亩数
	自家劳动力①	雇用②	总数	
米厂(1936)				12.3
董德斋	7.7	6.0	13.7	13.3
董天望	2.0	4.0	6.0	20.0
董继中	2.3	4.0	6.3	17.3
祁寨(1941)				17.7
户#111	1.0	3.0	4.0	41.3
户#63	1.0	2.0	3.0	34.0

出处:大北关:满铁,冀东农村,1937a:表 4。

卢家寨:满铁,天津事务调查课,1936a:67—71,91—96。

马村:满铁,北支经济调查所,1939:表 1,3。

米厂:满铁,冀东农村,1937b:表 4。

祁寨:满铁,北支那,1943b:附录 1。

备注:村平均数下划线。

①大北关和米厂的数字把不同年龄男丁的不同工作能力计算在内,所用的公式是 13—14 岁 = 0.2;15—17 岁 = 0.5;18—19 岁 = 0.8;20—55 岁 = 1.0;56—63 岁 = 0.5;61 岁以上 = 0.2。

②大北关和米厂的数字把雇用的短工计算在内,作一年 200 日的分数计算。

③表 4.1 和附录 1.2 所列的第三个经营式农场主没有被深入访问调查,因此没有这户这方面的材料。

④此村四个经营式农场主之中只有一户被深入访问调查。

各村的具体环境虽然大有不同,但它们在这一点上所显示的型式却出乎意料地一致:大的农场上每个成男所耕的亩数,要比村内一般的成男多。两者的差别相当大:除了其中一例,皆多出 40% 至 100%以上。

这些数据再一次和卜凯调查资料相符。卜氏两次调查都指出,大、小农场之间每单位劳动力的耕作面积有明显的差别:一个成男所耕的作物面积,大农场比小农场要多出一倍至一倍半(卜凯,1930:126,129;1937a:283,287;1937b:291,302)。另一个 1937 年对安徽省嘉兴县 4312 户农场的研究也指出,在 50 亩以上的农场,一个劳动力平均耕 17.3 亩,但在 20 至 50 亩的农场,只耕 12.97 亩,而小于 20 亩者,则耕 8.28 亩(Institute of Pacific Relations,1938:77—78)。

米厂村的详细资料,使我们得以把"耕作成年男子"的单位分解成较精确的成男劳动日数的单位,而把经营式农场和各种不同的家庭式农场的每劳动日的收入做比较。表 9.2 证明耕种每亩土地经营式农场一般比小型农场少用劳动日,而它们每亩的平均产量并没有因此下降;相反,经营式农场上每个劳动日的总收入,比小家庭式农场高出甚多。

表 9.2　米厂村各阶层农户每亩劳动和收入数　1937

农户	农场面积(亩)	每亩劳动日数	每亩总收入(元)	每劳动日总收入(元)
经营式农场主				
#1	133	10.8	$ 16.5	$ 1.53
#2	125	11.1	15.3	1.38
平均	129	11.0	15.9	1.46
富农				
#3	65	13.5	$ 15.8	$ 1.17
#5	60	15.5	18.6	1.20
#6	47	20.9	19.4	0.93
平均	57	16.6	17.9	1.10

续表

农户	农场面积(亩)	每亩劳动日数	每亩总收入(元)	每劳动日总收入(元)
中农				
#4	62	16.9	$ 12.7	$ 0.75
#7	17	16.2	15.0	0.93
#8	34	14.7	15.1	1.03
#9	32	19.5	10.4	0.53
平均	36	16.8	$ 13.3	$ 0.81
贫农				
#10	13	28.3	$ 18.0	$ 0.64
#11	21	9.9	4.9	0.50
#12	15	16.9	13.0	0.70
#13	10	21.2	11.0	0.52
#14	6	20.3	14.8	0.73
平均	13	19.3	12.3	0.62

出处:满铁,北支事务局调查部,1938—1941,1:表3,13,40。

备注:各农户按照1950年土地改革法划分阶层:"富农":雇用的劳动多于自家投入的劳动;"中农":大部分农场劳动出于农户自家;"贫农":以佣工补充自家农场收入者,农场通常是租入的。

一部分的差别可以这样解释:家庭式农场主一般每年耕作日数,要少于受雇的年工。我们必须对"耕作成男"做出更细的分析。举例说,嘉兴县的年工一般每年工作将近200日,比20至50亩的农场经营者一年工作153日和20亩以下的农场的107日高出甚多。卜凯同样指出,大农场的劳动力每年工作日数高于小农场的约一倍。1937年在米厂村,为两个经营式农场工作的9个长工,平均劳动252日(在第一个月工作几天,第二、三个月增至10至20

天，第四到第六个月，平均 24 天，在忙碌的第七至第十个月，29 至 30 天；在第十一个月工作负担减至 20 天以下，而到了第十二个月，松减至 4 至 5 天），远多于每年平均工作 180 天的中农家庭的成男（满铁，冀东 1937b：表 1，40）。[1]

每年工作日数的差别可以解释一个年工为什么平均耕种较多的土地，一般为每人 15 至 30 亩，而小农场上的成男则约种 10 至 17 亩。但它无法解释何以在大农场上一亩土地可以用较少的劳动日来耕作：每亩约 11 日，相对于 16 至 19 日，如表 9.1 所示。[2]

经营式农场上小组耕作的较高效率

关于这种差异，我曾推测：经营式农场可能在 100 亩至 200 亩规模的农场上，因利用 4 个至 8 个劳动力的耕作组而获得较高的效率。一个数人小组一齐耕作，可能比几个人单独劳动更快地完成一项工作。这是支持集体化农作的一个看法；它可以解释较大的农场何以能用较少的劳动日达到和小农场相同的产量。

这里我必须首先引用我和沙井村 6 位老大爷就这个题目所作的讨论（在 1980 年 4 月和 11 月）。这 6 位人士是 80 岁的张瑞，前

---

① 正如彼德·施兰（Schran，1969：第三章）所指出，20 世纪 50 年代农业生产扩展的一个主要原动力，来自农民每年平均工作日数的提高：从 1950 年的 119 日，升至 1955 年的 121 日，1957 年的 159.5 日及 1959 年的 189 日。

② 吉田浩一（1975）和河地重造（1964，1963）都只用劳动日数的差别来解释这个问题。但我希望能在下面证明这种看法忽略了经营式和家庭式农场在劳动力运用上的一个关键性的区别：经营式农场是一个趋向土地和劳力的最佳配合的经营方式，而家庭式农场往往只能在两者不合理的配合情况下耕作。

经营式农场主和村长;54 岁的张林炳,曾于 1944—1946 年的三年间当过张瑞的长工,现该村大队长;70 岁的李广志,前有地 27 亩(1940 年后分家所得)的中农;62 岁的李秀芳,也是一位中农,与其兄长共拥有 49.5 亩地,兄弟二人用一个长工协助耕作;64 岁的张守俊,在满铁调查时是租入 20 亩地的贫农;74 岁的李广泰,曾在北京郊区一家面店当学徒,1944 年才回村。

我曾认为最能显出小组协作优点的例子,该是四至五人一组的耕种队:通常大打头把犁,这项工作技术要求最高;继之一人撒种,一人施肥,最后一人弥沟。但出乎我意料,沙井村的老大爷们指出这是普遍的耕种法,亲属或友人合并劳动力、工具及耕畜,以组成一套人马(称为搭套)。这个事实,我后来在其他乡村调查资料中,获得进一步的证实:日本实地调查员在鲁西北的祁寨村和冀东北的卢家寨村记录了同样的做法。

那么,经营式和家庭式农场间劳动生产率的差异,到底因何产生?是否因为多人协作在其他的农场工作上效率较高?例如运输和施肥,一如景甦、罗崙所指?抑或小组锄地或收割?

沙井的老社员们虽然没有提供一个简单、快捷的答案,但从几天讨论所得印象,他们显然认为这个假设并不符合具体情况。正如曾当过长工、今日为大队队长的张林炳指出:过去一个长工一天的工作量,有一套不成文但大家都知道的要求标准,称为"长工活谱"。根据这些标准,四人一骡或两驴的一套耕种组,一日要完成 10 亩地;一个长工一天要锄地 4 亩,或收割 2 亩高粱,或 4 亩玉米,或 1 亩小麦。在每一项上,我都问了中农李广志,他是否做到同样的工作量。李肯定地说,他每一项都可以和长工做得一样多。老大爷们都同意说,一个干活好的人在自家农场单干,可以做到和经营式农场的长工同样的成绩。

这些讨论显示,只要单干户可以搭套组成必要的耕种组,他们的工作效率并不劣于经营农场上的4—8人一齐工作。在“传统农业”的技术限制下,集体化农耕的优越性,也许只在于大规模的合作劳动,例如平整易涝土地和建造排水系统、疏浚河流以及其他中型和大型的水利工程。也就是说,超越家庭式农场能力,也超越经营式农场能力的较大规模的工程。

贫农之背离合理经营模式

如果较高效率不能解释经营式农场的优越劳动生产率的话,那么较小农场的劳动过度集约化是否可以解释这个差异呢?经营式农场在边际劳动报酬降至工资以下时,便不会继续投入更多的劳动力。但有的家庭式农场则会因生活需要的驱使而继续投入更多的劳动力,一直到边际劳动报酬趋近零为止(恰亚诺夫,1966a:7;1966b:113—136;Georgescu Roegen,1960)。在这种情况下,经营式农场上的单位劳动平均产量高于家庭农场,也就是说,劳动生产率较高。

不过,这样的分析马上会遇到以下的问题:劳动过度集约化的小农场应显示比大农场较高的单位面积产量,虽然不会达到与投入劳动力的差别同样的比例。然而,正如前章所示,小农场无论在个别的一茬作物产量上或单位耕地面积的产量上,都和大农场基本一致。

小农场劳动集约化程度较高，但土地生产率则和大农场相同，这个矛盾现象该怎么解释呢？笔者在表9.3里，把小街村和米厂村的农场按面积大小分为约相当于本书所用的各个阶级的组别：10亩以下，贫农；10—29亩，中农；30—99亩，富农；100亩以上，经营地主。表9.3用这个类别列出每组种植棉花的比例以及棉花产量，以检验棉花种植与农场大小的关系。

表9.3　河北2个村大小不同的农场上的棉花种植和产量　1935—1936

农场面积(亩)	户数	播种总面积(亩)	植棉总面积(亩)	棉花面积%	总产量(斤)	每亩产量(斤)
米厂(1936)						
100以上	4	537.2	176.3	32.8%	23 782.9	134.9
30—99.9	17	833.1	241.8	29.0	31 893.4	131.9
10—29.9	53	992.7	291.2	29.3	39 359.0	135.2
0.1—9.9	21	142.8	36.8	25.8	5114.8	139.0
小街(1935)						
100以上	2	378.0	97.0	25.7%	8900.0	91.8
30—99.9	24	1284.0	375.0	29.2	35 859.0	95.6
10—29.9	47	767.5	219.0	28.5	18 440.0	84.2
0.1—9.9	58	256.5	58.5	22.8	5340.0	91.3

出处：米厂：满铁，冀东农村，1937b：表11。
小街：满铁，天津事务所调查课，1936b：46—52，109—116。

从表中可见，这种把家庭式农场分成不同大小组别的较细分类，并没有改变前章比较经营式农场和全村平均数所得出的印象：不论是土地利用的集约程度或每种作物的产量，大小农场都没有固定的差别。

但是,进一步分解这些数字,却显现出一个重要的型式。表9.4列出每个组别之内种植面积比例异常低的(10%以下)、比例正常的(11%—40%),比例高于正常的(41%—70%)以及比例极高的(70%—100%)的农场数。

表 9.4　河北小街村大小不同农场的植棉比例　1935

农场面积(亩)	户数	植棉户数	棉花占作物面积比例			
			低(1%—10%)	正常(11%—40%)	高(41%—70%)	极高(71%—100%)
100 以上	2	2	—	2	—	—
30—99.9	24①	18	—	13	3	2
10—29.9	47	34	3	16	13	2
0.1—9.9	58	19	—	7	5	7

出处:见表 9.3。

①4 户没有资料。

我们可以看到:小街村的两个经营式农场主,都用其作物面积的 1/4 左右种棉,非常接近村平均数。大多数的富农农场(54.1%)的种棉程度,也在"正常"范围的 11%—40%。但只有 34%的中农农场以及仅 12%的贫农农场这样种棉。贫农农场中的 2/3 完全没有种棉,而 12%则以全部或极高比例的面积植棉。米厂也有相似现象,虽然没有那么鲜明(满铁,冀东 1937b:表 11)。

在产量上各组也有同样的差别。表 9.5 列出小街村每个农场组别内亩产量相当于、低于,或高于正常的 81—100 斤的农场数。

表 9.5　小街村大小不同农场的棉花产量　1935

农场面积（亩）	植棉户数	每亩产量（斤）			
		低（40—80）	正常（81—100）	高（101—120）	极高（121—130）
100 以上	2	—	2	—	—
30—99.9	18	3	13	1	1
10—29.9	34	15	14	5	—
0.1—9.9	19	5	9	4	1

出处：见表 9.3。

从表中可见，村中两个经营式农场和大多数的富农农场（81%）的产量都在“正常”的范畴之内，但中农和贫农只有一半以下在“正常”范畴之内。

从这些资料可得出以下的假设：经营式和富农农场采用的作物组合型，通常是一个多样化型。这样，它们可以分散风险，而不会冒只依赖一种作物的险。它们也可以隔开农忙季节，并比较合理地分摊农场工作。此外，它们在一茬作物上只投入正常的劳动量，以求“正常”的产量，而避免劳力过度集约化所带来的边际报酬递减。

相反地，较贫穷的农民常迫于环境只好采取不均衡的作物组合型，而要冒较大风险，工作的编排又较不均匀。这样的小农，可说是在生活需要的压力下，为了可能获得短期间较高的收益而被迫“赌博”。米尔顿·弗里德曼（Milton Friedman）对风险情况下消费者按什么原则做出抉择的经典分析，可以“合理地”说明这类行为：假使一个均衡而较安全的作物组合型按机会律计算，可以带来平均每年70元的收入①,而一个不均衡的组合型只可能带来每年平均60元的收入,一个选用不均衡组合型的小农,可说是每年以10元的代价,换取每年可能赢得高收益的权利(Friedman and Savage,1948)。②

让我们用1937年米厂的第12号农户来说明一个小农家庭迫于生活需要而采用高度冒险性作物组合型的情况。这个农场上的两个成男只有15亩地可耕,也就是说,他们的土地只有劳力所能耕作的一半(见表9.2)。二人似乎没有其他就业的可能;他们只得把土地使用到最高的强度,把所有15亩地全用来种棉。棉花的劳力要求高于粮食,因此使他们的劳力得到最充分的利用。他们也有可能在任何特定一年内,在他们的农场上获得最高的收益。不过,代价却是较大的风险,一个不均衡的工作日程,以及长时间较低的平均收益。

另一种型式,是贫农在一茬特定作物上投入极多的劳力,远远超出相当高度集约的经营式农场,因此,只获得急剧下降的边际报酬。米厂的第10号农户,是个足以说明问题的例子:该户在每亩作物上投入28.3日的劳动力(远多于经营式农场主的110)。较多的劳力带来较高的亩产量:每亩18元,相对于经营式农场主的15.9元,但增加的产量,却难以和这户多投入的150%的劳力相称。然而,这户还是决定投进如此多的劳力,因为它有剩余劳动力,而家

① 举例说,任何一年中,若有40%机会获得100元的收益,60%机会只获50元的收益,那么那年的“保险性”收益等于:100元×40%+50元×60%即70元。

② 正如一个选用均衡组合型的小农,可说是每年以10元的“保险费”换得较安全的收益。

庭消费的需要,迫使它尽可能争取最高的土地收益。我们可以再次用普通微观经济学理论来为这样的行为做出“合理的”说明:这个农场上剩余劳动力的存在,意味着它所投入的边际劳力几乎没有“机会成本”。对于这个挣扎求生的农户来说,所提高的产量具有极高的“边际效用”。

其他贫农农场被迫向相反的方向背离正常的经营型式。有的贫农无法获得种棉所需的优质地,或买不起植棉所需的肥料或畜力,或要在植棉繁忙时佣工,因而不能自己种植棉花。不论是因土地、“资本”或劳力之故,这些贫农无法把棉花纳入他们种植的作物之中,也就不能获得农业商品化的好处。小街村中 39 户不种棉的贫农家庭,可视为说明这种形状的范例。

贫农农场之同时趋向高于正常强度的劳力使用量和不及正常强度的使用量,可以解释本章开头介绍的矛盾现象。较高劳力强度所获得的高产量被较低强度的产量抵消。结果,贫农的平均产量与经营农场分别不大,因为产量在高于正常劳力强度时增加较微,而在低于正常强度时下降很大。因此,就贫农全体来说,他们要花出比经营式农场更多的劳力来达到相同的平均产量。

贫农农场上的就业不足和物质刺激力的递减

上面的资料还有进一步的含义。如果经营式农场确实在当时的技术和生态条件下,接近最合理的经营,那么大部分的家庭式农场显然面积过小。笔者所收集关于本地区经营式农场的数字,显示一个劳动力可以耕作 15 亩至 30 多亩。据国民党土地委员会对

1 500 000 个农户所作的调查,河北农场的 68.2%和山东的 77.9%的面积在 20 亩以下。河北农户中的 40%和山东的 49.7%种地 10 亩以下(土地委员会,1937:26)。

20 世纪 30 年代日本调查员所得的口述证据指出,长工一日工作日程多由习俗所定,如同“长工活谱”。他从黎明开始工作,早饭前要劳动一小时。早饭后休息约 30 分钟,然后工作到中午,中间可以休息一次——20 至 30 分钟。午饭后休息 30 分钟,然后干点轻活,直到下午 3 时。夏天酷热时则午睡至 3 点。3 点到 7 点再工作,晚饭前也有两次休息,每次 20 分钟。假期通常限于农历 5 月初 3 至初 5(端午节),以及夏天休假 10 天(《惯调》,2:35,50—51;《惯调》,3:195)。从任何标准来看,这都是一个勤劳的工作日程。

问题是一个农场面积过小的农户,会不会驱策自己努力到这样的强度?沙井老农给我的印象是没有。中农李广志回忆说,他过去在他父亲的农场上工作比较懈怠,尤其喜欢赶集,或到当地的寺庙挤人群看热闹。当时他家共有 5 个成男(父亲、三子、一侄),耕作 84 亩地,等于每人耕地 17 亩。但后来弟兄们分家,每人得地 27 亩(侄儿只得一小块地)。这时,李才尽最大努力工作。他骄傲地回忆说,他耕种 27 亩地,每年只需雇 20 个工,而获得的产量不低于村中任何人。

同样地,中农李秀芳忆述,他家每个成男平均种 16.5 亩地。问他何以没有达到张瑞的经营式农场上每个长工耕作 20 亩的比例,李解释说是因为他较懒,爱赶集看热闹。

我得出的印象是:当农场面积(相对所有劳力)太小时,一个小农的努力程度会趋于松懈。沙井的老农当然没有对这个现象提供一个理论性的解释，但我的推测是，高于正常幅度的劳力，只能带来递减的边际报酬，而边际劳苦则递增。[①] 因此，诱发劳动的物质刺激会递降。

第三世界农村地区中的“人口过剩”或“劳力利用不足”的具体含义，常常混淆不清。过去一个说法是：在劳力利用不足和人口过剩的条件下，农村的部分劳动力实际上只有一个“零度的边际生产率”。舒尔茨引用1918—1919年流行性感冒疫症前后的印度为实例来反驳这个说法。那次流行病使农村的劳动力减少约8%。舒氏于是推论说，如果疫症前的部分农业劳力确实只有“零度价值”，这次劳动人力骤减，应该不会对农业生产有实质上的影响。事实上，这次的疫症导致相当幅度的播种面积的下降，从而影响农业总产量。舒氏于是断定，疫症前不可能只有“零度边际生产率”的劳力存在（1964：第四章）。

舒氏论点的缺陷是他假定疫症对每家每户影响一致，而实际上有的农户全家病倒，而有的则没有受到影响。就算我们在理论上承认家家户户遭殃程度相等的可能，我们仍然不应接纳舒氏的论点：农业工作是高度季节性的工作，一个全年有1/4劳力闲置的农场，很可能在农忙季节需要动用全部劳力。这样的一个农场在繁忙的日子里（尤其是秋季的收成、种植期），甚至可能要雇佣短工。我们若突然从这个农场移去1/4的劳动力，又使它无法雇佣短工，它肯定会在农忙时缺乏实力，产量与播种面积因而受损。但这并不表示这个农场过去在全年其他期间没有剩余的劳力。

---

① 我这里采用的当然是恰亚诺夫（1966）的理论模式——耕作强度取决于边际劳动所带来的劳苦与满足家庭消费需求之间的均衡交叉点。

我们该怎样来测定和计算这样的劳力过剩的数量呢？如果不能单用农忙季节来判断，也不能用农闲期来判断，那么该用什么标准来测量人口过剩呢？以往研究所用的一个普遍方法，是以所有的农场的平均数作为起码的生计水平和各种生产因素的均衡使用的标准。在这个规模以下的农场，视作面积过小、人口过剩和就业不足的农场（Kao，Anschel，and Eicher，1964，总结了部分过去的学术）。

这样的标准的缺陷是，它忽略了不同地区间的生态差异：一个在冀—鲁西北平原15亩地的农场上有过剩劳力的家庭，若移到珠江三角洲的水稻区同样大小的农场，便可能变得劳力不足。另外，科技水平的差异，也引起其他计算上的问题：旱地农作区的人口过剩，在灌溉农业区很可能变成人口不足。近代资本投入的引进，更进一步使情况复杂化，因为这类投入可能节省劳力（例如拖拉机犁地），也可能提高劳力的要求（例如在有机肥上加用化肥为追肥）。

对同一技术和生态条件下的经营式和家庭式农作加以比较分析，可以为我们提供一个具体的标准来测量在那些特定条件下最理想的劳力运用和不充分的劳力运用。本章企图具体地论证贫穷家庭农场上的人口过剩和劳力利用不足：这些农场常被迫投入过多的劳动力，而导致边际报酬下降和边际刺激力下降；或相反地，由于土地或资本不足，需要在农忙期佣工而投入不足的劳力。对它们来说，为了追求最好的维持生计的机会，常会被迫趋向异于追求最高产量和效率的经营模式。贫农经济主要是为生存而挣扎，而不是为追求利润的经济。

第十章　经营式农业何以发展不足

回顾历史,我们不难解释经营式农业是如何和小农经济及其上层建筑的社会政治制度连锁在一起的。本章将证明:在生产技术没有实质性突破的情况下,经营式农作的最佳规模是 100 亩至 200 亩。超过这个规模,经营式农作便不合算,而农场主也可凭借他的财力,考虑采用其他谋利的方法。他可以把地出租,从事商业;或投资于下一代的教育,谋得功名学位,冀能爬到社会的上层而追求更高的利益。这样,经营式农业就通过地主制而返回原来的小农耕作。

然而,这样的分析不能完满地解释经营式农业为什么没有进一步发展。100 亩至 200 亩的经营式农场,为什么没有做出革新性的农业投资?它们到底可能做出怎样的革新?为什么没有那样做?它们是否真如艾尔温所说的被困在一个"高水平均衡的陷阱"中?

本章将引用解放后沙井村的具体事例,说明一些当时可能做到的生产改良，然后再转回到经营式农业为什么没有做出技术改良的问题上。高密度人口的事实的确妨碍了节省劳力的技术革新，但它不能解释经营式农场为什么没有采用适合人口高密度的新技术和“资本”。本章的命题是：我们必须在一个由自然环境、人口和社会政治制度组成的连锁体系中，追寻本区农业发展不充分的根源。孤立这些因素的任何一面就是忽略了生态系统整体中的互相依存关系。①

经营式农场通常在100亩以上的原因

一个农场必须以雇佣劳力为主要劳力，才能发挥那种经营方式内在逻辑的作用。只用少量雇佣劳力的家庭式农场，不会按经营式逻辑来使用劳力。本区一个成男可以耕作15亩以上，而大多数较富裕的农户，都有不止一个成男的劳动力。因此，一个农场显然要达到一定的最低限度的面积，才会在自有劳力之外去使用雇佣劳力。

同时，要达到劳力与土地的最理想的配合，必须依照严格的劳作制把雇佣劳力的作用发挥到理想的程度。没有雇主亲自严密监督，长工通常不会主动地遵行那种严格的劳作制。所以，大部分经

① 这里考虑的农业因何不发达的问题，范围当然要比整个经济不发达问题狭窄得多。但仔细观察农业现代化的阻碍，可以有助于我们对经济整体问题的了解。农业本身决不能解释一个经济整体的发展或停滞，但在向资本主义工业化过渡的过程中，它起一定的作用。农业如有相当的剩余，可以资助工业部门的资本积累，并为工业产品提供市场。相反地，落后的农业，会给资本积累和国内市场的形成带来困难。

营式农场,都在农场主亲自管理下进行生产。

符合这些条件的农场,比起劳力利用不足的农场,可以节省不少劳动力成本。如果其他条件相同,这样的农场可以获得较高的纯收益。

这个分析可以见证于米厂村的详尽统计资料。如表 9.2 所示,两个经营式农场主可以用明显少于小农场的劳力获得相当的产量。表 10.1 指出,只有这两个农场同时具备以下的三个条件:(1)在农场使用的总劳动力中,雇佣劳动力占很高的比例;(2)土地对劳力的比率接近该村的最理想水平,反映出经营式农作对它雇佣的劳动力所作的要求;(3)严密的亲自监督——在这两个例子中,第 1 号农户户主(董继中)一年工作 149 天,第 2 号(董天望)193 天。结果是该村农场中最高效率的劳力运用:每亩 10 日至 11 日,相对于其他农场的每亩 13 日至 20 日(第 11 号农户是唯一的例外。它只用了 9.9 日工一亩,而只获得 4.9 元一亩的产量,远低于这村平均的 10.9 元一亩)。家庭农场上较低的每一人工的平均产量,源于前章所讨论的理由:过多的劳力与松懈了的劳动,或过少的劳力。

表 10.1　米厂村各阶层农户的劳动力使用　1937

农户阶层与号数	农场面积	棉花占播种面积%	劳动日数			自家劳动%	全年劳动人数		
			自家	雇用			自家	雇用	每人耕地亩数
				短工	年工				
经营式农场主									
#1	133	42%	149	45	1245	10.4%	1	5	22.2
#2	125	50	193	176	1022	13.9	1	4	25.0

续表

农户阶层与号数	农场面积	棉花占播种面积%	劳动日数			自家劳动%	全年劳动人数		
			自家	雇用			自家	雇用	每人耕地亩数
				短工	年工				
富农									
#3	65	51%	39	73	763	4.5%	—	4	16.3
#5	60	64	297	75	555	32.0	1	3	15.0
#6	47	81	188	81	717	19.1	1	2+	16.0
中农									
#4	62	49%	705	44	303	67.2%	4	2	10.3
#7	17	45	229	10	43	81.2	1	1	8.5
#8	34	61	348	—	152	69.6	2	1	11.3
#9	32	50	417	206	—	66.9	2	—	16.0
贫农									
#10	13	60%	239	12	117	64.9%	1	1	6.5
#11	21	62	184	25	—	88.0	1	—	21.0
#12	15	100	240	13	—	94.9	2	—	7.5
#13	10	50	206	6	—	97.2	2	—	5.0
#14	6	64	71	51	—	58.2	—	—	6.0

出处：满铁，北支事务局，1938—1941，1：表1，3，40。

备注：此表与表9.1数字的出入源于1936年和1937年间的变化。

经营式农场通常在200亩以下的原因

米厂的那种经营式农作，因耕地高度分散而被限于一定的规模之内。以董天望为例：他的农场是由17块平均7亩一块的小块农田组成（满铁，冀东1937b：第六表）。以董氏的耕作规模，这样小块的农田没有构成操作上的困难。他可以亲自监督他的4个雇工工作，并一起从一块地移到另一块去。可是，他的农场如果扩大到

240 亩和 8 个雇工的话，他便会遇到一些管理上的困难。例如，秋天耕种时，他的 8 个长工足够组成两套人马，一日可以耕种 20 亩。他们如果在同一块田一起工作，便可以在半天以内种完那块田，而必须浪费时间从一块田移到另一块去。如果分开在不同的田块上工作，则不易严密监督。锄地时更不好组织，因为 8 个长工每人一日可以锄地 4 亩。

我们要问：这些经营式农场主，为什么没有雇用“工头”来帮助他们监督农场工作呢？因为，这样做会很快地消除经营式农作比较节省劳力的长处。如果工头本身也是长工的话，他不一定会按照最理想的劳力利用的要求那样，严厉地驱策其他长工工作。如果工头是个脱离生产的人，而比较密切地注意农场主的利益，他的工资会把农场省下的劳动成本耗费尽净。因此，经营式农场大多保持在 200 亩以下。

在本书所用的 40 个农场实例中，只有 3 个超过 200 亩，并且超过不多（分别为 211 亩，220 亩和 266 亩，见表 4.1）。同样地，景甦、罗崙收集的 19 世纪 90 年代山东 331 个“经营地主”之中，2/3 以上（69.80%）是自己只经营 200 亩以下的农场，而把 200 亩以上的田地以小块租出。①

① 他们调查较细并倚以为主要依据的 131 个经营农场，偏重于较大的农场。这组农场中，只有 35% 规模小于 200 亩。景、罗又以三个大型农场为“典型”，对它们进行深入分析。这样，更加偏向于大规模的经营（这里的百分比，是把雇用 9 个以上的长工等同于 200 亩以上而计算的）。

经营式农作和出租地主制的对照

对一个有地100亩至200亩的地主而言,自己经营农场显然比出租土地合算。我们可以把两个经营式农场与出租的地主做详细的比较来说明这点。我们先再次引用米厂资料,比较两者的收入。如表10.2所示,在1937年,经营式农场主董天望,在他125亩的农场上的净收益是1032元,相当于8.26元一亩。经营式农场主董继中净得1200元,等于9.02元一亩。以每亩平均地价62.5元计(由低质地至高质地,价格有不同,变化幅度是每亩45元至100元),这样的净收入相当于土地价值13%至14%(但这个数字包括经营式农场主自己的劳动的等值)。

表10.2　米厂村2个经营式农场主的农场净收入　1937

	农场面积(亩)	农场总收入(元)	支　出(元)				净收入(元)[2]	净收入占总收入%
			工资[1]	肥料	税	杂项		
董天望	125	$ 1915	$ 560	$ 171	$ 104	$ 39	$ 1032	53.80%
董继中	133	2192	550	152	113	177	1200	54.70%

出处:满铁,北支事务局调查部,1938:表13,14。

①包括伙食费用,以每人每日22分计。

②包括农场主自家劳动的等值。

与此相比,租了93亩地给调查农户的几个地主,平均每亩只得4.06元的租金。假使这些地主和两个经营式农场主所付的税率相同,即每亩0.84元,他们每亩只净得3.22元,比经营式农场主要低一半有余,不到土地价格的5%。这个差别的部分来源是经营式农场在劳力上的节约。在米厂的例子中,两者差异更进一步扩大,因该村棉田租率较低,只占总收益的30.9%,远低于寺北柴村的50%以上(满铁,北支事务局,1938—1941,1:表3,29,32,33)。

这样幅度的差距,对有地100亩至200亩的地主来说,是个决定性的因素。表10.3列出6个村庄的"财主"家庭的人数。平均是一户14人,远大于农户一家5人的总平均数(土地委员会,1937:24)。假使租率是产量的五成,一户14人的出租地主,需要84亩土地的租金收入才能达到一家5人种地15亩的中农的生活水平。按米厂棉田的租率计,一个14人的地主家庭,需要135.9亩的地租收入,才能达到同样的水平。这样的一个地主家庭,如果没有其他农业外的收入,一定会感到经营方式对他比出租方式有利。

更大的地主则不会感到同样的压力去经营农场,以争取土地最高的收益。他们有条件用其他的方法谋利,例如经商或放高利贷。在商业化程度较高的地区,这种机会尤多。

位于冀中植棉地带及灌溉条件较佳的寺北柴村,为我们提供了一个特别显著的实例,说明一个较大的地主所能利用的各种谋利方法。这个村庄是华北平原上商业化程度较高的一个村庄。村中的小农起码自清初已开始植棉。到20世纪30年代,棉花占耕地面积约40%。小农经济分化的程度,更高于米厂村一带,土地所有权也更高度集中。

表 10.3　河北、山东 6 个村"富户"家庭人数　1936—1942

	地主姓名	家庭人数	男丁	拥有土地(亩)
大北关(1936)	张德元	17	3	145
	张彩楼	27	5	243
	张重楼	14	4	218
沙井(1942)	张文通 (张瑞父)	18	3	110
孙家庙(1938)	俎晓江	16	?	176
米厂(1936)	董天望	8	3	130
	董德斋	35	10	157
	董继中	9	3	145
前梁各庄(1936)	白洪一	5	1	179
	白泼一	5	1	192
	白鹤一	2	1	172
	傅世珍	12	4	118
	王锡珍	10	2	104
东焦(1943)	户#2	19	4	105
	户#3	14	3	150

出处:大北关、米厂、前梁各庄:满铁,冀东农村,1937a:表 1;冀东农村,1937b:表 5;冀东农村,1937c:表 1,2。沙井:《惯调》,1:附录。孙家庙:中国农村经济研究所,1939:附录,第 3 页。东焦:华北综合调查研究所,1944a:附录,表 1。

备注:此表所示土地亩数是拥有亩数,区别于表 4.1、10.1 和 10.2 所示耕作或经营亩数。

一个大地主——王赞周——支配着该村的经济命脉。王的父亲把早时的分成租制改成了对他更有利的定额实物租。据王赞周自己供述,定额租的制定,部分原因是为了省时间和省麻烦;他父亲过去要亲自在收获时到田间去收租,而现在则由佃户把交租的棉花或粮食挑到他家在城里的货仓。同时,王的父亲把定额租率定为每亩 40 斤籽棉,等于最佳的可能收成的一半。村民们指出,“十年只有一两次”能达到 80 斤的产量;一般约 60—70 斤。因此,长期来说,王家所获的地租事实上不止产量的五成,远高于米厂村 1937 年的 30.9%(《惯调》,3:218,235,241)。定额租更为王家保证在自然或人为的灾害时,也同样地获得固定的收入。寺北柴在民国时代经历三次重大灾害:1917 年的水灾由骤雨造成,淹没了全村土地,直至翌年年初为止,损毁了该年的全部作物;1928 年,蝗虫吞噬了全茬小米(高粱和棉花得免);1937 年,日本侵略军征集劳工,导致村内严重的劳力缺乏,该年作物损失约 1/3(《惯调》,3:222—223,218,237,307)。王家在这些年中仍照样收租。

王赞周更利用这些灾害所引起的贫困,再订立另一套制度来增加他家的收入。他订的是一个典地制。基于这套方法,他贷给一个村民所典地市价的六成至七成钱,而换得该地的典押所有权,有了典押所有权,他便可出租土地,通常租与典出土地的原业主,并收取该地的地租,作为贷款的利息。如果借方不能依贷款合约所规定的期限(通常三至五年)还债的话,王氏便可以扣除原来的贷款额按市价而买进土地的全部所有权(《惯调》,3:199,235,244,256,307—308,312)。

这个方法实际上把王氏投资的利润率提高不少。土地典押制度使王氏只付出土地买价的 2/3,即可得到全额的地租。这样,他便可提高其投资的实际收益,由平常每年地价的 7%左右提升至 10.5%。而且,由于他只有土地典押所有权,他不用付地税,税金仍由原来的业主负担。于是,王把他的利润率又再提高了约 1%(《惯调》,3:35,37)。

土地典押只是王氏连环活动网的一部分。他实际上垄断了寺北柴周围整个市场区域的金钱借贷。在小额贷款上,他每月收利息2.5%至3%,通常采用“春借秋还”的办法。春季贷出值20元的小米,秋季要收回25元。现金贷款的利息,通常是一年30%。大额贷款,必须以土地为担保,或用典地的方法,或用“指地借钱”法。用后者时王氏贷出地价的30%,收月利3%和土地的扣押权。这样,未经他许可,业主便不能卖出或典押土地(《惯调》,3:199,235,244,256,307,309,312)。

此外,王氏又用他收得的实物地租,在粮棉市场上囤积居奇。此地粮价在秋收月份和春天青黄不接时差距达25%,他便可从中谋得高利。于是,他以一种垄断性和互相连接的经营系统兼地主、高利贷主和商人于一身。这是一个利润很大的生意:王氏在一代之内增加三倍土地;1941年7月,他拥有全村2054亩土地之中的304.5亩,另外至少有80亩的典押所有权。他独自控制了村中所有出租地的28%(《惯调》,3:177—178,237,525—533,以及第536页的村图)。

王氏的经营阻碍了村中经营式农业的兴起。20世纪30年代寺北柴村的农户,几乎全是佃农(22.7%)、半佃农(41.8%)和雇农(28.2%);村中没有一个富农,更遑论经营式农场主(见附录一)。

寺北柴的实例说明,与高利贷和商业结合的地主制如何阻碍经营式农业的发展。一种型式是:成功的经营式农场主,为了追求更高的利润和社会身份,或为了享受都市生活的闲暇和舒适,放弃经营农场。这样,地主制事实上成为吮吸最成功经营式农场的制度。我们已见景甦、罗崙的331个经营地主样本，在有地超过200亩时，会趋向出租式经营。另一种型式是：因商业或仕宦而致富的人，把财富投资于土地，过着不在村的地主生活。这样，他们事实上夺去了可以用于经营式农业的土地。无论哪一种型式，基于小块农作的地主制都阻碍了经营式农作的发展：一方面在底下支撑着小农经济，另一方面在顶上通过最成功的经营式农场主而复制自己。

经营式农作和社会政治体系

清代社会包含两个分离而又相关联的社会系统。一个是位于社会政治体系的基层，主要由耕作者组成。这个系统中的分化，主要由农业内部的动力促成。经营式农场主是这个社会的上层；像董天望这类人物，是农村中的“富户”。在这个耕作社会之上的另一个社会中，财与势的来源在农业以外。这个系统的上层是朝廷和官僚，他们是一个包括有功名的士绅和通过捐纳获得功名的商人的统治阶层的顶层。在这个系统中，社会地位的提升，大部分由于和国家政权搭上关系，或由于经商致富，或两者兼而有之。

在这个分两层的社会三角塔的上层之中，财富的量值和下层完全两样。19世纪一个经营式农场主全年收入可能有200两礼银（张仲礼估计地租收入约每亩一两），而一个总督平均一年估计有180 000两，一个县令30 000两（包括正规养廉和公费，以及正常“浮收”的礼银）。在20世纪早期，单是县令开堂所穿的一套衣冠便须银三四千两。（张仲礼，1962：11—14，30—31）在这个上层的社会中，一个家庭只需在几代中有一次入仕机会，便可以拥有一般经营式农场主难以想象的大量土地。

当然，这两个阶层并不是不可逾越的严格的种姓等级，而是互有联系、常有上升和下移的流动的两层。一个士绅或富商家庭完全可以在几次分家后降到下面的阶层。而一个成功的经营式农场主，同样地可能变成地主，从事商业，并通过科举制度升入仕途。

正因下层有可能升入上层，才使这个社会政治体系更有力地妨碍了经营式农作的进一步发展。人人都清楚地知道，通往真正富贵之途，不在农场经营，而在进入商业与仕途。对有条件从事其他事业的人来说，放弃农耕而把土地租出，冀有时间经商或读书，是个合理的抉择。所以，难怪最成功的经营式农场主会变成不在村地主，而最成功的不在村地主，会变为成功的商人、士绅或官僚。

在民国时期，这个双层架构的某些方面虽有改变，但其原理仍大致一样。当时社会流动比较频繁，从商机会因外贸刺激而增多，而在地方政权普遍军事化的情况下，军职又日渐成为主要的上升途径。但上下两层的区分仍然维持：农作，充其量只能造就村中“富户”的身份；真正的财势，来自农耕以外的事业。

如上所见，20 世纪 30 年代下层社会系统的顶部多由经营式农场主组成。在他们之上的社会，首先包括县级的富户。他们通常起码有地 300 亩至 500 亩，王赞周便是一例。根据国民党土地委员会的资料，河北和山东调查的各县中，平均每县有 13 个这样的地主（河北 18 个县中有 242 个有地 300 至 10 000 亩的地主；山东 4 个县中有 49 个有地 500 至 2000 亩的地主）（土地委员会，1937：32）。像王赞周一样，他们一般是不在村地主，结合土地出租与其他经营。如上所述,极少大地主从事农场经营。

这样,国家政权组织(以及因之而成的社会政治体系)有力地支持本章所描述的循环性农村社会经济变化。小农经济本身确有分化的内部动力;少数家庭式农场主成为富农或经营式农场主。但后者碰上的是一个只允许循农业以外途径晋升上层社会的体系。经营式农作,于是不可避免地再度转化为小农经济的地主经营,以及建于其上的政治社会体系。

革新的可能

在描述经营式农作、地主制和社会政治体系多方面的相互联系时,我们回顾了这个系统当时的状态。回顾性描述,必然以当时的现状为已定的条件,包括经营式农业没有引起农场生产力上的突破的事实。但不能解答这样的问题:当时到底有可能做到一些怎样的技术革新?那样的变化何以没有发生?

这里,我要引用沙井村的具体例证,来说明一些有可能做到的变化。20世纪沙井的农业,由于上几个世纪中人口的增长,已相当高度集约化。在复种率方面,沙井农业集约化的主要内容是套种。30年代时,有20%—25%的耕地面积是套种的:小麦与玉米或小米隔行种植(称挨垄),或一行小麦、两行玉米或小米(称单扇)。玉米或小米在春季种植(玉米也可在7月种植),9月收割;小麦在晚秋种植,来年7月收割。如前所述,村民用这个方法,可以把亩产提高一倍,从一茬亩产100—150斤作物,提高至两茬这样产量的作物。在肥料使用方面,已达到每亩2000斤堆肥(畜肥——主要是猪——和人粪混合泥土)的集约程度。投入的劳力,也已到当时的“长工活谱”所显示的程度。

沙井农业的进一步集约化的可能方向,见于解放后的发展经历。首先,套种面积比例提高了。在 1979 年,达到村中 983.2 亩中的 550 亩,即耕地面积的 56%。每亩投入的肥料,也由 2000 斤增至以 8000 斤堆肥作为基肥,另加 100 斤化肥,作为追肥。结果每亩产量增至 900 斤:400 斤小麦和 500 斤玉米,比 20 世纪 30 年代套种的一亩地高出 3 倍,比单作亩高出 6 倍。

这种集约化,是经过社会经济结构、技术、生态和国家体制的混合体——也即我所谓“生态系统”的剧烈变化后,才有可能出现的。首要的问题是要克服涝灾——它曾支配当地人用很大比例的耕地来种植耐涝但低产的高粱。治涝需要平整土地,并挖建排水渠道系统——在解放后集体努力下方始办到。结果是玉米种植面积的大量扩大。

第二个主要突破是灌溉。位于北京以东的密云大型水库,是一个在国家投资和领导下建造的水源,它对沙井村的影响重大。今日在村庄的居民点和农田之间,有一条混凝土渠道,供水给田地里的分支水渠,形成一个严密的灌溉系统。解放前没有人工灌溉的冬小麦,今日可灌水三次。国家在水利上的投资,又为化肥的使用创造了条件(土壤无水,不能吸收化肥)。

有机肥主要得自猪肥(把猪粪与泥土约按 3 : 7 的比例混合)。因国家积极鼓励养猪,1980 年村中有 450 头猪,远多于 30 年代不到 100 头的数目(据村民估计)。[①] 猪肥占所用有机肥将近 90%,人粪只占 2%—3%。国家鼓励养猪,是该村能把每亩地使用的有机肥提高 4 倍的主要原因。化肥在 1958—1961 年引进村中。据生产大队队长张林炳的估计,不用化肥作追肥,就算用上大量的有机肥,小麦亩产也无法超过 200 斤,而玉米无法超过 270—300 斤。化肥的使用,促成了亩产量的突破:小麦 400 斤、玉米 503 斤。

最后,革命前沙井村中的套种,受到秋季农忙时期时间上的限制。玉米的收割和小麦的耕种,必须在地面结霜前的六周之内完成。正如李广志指出,他自己就无法在一共 27 亩的土地上种 9 亩以上的小麦(小麦连玉米共套种 18 亩)。他指出肥料是另一项限制:小麦和玉米都需要大量肥料——每套种亩共需 2000 斤,即每种作物 1000 斤;高粱用肥不多,在涝地上甚至不需肥料。1958 年,在集体化之后,拖拉机引进之前,沙井只能套种 430 余亩,不能再多。到 1959 年引进拖拉机(大队向公社租用)后,小麦可以在短短两周内耕种完毕,才把套种地的比例提到 50%以上。

一个“高水平均衡的陷阱”?

我们现在要问:20 世纪 30 年代像沙井村张瑞那样的经营式农场主,何以没有做出上面的一些革新措施?这里我们要转回考虑艾尔温的“高水平均衡的陷阱”。如上所见,那个理论的部分命题——力持中国因人口的增加,侵蚀了维持生活所需以外的剩余,

---

① 全国养猪头数从 1949 年的 58 000 000 头提高到 1976 年的 238 000 000 头和 1979 年的 301 000 000 头(刘敦愿、张仲葛,1981:105)。

没有可能为革新性投资积累资本，经不起一个考虑到分配不均和生产关系的分析。正如利皮特所指出的，革命前中国农村的“潜在剩余”可能相当于农业总产量的 30%。我们若把中国农业为什么发展不充分这个问题对准经营式农场主这样的一个社会阶层，说人口压力侵蚀了维持生活所需以外的剩余，便显然不符合实际情况。那些农场肯定掌握了一个可能用于革新性投资的剩余。真正的问题是他们为什么没有把剩余用于此途，而不是何以他们没有剩余。

艾尔温的“陷阱”命题的第二部分值得较详细地考虑。这个说法是：人口压力把中国的农业推到高度集约化的水平；因此，土地生产率较难进一步提高。显然地，在新资本投入可以大大提高产量的情况下，这样的投资较易激发也较易偿还。但在新资本投入只会取代劳力的投入，而不会大量提高产量的情况下，革新性投资比较难以激发。这样，农业就会被困在一个高水平的陷阱里。

这个分析，的确有助于理解 20 世纪 30 年代经营式农业不发达的原因。在当时的生态系统内，农场生产力确已发展到接近极限的地步。套种玉米和冬小麦以提高复种指数，每亩用 2000 斤有机肥料，为充分利用土壤水分的四人一组的耕种法等，都表明了革命前农业制度的高水平的事实。该制度的劳动高度集约化，也肯定排除了向美国式的高度资本密集及非劳动集约的农业发展的可能性。如第八章所示，连畜力利用的扩大，都受阻于这个小农经济中的大量廉价剩余劳动力。

可是，这并非说人口压力必定会阻碍一切传统或近代形式资本的进一步投入。举例说，沙井村革命后提高传统有机肥的使用量，再加上用化肥作为追肥，不但没有减少劳力的需求，反使其增大。就算是拖拉机，它虽在耕地时为沙井节省了大量劳力，但同时也因扩大了套种面积而提高了劳动力的需求。这类资本投入，完全没有受到高人口密度的抵触。而它们的实效，可以鲜明地见于沙井村 30 年来产量提高了 3 倍以上的事实。1981 年，沙井大队从种植粮食转向蔬菜。这意味着每亩地将有更高的劳力和资本（如肥料和灌水）投入。该村的就业机会、农产品价值和个人收入都将大幅度增高。人口若能维持不变，或维持在劳力需求增加的幅度之下，该村将会有提高资本积累和革新性投资的可能。沙井村不一定会重履近 30 年的途径——再次让经济发展的大部分成果，被人口递增蚕食掉。

要解释 1949 年前的沙井，为什么没有把化肥这样的现代“资本”投入它的农业，我们必须把注意力从人口压力转移到自然环境和社会政治结构的相互依存关系上。化肥必须有水方能使用，而 1949 年后沙井的灌溉，是在国家介入农业之下才可能具备的。革命前的政权没有起这样的作用。再者，化肥对玉米最有效，对高粱却效用不高；因此，化肥的利用也和克服涝灾有关。如上所述，沙井玉米种植比例的提高，是以平整土地及修建排水沟系统为前提的。那些成就，又是以村庄的集体组织为基础的。在革命前分散的个体小农经济体系下，那种组织是难以想象的。

所以，20 世纪 30 年代即使已有廉价的化肥，也并不能单靠它来改变村中农业的状况。一个农业制度，是人类社会及其自然环境互相作用的结果；它会和自然地理及社会政治结构互相联系。像“陷阱论”那样，把人口因素从互相依存的生态系统孤立出来，就是忽视了社会、政体、经济和环境间的相互关系。而把所有现代农业的资本投入等同于和人口压力相矛盾的节省劳力的投入，是对现代农业采取了一个过分狭隘的观念。

我们若超出农业而着眼于整个经济系统，“陷阱论”的含义便会显得模糊不清。这个模式所分析的是人口、农业产量和技术改良三个因素之间的关系。它并没有对手工业和工业做出分析，也没有指出农业经济的落后与其他经济部门的停滞之间，可能有连带的关系。本章着重讨论农业；有关经济整体的一些问题，将于最后一章讨论。

第十一章　家庭式农场的牢固性

在生产力停滞或发展缓慢的情况下，人口增加和社会分层会对下层的小农施加很大的压力。到了20世纪30年代，冀—鲁西北平原上大部分小农农场面积，已降至一般农户维持生计所需的15亩以下，其中不少租入全部或部分土地，因而在土地不足之时，更须忍受地租的负担。可是，家庭式小农场的经济组织，仍然维持了下来，仍占耕地面积的80%以上。

要解释小农经济为什么能够在其半数以上的家庭遭受巨大压力的情况下，仍然如此坚韧地维持下来，我们得注意它怎样和其他生产形式——尤其是佣工和商业性手工业——结合而来支撑自己。拄着这两个拐杖，它才得以在内卷和分化的联合压力下，站立不倒。

对土地的压力

我们不可能在现存的资料上精确地描绘本区的人口历史，但其长期上升的趋势和人口对土地压力的不断增加，却是毋庸置疑的。如上所述，1400 年，河北和山东可能共有 700 万人口，1800 年 5000 万，1930 年前后 7500 万至 8000 万。从棉花种植普及的时期判断，增长的高峰期可能是 1550 年至 1800 年，只在明清两代的过渡时期，因战事而有短暂的中断。从府级的资料（见附录二）判断，增长率可能在 19 世纪稳定下来，但在那个世纪，河北外围区域（冀东的永平府和冀中天津及河间府的东部）的人口，可能仍有相当快的继续增长。20 世纪，随着工业发展、农业加速商品化，以及都市的成长，人口增长很可能再度加速。

另外，耕地面积的扩增，到 18 世纪中叶，多半已接近顶点。其后，从人均 5 亩降到 20 世纪 30 年代的人均 3 亩。分配的不均使问题更恶化：截至 1934—1935 年，华北平原将近半数的农户种地 10 亩以下（河北 40%；山东 49.7%。土地委员会，1937：26）。

贫农农场收入

本书第九章指出：贫农往往被迫为维持生计而采用不均衡的作物组合型，或过分依赖单一经济作物，或不顾经济作物的利益；他们在耕地上投入过多或过少的劳力，因此只能获得递降的边际报酬或缩减了的产量。

这些小农之中,约有半数还得承受地租的负担,一般占去他们农场总收入的很大部分:平均约 1/3,以表 11.1 所示的米厂村 5 个贫农户为例。

我们察看表 11.1 和 11.2 两个经营式农场主的农场收支,可以看出,资本主义式会计原理,颇适用于这些农场:它们的净收入(包括农户自家劳动投入的换算价值)约相当于土地价值的 13% 至 14%(并见表 10.2)。在扣除所有支出和农户自家劳动投入的换算价值之后,我们甚至可以得出一个农场经营的“净利润”。这两个经营式农场,可以说是为形式主义那种观点——把小农视作追求最高利润的企业家——提供了具体的例子和内容。

然而,我们若试图以同样的方法来计算贫农的收支,就会马上遇到困难,正如恰亚诺夫所指出的:一个家庭式农场所投入的劳力或生产的作物,都很难分解为一个个的计算单位。小农往往把家庭全年的劳动视为一个整体,并把扣除了生产费用后的收成视为一个整体的劳动成果或净收益。我们很难确定家庭本身劳动的价值,再把这个数目从一年的净收入中减去来计算“净利润”。

表 11.1　米厂村各阶层农场的收入和支出(元)　1937

农户阶层与号数	农场面积(亩)	农户中耕作男丁数	租入亩	农场总收入	肥料[①]		地租		工资			税		杂项	
					费用	占总收入%	费用	占总收入%	支付现金	伙食费用	占总收入%	费用	占总收入%	费用	占总收入%
经营式农场主															
#1	133	2	0	$ 2192	$ 152	6.9%	$ 0	0.0%	$ 298	$ 252	25.1%	$ 113	5.2%	$ 177	8.1%
#2	125	2	0	1915	171	8.9	0	0.0	307	262	29.7	104	5.4	39	2.0
富农															
#3	65	1	0	$ 1029	$ 250	24.3%	$ 0	0.0%	$ 224	$ 197	40.9%	$ 43	4.2%	$ 57	5.5%
#5	60	3	8	1117	161	14.4	14	1.3	144	115	23.2	41	3.7	128	11.5
#6	47	2	7	912	253	27.7	48	5.3	200	148	38.2	32	3.5	75	8.2
中农															
#4	62	5	0	$ 790	$ 136	17.2%	$ 0	0.0%	$ 77	$ 61	17.5%	$ 53	6.7%	$ 62	7.8%
#7	17	1	0	255	21	8.2	0	0.0	10	9	7.5	13	5.1	65	25.5
#8	34	2	7	514	114	22.2	35	6.8	36	44	15.6	22	4.3	16	3.1
#9	32	2	13	332	83	25.0	67	20.2	57	7	19.3	15	4.5	44	13.3
贫农															
# 10	13	2	7	$ 234	$ 53	22.6%	$ 38	16.2%	$ 29	$ 37	28.2%	$ 6	2.6%	$ 15	6.4%
# 11	21	1	21	104	36	34.6	52	50	9	5	13.5	2	1.9	7	6.7
# 12	15	2	15	196	69	35.2	46	23.5	4	1	2.3	0	0.0	4	2.0
# 13	10	3	10	110	0	0.0	37	33.6	0	1	0.9	2	1.4	28	25.5
# 14	6	1	5.8	89	17	19.1	41	46.1	7	6	14.6	1	0.9	3	3.4

出处:满铁,北支事务局 1938—41,1:表 4,10,13,14。

①这里的肥料支出只包括买入的肥料。调查者没有试图估计自家供应的肥料的现金价值。

表 11.2　米厂村各阶层农场净收入和“净利润”(元)　1937

农户阶层与号数	农场净收入[1]	自家劳动日数	自家劳动等值[2]	净利润
经营式农场主				
#1	$ 1200	149	$ 67	$ 1133
#2	1032	193	87	945
富农				
#3	$ 258	39	$ 18	$ 240
#5	514	297	134	380
#6	156	188	85	71
中农				
#4	$ 401	705	$ 317	$ 84
#7	137	229	103	34
#8	247	348	157	90
#9	59	417	188	-129
贫农				
#10	$ 56	239	$ 108	$ -52
#11	-7	184	83	-90
#12	72	240	108	-36
#13	43	206	93	-51
#14	14	71	32	-18

出处:表 10.1,11.1;满铁,北支事务局,1938—1941,1:表 40。

①农场净收入等于总收入减去肥料、地租、工资、税和杂项费用。

②以每日工资(现金加上伙食)平均 0.45 元计算。

我们充其量,只能勉强把当时雇农一般的工资(包括膳食费用)当作家庭自身劳动的等值。表 11.2 用了这个换算方法,按一日 0.45 元计算——也就是米厂调查员在 1937 年用的数目。这里包括 0.22 元的日用膳食费,约相当于每日的现钱工资。这个估计符合沙井村的一种工资支付方法,称“包工制”。按照这个方法,雇主不供应伙食,而支付一般现金工资的一倍现钱(《惯调》,2:51)。[①] 至于雇农领受的伙食,一个沙井的长工向日本调查员详述了他惯常的伙食:春天,早饭吃粥,中午小米干饭,晚饭粥和蔬菜;夏天,早饭吃小米水饭,中午小米干饭和豆面汤,晚饭小米烧饭和蔬菜;秋天早饭粥,中午小米干饭和豆面汤,晚饭小米水饭(同上)。一般工作繁重时,粮食所用水量相应减少;在工作较清闲时,增加水量成粥,这样可以使粮食更耐吃一点。

然而,即使按这样一个最低的价值来计算这些贫农户的自家劳动,我们得出的农场“净利润”仍是一个负数,也就是说,他们的劳动所得低于市面工资价格。这个事实立即引起一系列的问题:这些农户为什么会在边际报酬下降至市面工资以下时,仍继续投入劳动力?他们为什么没有干脆出外佣工?他们如何能够维持生计?家庭式农场为什么能在这种情况下仍是生产组织的主导形式?

高利贷

类似的矛盾现象也可见于这个小农经济的借贷制度中。日本调查员在1936年汇编了三个村十年的逐户借贷资料:包括中等商业化的大北关和高度商业化的米厂与前梁各庄。利息率一般每月

---

① 这些数字略异于1933年的一个全国性调查:河北短工一日伙食平均0.25元,山东0.28元。伙食在总“工资”中所占的比例在河北是44.2%,山东31.8%。全国平均伙食0.22元;总工资0.49元(陈正谟,1935:6—7,10—12)。

1.2%—3%,最普通的是2%。通常最富裕的农户借钱时利率最低,因为他们有办法取得这样的条件,也是相较而言最保险的借贷对象。最穷的农户则负担最高的利率,他们是最不保险的对象。富户们可以用这个冷酷的金融市场逻辑来谋利:例如,米厂的第23号和36号农户以不到2%的利率借入,而以较高利率贷出。1936年,米厂的114户中有44户(39%)负债10元至数百元。大北关的98户中有36户(37%)负债由5元至261元(满铁,冀东农村,1937a:表15;1937b:表15)。

在20世纪的30年代,这种金融市场的逻辑已通行到连亲友间的贷款也都按照这样的利率进行。年息20%以上的高利贷率,已被公认为正常的、"公平"的利率。钱财是应该可以得到如此报酬的。在需求多于供应的情况下,亲友的特殊恩惠在于贷款行动本身,而不在利率的任何折扣。

如上所述,农场的最高净收益率——经营式农场所得,也不过是13%至14%。贫农农场所得要低得多;这样的一个在生存边缘挣扎的贫农经济,怎么能够维持利率如此高的一个金融市场?

要回答上面的问题,就得先分析家庭式农场的特性:它不只是一个生产单位,而是生产与消费合而为一的单位。这样一个单位的生产决策是,同时由家庭自身的消费需要及为市场而生产的收益核算而形成的。较贫穷的家庭式农场,尤其不得不以应付生活需要为主。这样一个家庭式农场,并不以资本主义企业行为的逻辑来支配活动。一个资本主义企业不会在成本超越报酬的情况下继续投入劳力。但对一个有剩余劳动及挣扎于饥饿边缘的贫农家庭式农场来说,只要边际劳动报酬保持在零以上,便值得继续投入劳力。我们可以说：鼻子快被水淹没的人，会用尽一切方法，以求冒出水面。

高利贷利率的逻辑也一样。一个资本主义式企业通常不会（也不能）长期忍受比投入资本的预期报酬还高的利率；但一个饥饿的家庭，几乎可以被迫忍受任何利率。

把贫农家庭式农场视作一个为生存而挣扎的单位，可以解释他们为什么会忍受工资水平以下的农场净收入，并负担比他们农场可获的收益还高的利率。但这并不能解释它们如何能够维持自己和再生产。要解释这个问题，我们得把注意力转到贫农如何结合家庭式农作与其他生产活动。

家庭式农场和家庭手工业生产

家庭式小农场的一个明显支柱，是家庭手工业生产。农场收入之不足以维持生计，使手工副业成为必要的辅助，而农场劳力的剩余，则为它提供了所需的劳力。农场工作必定有季节性；因此，每个农场都会在农闲时有一些剩余劳动力。此外，家庭是个有高度弹性的生产单位——妇女和儿童可以动员做辅助性生产。当农场面积小于家内劳力所能耕作时，即使在农耕季节，也会有剩余劳动。

马克思把中国家庭工业和小农耕作的结合视作自给自足的“自然经济”的基础；对马克思来说，这是一个构成停滞的社会的根基。他并以此解释中国和印度对英国工业产品侵入的顽强抵抗力（马克思，1967，3：333；许涤新编，1980：57—58）。毛泽东和部分当代中国史学家,亦曾循马克思之论,把中国的前近代经济描绘成一个以“男耕女织”的“自然经济”为主的体系。

然而,正如第六章所指出(而许多研究“资本主义萌芽”的中国史学家已经证实),“自然经济”这个概念容易造成某些误解。到了18世纪,华北平原的经济已经相当高度商品化(虽然它和长江下游比较起来,仍显得落后)。小麦已成为一种商品作物,棉花也已广泛栽种。在手工业方面,许多地区早已超越为自家消费而生产的“自然经济”阶段,而成为市场经济的一部分。[①]

商品化了的家庭手工业生产对家庭式农场经济的支持,可以见于本书引用的手工业发达类型的村庄。首先让我们考虑鲁西北高唐县祁寨村的例子。棉花占了该村耕地面积的整整60%,是本书33个村中比例最高的,但与其他种植棉花的村庄不同,祁寨的居民主要是自耕农(占全部农户的94.8%);租地只占耕地面积的3.4%。调查资料对这个反常形态的产生经过虽然没有提供充分的证据,但我们可以推测:本来会沦为佃农的家庭式农场主,因从棉纺织手工业所获收入而得以维持自耕农式经营。村中上等收入阶层的妇女,一般不纺织或只为家庭消费而纺织;但其他的妇女差不多都终年纺织,纺出比自家需要高出几倍的纱布来,帮助维持家庭生计(北支那,1943b:12,93)。

冷水沟村(也在鲁西北)是另一个例子。和祁寨一样,这个村庄显示出一个反常的形态:它的商业化程度颇高(耕地面积的33%种米,主要售于济南),但佃地率极低(该村360户中只有28户租

① 施坚雅对市场结构(1964—1965)和都市化的研究有助于指出“自然经济”模式的不足(Skinner,1977a;1977b)。

入一些土地，其余几乎都是自耕农）。最合理的解释，是该村高度发达的藁绳工业。这项副业收入，使小土地所有者有可能抗拒伴随农业商品化而来的社会分化的压力。

冀南枣强县杜雅科村也有同样的现象。这里的自耕农得助于一个发达的织布和“皮腿业”（村民买入羊腿皮来做皮袄和皮蒲团）。这个村虽然商品化程度颇高（小麦占作物面积33%），但它的租佃率很低：1937年租地不到全村耕地的10%。

商品性手工业生产支撑家庭式农场经济的证据也可以见于冀东玉田县的小王庄和芝麻堼。这两个村土地对人口的比率都非常低：只分别为人均1.2亩和1.4亩，远低于全省的3.95亩。严酷的自然环境更加重了土地短缺的压力：两个村很大部分土地都易涝，反映于高粱在作物面积中所占的极高比例（分别为50%和66%）。这两个村庄根本就不能单靠农作来维持其生计。村民生存的关键在销往东北的手工织布。小王庄的155农业户，曾一度拥有织机142台，芝麻堼的76农业户约有50台。东三省的市场在日军占领后被封闭，使两村经济遭受严重的打击。截至1936年，小王庄142台织机中只有34台、芝麻堼50台中只有25台尚在继续生产。许多村民要出外佣工——此事实可见于这两个第四类型村庄中长工所占特高的比例（小王庄25.8%，芝麻堼28.9%）。手工业支撑作用一旦消失，两村经济便很快地衰落（满铁，冀东地区，1936a，卷2：42）。

贫农农场从商品性手工业生产取得辅助性支持的模型，当然早已确立。举例说，乾隆朝《乐亭县志》记载：“以布易粟，实穷民糊口之一助云。”（引自片冈，1959：93）

这两者之间的关系，当然也可以从相反的角度去观察：手工业可视作摇摇欲坠的家庭式农场经济的支柱,而家庭式农作也可视作手工业的支柱。手工副业的收入,可以帮助维持一个净收入低于生活需要的家庭式农场;而家庭式农作,可以维持一个劳力报酬低于生活所需的织布者之生活。

在 1936 年,河北小王庄的织布者扣除支出后,一日净得 30 分至 40 分(满铁,冀东地区,1936a,卷 2:41,43,44);当时山东织布每日可净得 25 分至 50 分(天野,1936:219)。按一日 40 分至 50 分计,一个织布者所得和一个短工差不多,约合一个成男两日的粮食等值。以一日 25 分计,他或她只得当天的膳食。

这样的工资实际上低于马克思所论“维持生计的最低工资”。马克思心目中的“维持生计”,不仅包括劳动者自己的生存,还包括他的家庭;工人要能再生产自己,才算是维持了生活。这个观念可称为“维持家庭生计的最低工资”,而一日 25 分至 50 分的工资,实际上只相当于工人本身的生活所需。用马克思主义的词汇来说,这样的剥削,不仅榨取了劳动的剩余价值,还榨取了工人繁殖下一代所必需的“必要劳动”价值的一部分。

贫农家庭式农场之所以会忍受这种饥饿水平的工资,原理和它们忍受饥饿水平的农场净收入相同。因缺乏其他的就业机会和生活的需要,贫农迫不得已要为低于维持生活水平的工资而佣工。而手工业劳动和家庭式农作的结合使他们能分别从这两方面各取得部分而不完全的生活费。

乡村手工业工人的低微工资又转过来令使用铁轮机的手工棉织业得以和近代棉织工厂竞争。根据赵冈的数字,在 1932—1936 年间,手工织布仍占中国棉布总生产量的 66%。如上文所述,在冀—鲁西北平原上，高阳、宝坻等区，更在机动工厂的鼎盛时期兴起为新的手工织布中心（赵冈，1977：191—196，232—233；严中平，1963：243）。

这样，和马克思原来的分析不同，不是自足的“自然经济”，而是商品化了的手工业对近代工业的入侵做出了顽强的抵抗。而且，与其说帝国主义瓦解了所谓“自然经济”，不如说它把以国内市场为基础的手工业转变为纳入世界经济，并受其市场影响的手工业。

结果，这种商品化了的手工业，与其说是像有的人说的那样成为过渡到资本主义工业的跳板，不如说是资本主义发展的障碍。富兰克林·门德尔斯（Mendels，1972）认为，以商业资本和家庭工业的结合为基础的“原始工业”，为西欧的工业资本主义铺了路：原始工业化的商业资本和市场网是工业资本的基础；后来的工业区往往是早期的原始工业区。汉斯·梅迪克（Medick，1976）进一步强调，有些人常以为是与工业化有关的社会变化，实际上源于原始工业：从一个收入基于土地财产及其继承权的社会，变为一个收入基于劳力的社会，这种转变引起家庭内部权力分配的改动。但冀—鲁西北，似乎没有发生这样的质性变化。反之，旧式家庭农场经济吸收了商品性的手工业生产，使它成为自己的附加支柱。旧式的商业资本利用了只具低廉机会成本的家庭农场劳力来和新式近代纺织厂竞争。

这并非说手工业生产不可能走西方原始工业化的路。事实上我们可以看到这条路的一线可能性。上面提到的毕丰涟便是一例：他从一个有地 30 亩的中农开始，而以丝织所得的利润来增加土地,使他拥有一个 300 多亩的庄园和一个 20 多台织机的作坊(景、罗,1959:68—72)。要是有更多这样的例子,而它们又进一步转化为资本主义工业的话,那么门德尔斯和梅迪克的假设便可能适用于中国。我们也许要用海默和雷西尼克(Hymer and Resinick,1969)的模式来分析一个结合手工业和家庭农场的生产单位:他们认为这是一个企业性单位,它会应市场的变动,追求把宝贵的劳力资源最合理地分配于粮食生产和"Z"性活动(非农业的生产)之间。

但 20 世纪华北平原的贫农所面临的问题,不是劳力的相对稀少,而是劳力的过剩。在这样的情况下,按形式主义者的逻辑来分析他们怎样把稀少的劳力作最理想分配,是没有意义的。贫农农场在就业不充分和剥削性的阶级关系的双重压力下,首要的是维持生活而不是利润。为低于生活所需的劳动报酬而进行手工业生产,是这种挣扎的一面。

家庭式农场和短工

手工业肯定援助了小农经济,但我们不宜夸大它的作用。我引用的 33 个村庄的样本中,只有 5 个有发达的手工业;这一事实提醒我们,不要以为在这个经济体系中,几乎所有家庭式农场都依靠家庭工业支持。[①] 此外,部分家庭农场依赖手工业辅助的事实,并不能解释本章上面提出的问题:在自家农场上只能获得低于雇农

① "自然经济"理论模式所设想的,就是这样一幅景象。

工资的劳动报酬的贫农,为什么不放弃自己的农场而变为长工?他们的妇孺仍可从事织布,就是他们自己也可以在农闲时干一些。这样他们可以得到较高报酬。换言之,一个农户没有理由不结合佣工和家庭工业,正如结合家庭式农作和家庭工业一样。

我在第四章中估计,20世纪30年代,在冀—鲁西北平原上,短工大概占总农场劳动力的6%,即全部雇佣势力的1/3左右,而全部农户中可能有1/3打短工。这些农户大部分是贫农:有地数亩,或租佃部分或全部耕地,而耕种一个不足以维持家庭生活的小农场。

表11.3　河北2个村短工家庭农场面积与土地关系　1936—1941

拥有地(亩)	米厂	沙井
0	21	8
1—5	10	2
6—10	2	5
11—15	3	1
16—20	4	3
>21	0	2
总数	40	21
土地关系		
无农场	4	2
纯佃农	17	6
半自耕农	16	5
自耕农	3	8
总数	40	21

出处:米厂:满铁,冀东农村,1937b:5—10,25—28。
沙井:《惯调》,1:附录。

表11.3列出了中等商业化的沙井村(1941)和高度商业化的米厂村(1936)中打短工的农户户数和类别。我们可以看到,在米厂的40户中有33户占地10亩以下,其中足足31户只有5亩以下的土地。沙井的短工中,同样地大多数只有10亩以下的土地(21户中的15户)。有关19世纪90年代山东短工的资料,显示同样的图像:被调查的141个村庄中,有86%的村庄的短工有地在10亩以下;只有6%的村庄中有占地10亩以上的农户出外佣工(景、罗,1957:126—128,附录表3)。占地这么少的农户,常常无法只在农场上维持自家劳力充分就业的机会,以及满足自己的生活需要;他们因此必须出外佣工,来辅助自家农场的收入。米厂的第88号农户家长,可视作一个有代表性的例子:他在1936年,耕种9.5亩租入的土地,另外打短工共35天,赚得8.75元,以补充其一家三口的生活需要(满铁,冀东农村,1937b:9—10,27—28)。寺北柴村的郝小五可以作为另一个例子:他在1941年,种四亩租入的土地(曾是他自己所有,但当时典予地主),并佣工50天,以补充其微薄的农场收入(《惯调》,3:528—529)。

雇用短工的一般型式是这样的:在农忙季节,佣工的人,在日出前的清晨3时至4时,去某一固定的地方集合待雇。寺北柴村的村民,在县城南关正东一棵老柳树前集合。在棉花收成的旺季,觅工的短工多至300人。每个人携带着该季节适用的工具:四五月小锄头,五六月大锄,七八月镰刀,诸如此类(《惯调》,2:50—51;3:194—195,223,272)。山东冷水沟村的短工,在附近杨家屯关帝庙前聚集——共约20—80人,视季节而定(《惯调》,4:152—153)。雇主们4时左右到达。多是经营式农场主或其长工、富农及中农。

在4—5时间进行雇用,很少在6时以后。雇用的条件,一般直接由雇主和工人口头谈定。雇主们会争着雇用干活最好的人(《惯调》,3:194—195)。

受雇的短工即时到农场去工作,一般在破晓前开始。程序和长工相似:通常早饭前干活一小时;然后工作至日落为止,饭后有休息,一日中另有三次小休,大致按照一般习惯进行。雇主多数供应伙食,通常不超过三顿粗粮——如上所述,一顿粥两顿饭,另加当天的现金工资。根据村民的供述,农忙时的工资和农闲期间劳力需求低时的工资,相差颇大;有时相差一倍以上,如表11.4所示。战时通货膨胀,工资也随粮食的价格而上升。

表11.4　河北、山东4个村短工每日工资　1939—1942

年份	高 (农历7—9月)	低 (冬季)	平均	村庄
1939	—	—	$ 0.50	冷水沟
1940	—	—	0.50—0.60	冷水沟
1941年年初	$ 0.80	$ 0.30	0.50	寺北柴
1941年年末	1.00	0.50	0.70—0.80	沙井
1942年年末	2.00	1.00	1.50	侯家营

出处:冷水沟:《惯调》,4:152—153。
寺北柴:《惯调》,3:194。
沙井:《惯调》,2:32,50—51,87—88。
侯家营:《惯调》,5:292。

一个短工的工资加上膳食等值,平均一日比长工的工资高出约一半。理论上他可以在100日至150日中挣得相当于一个长工的金年工资。但很少有贫农能在一年之中找到那么多天的工作。以米厂村为例:1936 年,村中 54 个短工,每人平均只佣工 54.8 日(满铁,冀东农村,1937b:25—26)。在商品化程度较低的大北关,1936 年,64 个短工平均受雇 41 天(满铁,冀东农村,1937a:26—29)。虽然如此,对一个贫农户来说,这种收入非常紧要,如表 11.5 所示:米厂的长工一年挣 70 至 110 元(连伙食等值在内)(满铁,北支事务局,1938—1941,1:表 1,14,40),比 5 户贫农中 4 户的农场净收入高出甚多。但这些农户加上打短工所得,他们的收入便高于这个数字。

表 11.5　米厂村贫农家庭农场与工资收入(元)　1937

农户号数	工资收入	农场净收入	净收入总数
#10	$ 117	$ 56	$ 173
#11	73	-7	66
#12	—	72	72
#13	54	42	96
#14	72	14	86

出处:表 11.2;满铁,北支事务局,1938—1941,1:表 13。

贫农型的生活方式,实际上是家庭式农作加上佣工。[①] 我们若在此工资的纯经济收益之上,再考虑到他们仍可保有在自家农场上当自己老板的意识,而在村里享有比长工高的身份地位(这点将在后面讨论),便完全可以理解,为什么贫农对他们面积不足的小

① 1950 年的土地改革法即以佣工为划定贫农的一项特征。

农场会紧紧抓住不放。

家庭式农场和长工

甚至长工也和小农经济有分不开的联系。表 11.6 编排了 4 个村庄 23 个长工占有土地的资料。

表 11.6　河北 4 个村雇农户主土地占有情况　1936—1942

各村农户	年龄	家庭人数	拥有土地(亩)	继承土地	父亲拥有	祖父拥有	住村世代数
沙井(1942)							
李注源	47	2	4	20			老户
赵文生	?	4	0	10			老户
刘坦林	?	4	6	6			老户
杨永元	41	7	3	20			老户
杨永瑞	46	4	3	20			老户
李广祥	?	3	0	0			老户
杨明旺	43	6	3	6			老户
米厂(1936)							
#102	?	4	0	9	9	39	13
#103	?	4	0	0	0	?	5
#104	?	4	0	3	3	6	14
#105	?	6	0	0	0	0	14
#106	?	2	0	0	0	0	1
寺北柴(1942)							
赵小心	38	2(独身)	4	12			老户
王苟印	54	2	1	20			?
郝个半	38	6	4	?			老户
徐金柱	39	4	5	?			老户
张洛林	43	3	3	3			老户
郝长命	41	2(独身)	0	?			老户

续表

各村农户	年龄	家庭人数	拥有土地(亩)	继承土地	父亲拥有	祖父拥有	住村世代数
前梁各庄(1936)							
王福来	31—45	4	0	0	5	15	2
侯俊德	20—30	5	0	0	0	0	3
傅龙	46—50	1(独身)	0	0	2	?	自明代始
张科顺	56—60	2	0	11	22	?	?
傅云星	45—50	5	0	17	51	?	自明代始

出处:沙井:《惯调》,1:附录。

米厂:满铁,冀东农村,1937b:7—10,25—28。

寺北柴:《惯调》,3:524—532。

前梁各庄:满铁,冀东农村,1937c:10—11,20—23,26—27。

表中可见,23 个长工中有 10 人仍拥有并经营 1—6 亩的小农场(家中妇孺通常帮助耕作)。余下的 13 人中,有 5 人曾经继承过一些土地,到最近才把土地售出,而成为完全“无产化”的农业雇佣工人。另 2 人的父亲一代曾拥有一些土地。23 人中只有 4 人是无地雇农的第二代(剩下的 2 人我们没有关于他们父亲一代土地所有的资料)。

大多数的长工仍从小块家庭农场寻找部分生计的事实,不应是出乎我们意料的事。一个完全无产化了的长工,他的工资,在自己膳食之外,只够用于一个成男的口粮,不足以维持一个家庭。假如妇女也可以像男子一样当长工或从事他种雇佣劳动,这些长工也许可以娶妻生子而再生产。但在当时的情况下,这个停滞的经济中的大量过剩劳动,排除了这种妇女就业的可能性。结果一个完全“无产化”了的雇农,一般只可能是光棍一个,而成为他家最终的一代。这就是大多数雇农,都是在自己一代才失去全部土地的原因。他们刚从贫农的阶层降落成为雇农,仍在尽其所能粘着小块农场,来补充其不足的工资。他们不是加入一个正在成长的新生产方式的人,而只是快要从旧社会底层掉下的人。他们的人数将由其他下沉中的贫农填补。[①] 这就是一个经历资本主义经济发展的社会和一个只有社会分化,几乎没有经济发展的社会间的分别。

人口压力和社会分层结合起来,在一个停滞的小农经济上导致了一个特别恶性的顽固体系。贫农被困于同时依赖家庭式农作和佣工来求生,无法摆脱其一,又不得不忍受两者所赋予的低于维持生活所需的收入。他们的廉价劳动,又转过来支撑着一个寄生性的地主制,和一个停滞的经营式农业。贫农们,甚于农村其他社会阶层的人,必须在人口过剩和不平等的生产关系双重压力下挣扎生存。

---

① 莫伊斯(Moise,1977),用比例相应增减的分析说明,若每一代从社会底层移去部分农村人口,即使其他条件全无改变,也会使剩下的人的社会相对地位相应降低。

第十二章　生产关系的商品化

进入 20 世纪,农村社会在沿着租佃和雇佣劳动两个轴线加速分化的同时,更呈现了这些生产关系本身质性的变化。农村经济的加速商品化使生产关系从一种在相识的人之间、面对面的长期性关系,改变为脱离人身的、短期性市场关系。

传统的马克思主义分析,一般把生产关系从人身分离出来等同于进步性的发展:佃农和雇农人身独立性的提高、"封建制度"的消退、商品经济的成长以及资本主义萌芽的出现和发展(例见刘永成,1979a)。实体主义者的观点则相反:前资本主义的小农社会具有一个"道义经济",其中的社会关系是一种"主客性"和"互惠性"的关系,地主会尊重佃户维持生活的"权利",而当这种权利受到威胁时,地主会减低或豁免地租。脱离人身依附关系的资本主义市场关系的来临,并没有改善佃户和雇农的境况。反之,它打破了"道义经济",而使阶级关系变得空前严酷了(Scott,1966:第 1、2、6 章)。

这样的分析,虽然对前资本主义小农社会的阶级关系投射了一个稍显浪漫化的图像,但它能促使我们注意到生产关系可能随商品化而变得更为苛刻。本章要说明的是:在冀—鲁西北区,正如马克思主义的分析所指出,变迁的过程却是沿着佃农和雇农独立性的增加、对其地主和雇主的人身依附关系逐步削弱的趋势发展。这方面的变化,应理解为小农半无产化过程的一面。一个按逐年议定的短期租约交付定额租的佃户,要比具有强烈业主意识的长期佃户更像近代的无产者。但这些生产关系的变化,也应同时和本区高度不稳定的生态环境结合起来观察:在这样一个环境中,定额租(不论是实物租或货币租)远较分成租苛刻,因为前者把自然灾害的负担完全强加于佃户身上。此外,有助于掩盖阶级关系严酷本质的互惠性礼节的终止,促使地主—佃户和雇主—雇工关系更加恶化。在这些方面,实体主义分析的重点即使在细节上有错误,基本上也是正确的。

从分成租到定额租

如第五章所见,18 世纪的冀—鲁西北地区可能有 2/3 的地租形式是属于分成制一类的。直至 20 世纪前夕,分成制似乎一直是主导形式。表 12.1 列出本区 6 个村在 19 世纪 90 年代和被日本学者调查时通行的不同租佃形式。这组村庄包括了本书 7 种村庄类型中的 5 种类型(除去商品化程度较低和市郊村庄)。转化到定额租制的趋势,虽然在 19 世纪 90 年代已见于其中两个村庄——冷水沟,一个有高度发达手工业的村庄,以及侯家营,一个作为到关外佣工者的家乡的村庄——但分成租当时显然仍居主导地位。在20世纪加速商品化的冲击下,分成租制很快地被定额租制所取代——到40年代初期,所有村庄都近于完全实现了向定额租制转化。分成租制唯有在中等商品化的后夏寨仍旧相当普遍,但就是在这个村庄,定额租制也已在进入20世纪之后得到相当的发展。

这个事实,可以在当时的宏观性社会调查资料中得到进一步证实。表12.2列出1935—1936年的两组数字,一组是国民党政府土地委员会调查所得,另一组是实业部的。根据这些数字,当时河北全部地租的4/5及山东的3/5,属定额租制。

表12.1 河北、山东6个村中的地租形式1890—1942

(1890—1900)		(1936—1942)		
村庄	地租形式	租地户数	占总农户数的%	地租形式
后夏寨(1942)	大多是分成租(分种)	13	10.5%	50%分成租 50%定额实物租
沙井(1942)	大多是分成租(伙种)	13	22.4	80%定额货币租
寺北柴(1942)	大多是分成租(捎种)	71	64.5	大多是定额实物租(包种)
冷水沟(1941)	部分是分成租(分种) 部分是定额租(纳租)	25	7.9	大多是定额实物租
侯家营(1942)	部分是定额租(典地)	48	46.6	全是定额货币租
吴店(1942)	大多是分成租(分种)	52	91.2	90%定额实物租(死粮)

出处:后夏寨:《惯调》,4:462—463,475。
沙井:《惯调》,2:81。
寺北柴:《惯调》,3:217,235,241。
冷水沟:《惯调》,4:9,147,154,174—175。
侯家营:《惯调》,5:5,159,163,182。
吴店:《惯调》,5:518,537—538。
备注:括号内注明此租佃形式在当地的称谓。

表 12.2　河北、山东地租形式数据　1935—1936

	定额货币租	定额实物租	总定额租	分成租	其他	总计
河北						
土地委员会(9572 户)	62.6%	17.6%	80.2%	16.7%	3.1%	100.0%
实业部(107 县)	52.3	21.6	73.9	26.1	—	100.0
山东						
土地委员会(12 084 户)	22.1%	36.6%	58.7%	40.3%	1.0%	100.0%
实业部(83 县)	30.4	30.5	60.9	39.1	—	100.0

出处:土地委员会,1937:43;《农情报告》,3,4(1935 年 4 月),引自八木,1943:17—18。

分成租制

分成租约是以地主居村为前提的一个制度。它牵涉到地主和佃户间相当多的面对面的接触,一般直接在同村亲属或好友间以口头议定成立。在问及何以不立书面契约时，一个冷水沟的村民答道：因为协议常在家属或亲近的人之间成立。而且，由于地主自己到田间收租，实在无须担心欠租不纳（《惯调》，4：464；八木，1943：117）。寺北柴村的不在村地主王赞周同样地指出：他许多租约中仅有的几个分成租，并不需要中间人或保证人，因为他只为"最可靠"的佃户保留这样的租约（《惯调》，3：241）。分成租一般按以下两个方法之一收取：在"分垄"制下，地主和佃户在收割之前数垄划分作物，然后由地主或其长工到田间收割议定的垄沟上的作物。① 在"分谷"制下，于收割之后，地主到田间和佃户一同逐升逐斗地分谷（《惯调》，2：80—81）。

在这种带有人身关系的地租形式下，佃户对地主常常另有超经济劳役的负担。举例说，在后夏寨，分成佃户按习惯要在假日向其地主问安，地主家有婚丧之事，要送礼表示敬意，以及帮地主修建房屋。在依附性最强的分成租形式下，佃户只提供劳力，并只得到收获物的两成，与此相对，地主得八成——故称"二八分子"。这样的一个"二八"佃农还要为地主做其他的工作，例如协助地主搬运粪肥、修补房屋等（《惯调》，4：465）。马克思主义的分析，特别强调这些超经济额外剥削的苛刻性。

从另一角度来看，亲属和生产关系的交搭使这种关系带有高度的稳定性。叔侄间的租佃关系，不大会年年调换。而在稳定的租佃关系下，佃户会对"他的"农场抱有业主的意识。此外，亲属或朋友间的情谊掩盖了地主榨取收成一半的客观事实的苛刻性。在

① 一个沙井的佃户指出：这种方法使地主得以选取较佳的垄沟（八木，1943）。

这些方面,实体主义的分析似乎基本上正确。

然而,斯科特认为,当一个佃户"维持生计的权利"的"道义要求"受到威胁时(例如自然灾害的威胁),地主必然会循道义减免租金。这个推论不符合本区的实际情况。这里的地主多是小地主,他们和佃户间生活水平的差距,远没有像缙绅地主和其佃户之间那么悬殊。对这样的小地主来说,损害了一半庄稼的自然灾害,也即减低了他一半的收入,很可能会威胁到他习惯的生活水平。更多的损失很可能会威胁到他自己习惯的"生计"。对一个挣扎于供应一人和供应全家所需粮食之间的穷苦佃农来说,维持"生计"可能只相当于平时一日两顿粗粮,过年时吃面粉饽饽。但对一个小地主来说,他习惯的"生计"可能经常带有面粉和肉食。要他自愿地为维持佃户不好衡量的"生计"的朦胧"权利"而减租,似乎过分乐观。有的大地主,也许会在歉收时按照"道义"观念减租赈济穷佃,但本区一般的小地主,不见得会这样做。对他们来说,租佃关系,归根到底是一个一方得益会引起另一方相应损失的关系。这种关系,不应等同于官僚士绅间的"主客"荫庇互利关系。

其实,这个问题满铁人员是探讨过的。他们问一个沙井村民:在分成租制下,歉收时地主会不会让佃户占用全部收成?村民答道:"不会。"又问:"地主是否会减少他所得的比例,而让佃户获得较大的份额?"答道:"否。"冀东宁河县胡庄村的村民同样告诉调查员说,地主在任何情况下都坚持收得议定的租额。只有在山东惠民县孙家庙村才有以下的现象:当收成低于正常水平的 1/10 时,地主才间或放弃收租。不然,就算收成只仅仅超过那个水平,地主也必定照样收租(八木,1943:124—125)。

分成租制虽然常用于亲友之间,并涉及人与人间直接的接触,但它显然并没有改变一方若得益另一方必定相应受损的冷酷现实。和贷款一样,一般人似乎都把通行的利率视作正当应有的利率。在租地和贷款供不应求的情况下,对亲友的特殊照顾,在于租地或贷款给他们的行动本身,而不在条件上的特殊优待。正如一个村民指出:当一个穷亲戚要求租你的土地时,他因是亲属而可以优先租到土地,但这并不意味租额会减低、收租会松缓(《惯调》,5:143—144)。在定额租占主导地位的情况下,这种逻辑更为明确。上文可见,在冷水沟,分成租制只应用于亲密戚友之间。在寺北柴,王赞周把他几项分成租留给最可靠的佃户。这已经是很大的恩惠了。

定额租制

脱离人身关系的定额租制的出现,部分原因是地主的都市化,因介入非农耕事业而试求减少收租所需的时间。当问及何以采用定额租制时,一个侯家营村的地主答道:它"比较简便"(《惯调》,5:194)。采用分成租制,地主必须亲自到场,确定收获量,按照议定比例收取谷物。不管他是自己收割还是收割后分谷,都得花费相当多的时间,而定额租制要简便得多。据寺北柴村的一个村民说,王赞周的父亲所以引进定额租制,是因为他土地太多,无法事事照应(《惯调》,3:235)。王赞周本人就对此有很清楚的说明:他用定额租是"为了方便,因分成租制麻烦"(《惯调》,3:241)。在下一节可见到另一原因——定额租在环境不稳定时对地主比较有利。

定额租约常订立于事前互不相识的地主和佃户之间。因此需要中间人为有地出租的地主和要求佃地的农户做媒介，在协商租约条件时充当疏导者。这个中间人，也称“介绍人”或“说合人”，一般是一个双方都认识的人，在他们之间往来，每方商谈一两次，协助双方确定租约的具体条件。① 租约若立有书面文契，则常兼列中间人姓名(例如在冷水沟和寺北柴)。

这种近似经纪人的工作，当时一般都没有报酬。偶尔地主会宴请中间人(《惯调》,5:156)。但按照一般的惯例，地主佃户都不会给谢钱，也不会给礼物。因此，使用中间人的习惯虽随定额租制而激增，却没有导致职业性的经纪业的兴起。

佃户若不交租，地主会请中间人帮忙追租，但这中间人对地主没有法定的责任，也没有赔偿租金的责任。在向地主推荐一个佃户时，他虽曾在某种意义上对佃户的可靠性作了表示，但他不是一个正式的保证人。

地租若以实物形式支付，佃户向地主交租时，地主和佃户有时会有面对面的接触。冷水沟有一些地主习惯亲自收租，或要佃户把租送到自己家里或仓库(八木,1943:171—172)。定额实物租约，间或保有旧日分成租制的部分面貌：例如，在冷水沟的一些场合中，如果产量降至正常收获的六成以下，地主有时会按分成原则收租。寺北柴也有几个租约载有类似的条款，规定在收获低于正常产量一半时，采用分成的办法。但这类租约，只是一些旧制度的

① 这是沙井、寺北柴、侯家营、吴店、冷水沟各村通行的方式。见《惯调》,2:73—74;3:161—163,188;4:147,177;5:156,178,182,416。

遗迹。绝大部分的定额租约是固定不变的;不管实际收获如何,佃户都要交付租金的全额(八木,1943:167—170)。

从分成租转到定额租,最后的阶段当然是定额货币租,通常是预付的。到了20世纪30年代后期,它已是表12.1所列6个村庄中的2个村庄——沙井和侯家营,主要或唯一的制度。惯例是协议一达成,佃户就马上交付押金,并在租赁年份的前一年农历十月十五日前,交清全部结欠。据村民供述,货币租金或押金从不退还(八木,1943:225—226)。佃户一般不会和地主见面,只通过中间人订约交租(《惯调》,2:73—74)。

农业商品化和生产关系之脱离人身关系,是两个相连的过程。货币租意味着地租受价格波动和市场供求的影响。在物价上升时,地主会感到压力,要提高租金;当市场上土地租赁求过于供时,有的地主会排挤原佃户以换取另一个愿付较高租额的佃户。

这个变化使租地转手日益频繁。表12.3列示在满铁调查时(1936),冀东三个村庄中租约延续未变的年数。我们可以看到,所有租约中有整整2/3只维持了5年以下。301个佃户中,有87个(几乎30%)在新立的合同下耕作新的租地。可见本区当时租佃关系变动率相当高,与旧日的分成租制截然不同,也异于当时长江下游仍然通行的永佃制的情况(永佃制在20世纪30年代中期分别占江苏、浙江和安徽省全部租约的41%、31%和44%,而只占河北和山东的4%)(土地委员会,1937:45—46)。

战时通货膨胀使租约变动更加频繁。从表12.4可见,到了20世纪30年代后期,在一年一作的冀东区,大部分的租约有效期只有一年。鲁西北的租约都是两年,以适应两年三作的种植周期。

以实物支付的,则定额租租期一般较长,因为地主不受价格波动的压力。

表 12.3　冀东 3 个村中的租约延续年数　1936

租约延续	大北关		米厂		前梁各庄		总计	%
年数	租约数	%	租约数	%	租约数	%		
1	34	59.6%	21	17.2%	32	26.2%	87	28.9%
2—5	18	31.6	20	16.4	74	60.7	112	37.2
6—10	4	7.0	14	11.5	13	10.7	31	10.3
>10	1	1.8	67	54.9	3	2.5	71	23.6
总计	57	100.0%	122	100.0%	122	100.1%	301	100.0%

出处:大北关:满铁,冀东农村,1937a:40—43。
米厂:满铁,冀东农村,1937b:39—50。
前梁各庄:满铁,冀东农村,1937c:36—45。

表 12.4　河北、山东 15 个村主要租佃方式　1936—1942

地租形式	村庄	租约期(年)
	河北	
定额货币租	阿苏卫,大北关,后延寺,纪各庄,沙井,小营,龙窝,米厂,前梁各庄	1
定额实物租	侯家营	无限期①
	寺北柴	无限期①
	吴店	1
	山东	
定额货币租	孙家庙	2
定额实物租	后夏寨②,冷水沟	3—5

出处:大北关、米厂、前梁各庄:满铁,冀东农村,1937a:40—43;冀东农村,1937b:39—50;冀东农村,1937c:36—45。寺北柴、冷水沟、后夏寨、吴店、侯家营:《惯调》,3:187;4:147;4:461;5:511;5:158。其他见八木,1943:207—210。

①契约书面上没有具明期限,但一般每年要口头同意延续。

②此村定额租大多要求实物纳租,但租约之中有半数仍属分成形式(见表12.1)。

村民认为这种变化很容易解释。逐年订立租约,对地主有利,因为他们可以提高地租(八木,1943 :232—233)。正如一个沙井村民所云:

> 停止租约的最普遍原因是加租。解除租约的原因,间或是为了分家,很少是为了卖地或典地,几乎从来不是为了纷争。一个佃户秘密向地主表示愿付较高的租金,来排挤另一个佃户,这种行为在去年和今年变得很普遍(《惯调》,2:75)。

当时村民称这种做法为"端牵",一般认为这样排挤另一个佃户是不道义的,所以要在黑夜秘密进行(《惯调》,2:75)。

总的来说,到了20世纪30年代后期,土地租佃已经高度商品化而为市场关系所左右。佃户与地主很少有直接的人身接触。经济关系的苛刻性,不再隐藏在亲属、朋友或邻居的人身关系外衣之下。在很大程度上,土地已经变成一种流动性很高的资产,而它的利息率,像其他形式的资本一样随市场供应情况而变动。在这种条件下,租地的佃农实际上已是半无产化了的小农,应区别于旧日长期性的分成佃户。

地租负担的比较

从分成租制转到定额租制的变化本身,不一定会加重或减轻佃户的负担。分成租制,意味着地主和佃户摊分收成的得益和损失。定额租制,则把租额和收成、地主和佃户的得失分隔开来。定额租究竟对地主有利还是对佃农有利,要看它怎样相应产量的变化而定。寺北柴村的大地主,可以把高于原定分成额的定额强加于佃户。但米厂的佃农,则在改种棉花、产值提高的情况下获得比较有利的条件。这个村没有像寺北柴王赞周父子那样的大地主。这里棉田的租额,竟然从往日种植高粱时相当于产量的一半,缩减到产量的1/3。

但在广大的华北平原上,大部分耕地在20世纪的产量和过去相差不是很多。转种经济作物的耕地,毕竟只是全部耕地面积的小部分。一般耕地上种的粮食作物已经不大容易再进一步提高产量。因产值提高,必须在地主和佃户间进行重新分配的情况不多。因此,直至战前几年,租额仍维持于产量的约50%左右(河北平均53.7%,山东49.8%。土地委员会,1937:44)。

本区转用定额租的真正意义,要从20世纪政治及生态不稳定的背景去理解。这个时期,在惯常的自然灾害之上,又增加了许多人为的灾难。在更替频繁的军阀之下,疏于防洪措施的地方政府,随20年代内战而蔓延的土匪,内战本身所带来的破坏,以及日本侵略等,合并起来使农村的大片地区长期处于蹂躏、劫掠之下。表

12.5 列出个别村庄所遭受的灾害：环境比较稳定的三个村庄——鲁西北的冷水沟和后夏寨两村以及冀南的寺北柴，毋庸说相对比较繁荣。冀东的沙井和侯家营，以及冀中位于通往北京的大路上的吴店，则在遭受一次水淹、干旱或军阀勒索之后，尚未复原，便又再次受灾。

在这样不稳定的情况之下，即使正常年中的产量不变，长此以往土地的总收入必然降低。如此，便产生了这样一个问题：这些损失究竟由哪一方，即地主还是佃农来承担？

村民正是这样理解这种情况的。日本调查员曾问："哪种租制对佃农比较有利？"张乐卿(曾当寺北柴村长 12 年)答道："分成租制。"问他地主方面如何？张答："定额租制。"(《惯调》,3:201)。正如一个沙井佃户所说：

> 从佃农方面来说，分成租比货币租合算。我们的地方时有自然灾害，由于货币租要预付，一遇灾害就会丧失全年的收入。分成租则在收获后才交，而租额由实际产量的一半来定。所以比较安全。这种制度对佃户比较有利(《惯调》,3:42)。

表 12.5　河北、山东 6 个村的自然和人为灾害　1917—1941

	后夏寨	沙井	寺北柴	冷水沟	侯家营	吴店
1917			水灾[1]		每三年至五年有次大水灾	
1918	土匪					
1919		水灾[2]				
1920						
1921						
1922						
1923						
1924		旱				军阀战争
1925						水灾[2]
1926		军阀战争				
1927						
1928		军阀战争;霜	蝗虫[2]			水灾[2]
1929		水灾[3]				水灾[2]
1930						
1931				蝗虫[3]		
1932						
1933						
1934	蝗虫					
1935						
1936						
1937	水灾		日本侵略	水灾		
1938		水灾[3]				
1939		水灾[3]				
1940	雹及棉虫					旱[3]
1941	雹			土匪		旱[3]

出处:后夏寨:《惯调》,4:397。

沙井:《惯调》,1:91;《惯调》,2:160,181,268,293,499。

寺北柴:《惯调》,3:222,223,237,307。

冷水沟:《惯调》,4:40,48,162。

侯家营:《惯调》,5:147,180。

吴店村:《惯调》,5:420,576。

①3/4 以上作物受损。

②1/4 至 1/2 作物受损。

③1/2 至 3/4 作物受损。

至于地主方面,对“地主为什么要把分成租改成定额租”的问题,一个地主答道:“因为(在分成租制下)我没有固定收入”(《惯调》,2:235)。

换言之,定额租制是地主为适应本区 20 世纪频繁灾害所采取的措施。它把因灾受损的负担全部转嫁给佃户,而不用像在分成租制下分担这样的损失。在人口压力特别严重的地方,如寺北柴,租地求过于供,地主当然更易做出他愿意的安排。

一种地租形式占了主导地位之后,和它相应的意识也会跟着影响到村民的思想。在以分成租制为主的村庄中,人们会有相应的“分成意识”,而期望地主分担受灾的损失。在定额租制占主导地位的村庄中,灾害的负担会被视作与地主无关。如前所见,20 世纪 30 年代冷水沟以及其他用定额租制的村庄中,尚有一些地主,仍然在一定程度上承认旧日的“分成意识”:他们在严重自然灾害下,只要求分成收取产物的一部分。但就是在这些村庄之中,这种做法也只是个别的例子。当时总的趋势是向定额租制转化。

雇佣劳动

上文指出,清代前期,在庄园主下受人身束缚的雇工人,向受雇于庶民经营式农场主和富农的长工转化。本书收集的农村雇佣劳动者的实例显示，他们当中大部分的原籍并非本地人，而是他县或他省迁来的移民（表5.1，5.2和5.3）。清初社会具有高度流动性，从一区迁到另一区的移民很多。

比较当时和20世纪的雇佣关系，我们可以进一步看到类似租佃关系中的演变。20世纪前的雇农多是长期工人，一如“长工”这名词所示。雇主和长工间带有人身的关系，长工往往几乎成为其雇主家中的一个成员。正如刑部在1760年一个案件的裁决中记载：亲属常彼此雇用，而一般的雇主和雇工，正如1788年的律令所指出，“平日同坐共食……素无主仆名分”。冷酷的经济关系，常掩盖于各式各样的礼节之下。那些礼节到了20世纪30年代，仍有痕迹可寻。例如，在一年工作开始时，雇主习惯宴请长工——这是一个备有米饭或馒头，甚至间有少许酒的特殊款待。收割后也常有类似的宴食（《惯调》，2:54；《惯调》，5:172）。某些地区雇主在新年馈赠长工三五元的“红包”（《惯调》，4:172；北支那，1943b:57）；但有些地区，例如沙井，却没有这个习俗（《惯调》，2:52—54）。夏天，雇主有时要供应长工草帽和手巾（《惯调》，4:152，172；北支那，1943b:57）。他们有时甚至供应烟草和火柴（如冷水沟，《惯调》，4:3）。长工家内办喜事或丧事时，雇主也可能送出五毛至一元的小吃费（《惯调》，2:54）。

但20世纪的雇主—长工关系，流动性很大，要比清初大得多。因进一步商品化而增加的就业机会、人为和自然灾害所导致的破坏、都市和边区的就业，等等，都促使乡村人口流动。虽然我们没有像租佃关系变化那么详细的资料，但个别村庄的情况足为我们提供一些迹象。例如,侯家营的村民在20世纪,不停地流向新开发的东三省就业。这样的流动促使租佃关系从长期的分成租转为短期的一年定额租,这点前面已有说明(表12.1)。雇佣劳动关系中也有类似的变化。正如该村一个雇主指出,村中的雇佣惯例已普遍地变成以一年为期限(《惯调》,5:172)。

同样地,沙井的村民在20世纪多向都市流动就业。1942年共有34个村民长期在都市工作,主要在北京;另有五六十人每年冬季到北京,在一家做祭祀用的“蜜供”店工作(《惯调》,1:附图;《惯调》,2:23)。频繁的人为和自然灾害,更促使这个村庄“共同体”的逐渐沙散。结果是租佃关系从长期分成制变为预付现金的逐年租制。雇佣关系的转变也同样鲜明。以经营式农场主张文通为例:他在30年代后期所雇用的两个沙井村民和一个邻村的长工,都为他工作多年。但在1941年,沙井的两人移居他处,另一人转就他业。张只好从别的村另聘三个长工。但一年之后,其中两人他去,张又得再次寻觅新人(《惯调》,2:52—53)。和租佃关系一样,及至30年代后期,雇佣长工的合约多以一年为期,通过中间人口头议定(例见北支那,1943b:54—57;满铁,天津事务所调查科,1936a:165—166)。这个趋势反映于农业劳动者的一个新的称呼:“年工”,以别于“长工”。

在这些情况下,雇主、雇工关系中的许多旧日的习俗仪节,都被逐渐废弃不用。沙井的雇主不再于过年时给年工红包,夏天也不供应草帽和手巾,也不再提供烟草和火柴。他们之间的关系,已变成一个纯经济性的关系,剥下了旧日的礼节外衣。

于是,20世纪的加速商品化,改变了佃农和雇农的生活。20

世纪前一般的佃户，在长期分成租约下向他相识的地主租地；30 年代的佃户则逐年定约，缴交定额租，往往要预付给一个不认识的地主。20 世纪前一般的雇农，为一个对他维持互惠的礼俗关系的亲属工作；30 年代的雇农，则纯为工资工作，免去了旧日的礼俗细节。佃户和雇农，同样都变得更像为工资出卖劳力的自由“无产者”。

这些变化是三个世纪中农村长期变化过程的一面，它们产生于农业内卷、社会分化和小农半无产化的汇合。这个过程的核心是一个内卷而又分化了的小农经济的形成。在这个体系中，有一半的小农已经部分无产化，必须同时依赖家庭式农作和雇佣劳动来维持生计。和清初的小自耕农相较，这些 20 世纪 30 年代的贫农，过着一种异于往昔而更为朝不保夕的生活：其家庭式农场在更大的程度上卷入市场商品生产中。他们的农场面积往往过小，自家所有的劳动力过多，这是人口压力与分配不均汇合的结果；他们农场的收入，常不足以维持一家的生计，而必须当佣工来补充。和扣除了租金后的农场净收入一样，他们的工资被压至赤贫水平，这也是不平等的生产关系和人口压力结合的后果。随着分成租制向定额租制的转变，他们的地租负担也变得更重，而地租和雇佣劳动一样，越来越受脱离人身关系的市场逻辑所操纵，豁除了旧日的礼俗细节。总之，到了 20 世纪 30 年代，华北平原小农的生活情况已和清初截然不同。仅从阶级关系来考虑，尤其是与外村人的阶级和经济关系，华北地区在进一步市场化和战争动乱之下，无疑已经愈来愈去人情化。虽然，我们在下一章中将会看到，村庄社区整体的人际关系仍然非常紧密，也比较闭塞。

第三编

村庄与国家

第十三章　清政权下的村庄

革命前的自然村,既不纯粹是形式主义推想中的面向市场的单位,也不纯粹是马克思主义理论中的阶级对立的单位。它同时是一个散沙似的街坊、分层化了的社团和闭塞的共同体。我们常忽略的是村庄最后的、实体主义推想中的这一面。

本章将证明即使在20世纪30年代,除最高度商品化的村庄之外,华北平原上的村庄还都比较闭塞,村民很少与外人往来。虽然国家政权屡次试图渗入村庄,但村务大多仍由村庄素来的领导处理。这些事实使我们联想到,在20世纪加速商品化和政治现代化之前,冀—鲁西北平原上大部分村庄都只是极其有限地被纳入村外的市场和政治体系。

把自然村视作只包含庶民的一个闭塞而又有内生政治结构的单位,等于要在一定程度上改变过去美国和中国学者对清代中国社会政治结构的一般想法。我们需要考虑的是一个牵涉国家、士绅和村庄三方面关系的三角结构,而非主要由国家和士绅间权力转移的改变所塑造的二元结构。20世纪前的国家政权没有完全渗入自然村。它直接的权力限于这个双层的社会政治结构的上层。在下层之中,它一般只能透过士绅间接行使权力,并靠吸引下层结构中的上移分子进入上层来控制自然村。20世纪的社会政治变迁,必须从这条基线上来了解。

华北平原村落的闭塞性

首先让我们再看一下华北和成都平原(施坚雅研究市场结构的地方)的村落的不同。居住型式是最鲜明的一个对照:前者的房屋集结成一大群,后者则由好多分散的坝(也称院坝、院子)组成。

这是两个区域村庄结合紧密性不同的原因之一。以建造新屋的习惯为例:华北平原过去(现在大致上仍旧如此)一般全村合力帮忙盖房。沙井村有人盖新房时,全村出动约100人工(盖一个5间的房子)。第一天打地基、立柱梁,有二三十人帮忙;第二天筑墙、盖屋脊,有七八十人协助。全村的男子都有出力的义务,而屋主则负责大家每日三顿的饭食。据村上老大爷们说,连吃什么都有习惯上的规定:一般要"两头粗、中间细"——换言之,早晚可用粗粮,但中午正餐要用细粮(如麦粉面条)(1980年4月沙井村访问)。与此相反,在成都以南的新堰村,只有同坝的街坊帮忙建屋。① 当然,参与帮忙造房的人数较少,这和成都地区的房屋多用竹子,易于搬运有关。

① 今日新堰村和邻近的顺江村组成簇桥公社的第九生产队,共97个院坝(1980年11月队员访问)。

另一个鲜明的对照,是两个区域的商业化程度不同。肥沃和稳定的西蜀,是全国商品化程度最高的地区之一。公元前三世纪,岷江上的都江堰建设成功,为成都平原带来稳定的防洪和灌溉之利。伴同温和的气候,使此地可以一年两造甚至三造高产。由长江、嘉陵江和岷江三江构成的河道运输网,使农产品易于运销,故20世纪30年代此地的小农一年平均要用72日来销售他们的农产品,远多于冀—鲁西北的23天(卜凯,1937b:343)。

两个区域的这些差异——在居住型式上及在商品化程度上——使人联想到市场对成都平原上小农生活的影响,可能确实大于村庄共同体,但在华北平原上则未必如此。

我和沙井村(在北京东北仅45公里,离顺义县城仅2公里)70岁的前中农李广志长谈数小时之后,才认识到他过去的社会生活与我根据施坚雅的模式所构想的多么不同。不错,李氏常上集市,实际上一有机会就去。他与兄弟们分田(1944年)之前,余暇较多,上集次数也较多。问他上集干什么,李氏答道:主要为"看热闹"。上集比在农场工作好玩,这比买卖东西重要,因他实际上并没有很多的东西出售,也没有很多东西要买。他自己的农场,主要种粮食谷物。上集时,他从不上茶馆聊天;在这一点上,实际情况与施坚雅的模式完全相反。李氏觉得上茶馆聊天是个奇特的念头。后来我才知道,他在集市上也不和人交谈。当然他会看到一些面熟的人,但他只"点头哈腰"为礼,而从不与人停下聊天。李氏觉得和村外的人聊天是件不可思议的事。

我以为他至少会与相邻的石门村的人交谈。石门和沙井只相隔一块菜园,而且自从1910年后便和沙井(以及往南1公里的望泉寺和 2 公里的梅沟营)共一学校(《惯调》,1:79,89,120)。沙井约有 1/3 的男童(包括李氏)在该校读书,一般从八九岁开始到十三岁左右为止。基于此,我推测四个村——或至少在沙井和石门两村之间——应该颇多社交往来。两村的居住点相距只约 30 米,而且孩子们同窗共读四五年,肯定会在毕业后延续童年的友谊。但事实又一次出乎我的意料。李广志在其成年的生活中,从来没有和石门村任何人交谈过。有几个人面熟,那是肯定的,但在集上或路上遇到时,他从不停下来打招呼,"不过点头哈腰而已"。李氏表示他对我假定他与石门村的人有社交来往感到奇怪。

不久,我便确定村中其他的老大爷们也都和李氏一样。这其实可以说是他们的世界观的一个组成部分——也就是说,他们认为这是当然的事,明显得不需解释:当然啰,一个人只和同村的人交谈。石门,望泉,同学,他们都属于他村呀!

我后来有机会在另一个满铁调查的村落——平谷县的大北关,也是中等商品化的村庄,来核实这点。那里的老大爷们——张玉明(68 岁)、郝永海(59 岁)、刘书臣[译音](73 岁)、郭永善(63 岁)和李元(约 65 岁)证实说,他们上集,和我们住大城市的人到市中心逛商店差不多,不会打算碰上人去闲聊,也不会(像施坚雅的模式的构想一般)上茶楼去听新近的闲话。

这种以村庄为界限的社交观,是村上生活许多方面的习俗惯例。举例说,上述共同协助建屋的行动纯粹限于沙井本村;它从不会伸展到相邻的石门村。办喜事时,首先邀请的是村中的族人和村外的亲戚,然后是其他的同村人,但从不邀请他村的友人。我访问的沙井和大北关的老大爷们,没有一个请过村外朋友参与他家的喜事。村中通行的乡间辈分关系——每人都知道他或她相对于每个同村人的辈分，也以一村为界限。

村庄各阶层的相对闭塞性

农村人民生活的闭塞程度随社会阶层而异。[①] 像李广志这样的中农过的生活是最闭塞的：他所有的财产和全部的工作都在自己村内；他的生产活动不会使他与村外任何人接触。但一村的显要人物和贫农则不然。以张瑞为例，他是沙井村中唯一的经营式农场主，又曾于 1942 年后当了几年村长（《惯调》，1：182）。他继其父张文通之后，一直与北京天坛附近的一个卖"蜜供"的商店正明斋保持联系，每年冬季，带同一批村民到该店工作。他的社交圈子并不局限于自家的村庄。又如曾在张瑞之前当过村长的杨源（《惯调》，1：146，122—123，128），他在城里开了一家做簪子的店，雇工三人。他几乎每天入城，活动范围也同样超出一村的界限。

位于村庄社会阶层另一端的贫农张守俊，向县里一个张姓地主租地 12.6 亩，而要定期入城交租。为了补充他从这块地和租入的另一块 7 亩地的收入，张守俊每年冬季，都来往于附近村庄之间做点小买卖。他又在农忙时，牵了小毛驴出去打短工。与李广志那样的自耕农不同，张氏的这些工作使他常和外界有接触。最后是半工人半小农的李广泰的例子。李 17 岁时离村，到北京一杂货

① 也随性别而不同。当然，村中的已婚妇女通常来自村外，并与娘家和原来的村庄保持联系。在这方面，她们的眼界并不如男子般局限于一个单一的村庄之内。不过，既定的社会俗例对妇女社交的束缚却较男子严厉，尤以此区为甚。

铺当学徒。他留铺 8 年，然后在 1944 年回村。由于他只有 6.5 亩地，故须另外在城里觅生计，在一磨面铺工作。他和村庄的关系也没有像李广志那样紧密（访问张瑞、张守俊和李广泰，1980 年 4 月）。

其他村庄与外界的接触，可能比沙井多，也可能更少，要看它商业化的水平而定。经济作物的种植意味着有较多的交易活动。如上所见，它也意味着高度的社会分化。这样，最上和最下阶层，占全村人的比例较大，而他们正是与外界联系较多的阶层。

如上文所见，冀—鲁西北的商品化和社会分化程度，直至 20 世纪 30 年代仍然比较低。满铁调查的 33 个村庄之中，足足有 25 个没有占地超过百亩的在村地主。华北村落多是以自耕农为主的社群：其中约 32%[①]纯粹由贫农、中农和富农组成；其余共约 60%，有至少一个占地百亩以上的经营式农场主。但就算是他们，一般也与雇工一同在田间动手干活。经营式农场主与普通小农间的社会差距，远没有完全脱离耕作的地主与小农间的差距那么大。换言之，冀—鲁西北平原的大多数的村庄，是分化程度较低的社团，而它的大部分耕作者是拥有一些土地的小农。

20 世纪前的村庄与国家

20 世纪前的情况当然更加如此。我们已看到本区在清初是一个以自耕农为主的地区（朝廷创立的庄园经济除外）。而 18 世纪，

---

① 这个数字得自附录 1.1 中的第一个到第四个主要类型。

获鹿县政府编审册所载录的土地分配型式，在大概轮廓上与20世纪相似。这些事实提醒我们注意，许多村庄会像沙井和大北关一样的闭塞、内向。

这些村落在社会和经济上的闭塞性，使我们联想到它们在政治上的闭塞性。首先，我们需要探讨国家政权渗入自然村到底有多大的程度。然后我们可以在下一节着手研究士绅阶级在村庄和村级以上的政治结构中所扮演的角色。

宝坻县的刑房档案，为我们提供了认识19世纪国家与村庄之间实际关系的证据。从制度上来说，架构是由三个原来分开的系统合并而成的：税务用的里甲、治安用的保甲和宣传用的乡约制度。[①] 19世纪的宝坻县，分为19里，46保，包含900个村庄。各县人民，更编成100户为单位的甲和10户为单位的牌。与此制度各层级相应的"官吏"是书手、乡保、甲长和牌头（《顺天府志》，地理：村镇，2：卷28）。理论上，县政府直接委任每一级的"官"，直到主管10户的牌头为止。但实际上，它并没有试图把权力延伸到主管二十多村的乡保一级之下。乡保规定要到县衙门"具甘结"，但村级的牌头和甲长则不必。他们事实上全由乡保选拔。就职的乡保向县衙列出他们的名单，便算正式委任。县衙门并不要求另办委

① 萧公权（1900：6—7，201—205）说明这些制度合并的趋势。我们可以在那里看到18世纪中叶里甲的功能，已被纳入保甲的结构。而乡约也同样地转化为治安制度，与保甲相结合。在宝坻的制度中，乡保是乡约和地保二词的结合体——这点可见于官方文件常把乡保指为乡约地保的事实（顺天府，87，1820，无月日；89，1832，4.13）。（下面用这个格式注明的资料全都出自北京中国第一历史档案馆所藏的顺天府档案——先具包号，后年代、月、日，若案件不具日，只示年、月。）

任手续或仪式。①

在实际工作中,作为最基层的半公职人员的乡保,必须与村庄内在的领导层合作。1879 年发生的一个案件,就是有力的例证。案中某村的一群首事,到县衙门控告一个乡保试图把牌甲组织强加于他们。状词中的一段说:“小的们庄本无牌甲,向系小的们帮乡保罗理大小差务,并无舛错。”结果衙门判令:以后应仍循旧法办理大小差务(顺天府,93,1879,3.15)。同年的另一个案卷中,兴保里的乡保张生呈说,他辖下的 26 村全无牌头,但张并没有表示有意纠正这情况,而衙门也没有指令他这样做(顺天府,94,1879,4.11)。

到了 19 世纪中叶,甚至在官僚书牍的语句中,也普遍承认这种实际工作中的情况。原来的语句可见于 1824 年四月初九一段县衙更换乡保的训示。该乡保据报已潜逃,训示是写给书手的,他受命要:

> 会同各庄绅耆牌甲及车领人等,在于本里村庄,选举家道殷实、历练老成一人……(顺天府,94,1824,4.9)。

然而,在这一事例中,那个衙门差役的回报证明官方的理解与真正的实际情况之间有很大的差距。其实,当时该里并无车领②,书手也早已被革。而且,据该差役报告,他无法追寻车领,而当地

① 顺天府,87,1811,3.24;87,1813,2;87,1818,2.13;88,1827,6.12;90,1834,7.6;88,1846,9.4;91,1861,2.1;92,1870,9.13。

② 车领是负责兵役的半军事职位。在制度的架构中,他的地位介乎管理一里的书手和管理一保的乡保之间。

又无其他地方领袖肯保举新的乡保。据报:“伊等均不承认帮办各庄牌头,票内无名,难以传饬。”于是,正规的制度结构变得有名无实。及至19世纪50年代,从官方训示的字句中可见,县衙门已清楚承认它实际上必须与村庄本身权力结构配合,正如1854年11月18日的信件所示:

> 历来旧章,选举乡保,必须书手合同首事绅民人等,公议保举……(顺天府,91,1854,11.18)。

像这样的字句,逐渐广泛地被采用。村级的牌头和甲长,就是在文件上也不复存在。

因此,乡保实际上是最基层的半官职人员,而乡保一职是国家权力与村庄共同体之间的重要交接点。但即使在这个层面上,国家的权力也并不完全。乡保仍然不是由县衙直接任命,也并不是一个受薪的职位。清政府正式的官僚机构,实际上到县衙门为止。统治者深知县级以下的官方指派人员,缺乏操纵地方本身领导层的机关组织,不易任意执行职务。他们必须在政府权力薄弱的实际情况下执行事务。基于此,县政府从来不单方面指派乡保,而是让地方及村庄内在的领导人物提名,然后由县衙门正式批准。被提名的乡保若愿就职,才到县衙具文“认状”。

国家的主要目的是征收税款。在理想的情况下,乡保应由殷实的地方显要担任。这样,国家政权便可以透过他们的关系而发挥最大的力量。同时,在理论上,理想的情况是地方领导人物集体负责保举乡保,并承担起帮助国家征税的责任。这样,乡保如果失职或盗用税款,保举他的“具保人”应集体赔偿。在册粮银若不能如数收取,乡保和他的具保人应先“垫封”,然后向欠纳的人催征钱粮。这样,国家便可借助于地方和村庄自身的领导层来延伸它的权力。

实际情况很少与国家的设想相符。不错,在 19 世纪上半期,我们可以在一些案件中看到,乡保果真和国家的期望一样,是殷实的领导人物。在官方的认可和支持之下,这些乡保甚至承担税务以外的职责。举例说,1834 年,兴保里的乡保王永文,领导策划他辖下 18 个村的自卫防盗组织。在县衙门指导下,他召集了各村领导人,经过协商,组织武装,巡夜值更。每村派出 4 人(大庄派出 6 人),并议定各庄按门户轮流出人值更,每夜轮流换人(顺天府,88,1834,10)。十年后,这一组村庄,再次动员在大道两旁建盖窝铺,“内砌火炕,门挂苇帘”,以协助政府官兵防盗(顺天府,88,1844,10.28)。1824 年,同一里的乡保马万通,领导辖下各村领袖,组织昼夜拨夫巡查,以防暴涨的河水泛滥成灾。县刑房与这宗案件的联系特别有意思:马氏因防灾而拖延税收任务,贻误公事。刑房因此下令马氏去职。但当地领袖具禀县衙,谓马万通“为人公正,老成练达”,防洪有功。衙门遂撤回命令(顺天府,89,1824,2.27)。

这些例子中的乡保是不同凡响的。不过,在一般情况下,乡保其实只是地方上的小人物,由当地真正的领导人物推举出来,作为地方领导层与国家权力之间的缓冲人物。① 对这些领导人物来说,

① 我在宝坻县所有的案件档案中,没有看到过一个有功名的乡保。地方与村庄显要,一般都选一个中农里似乎比较稳当的人(区别于一个无地的贫农或长工)出来充任此职。

乡保只是一个吃力不讨好的职位。这个“官职”没有薪酬，在职者又身处于地方、村庄势力与国家之间的夹缝中。当政府强加额外征收时，或村庄歉收而无力交纳定额税银时，乡保职责便很难执行。他必须在薄弱的职权的限制下，试图催纳钱粮。最实际的办法是谋取各村庄领导人的合作，来迫使欠税者付款。后者若不能或不愿合作，吃官司的则是乡保。

所以，地方和村庄的领导人物一般都不愿担任乡保一职。一个很好的例证，是书手王殿元一案。王氏受县衙之命负责保举一个新乡保。他借此机会敲诈郭绪九，要郭付他 25 000 文，才肯免提郭氏的名。结果郭氏付钱，另外议选，“派张美玉接任”。但不久张因不称职被革，王氏再次威胁提名郭氏。这次郭又付出 6000 文。当王第三次向郭敲诈 35 000 文时，郭氏只好逃匿，由其妻王氏呈诉王殿元（顺天府，155，1832，12.7）。此外，在许多案例中，我们可以看到被保举的乡保借口患病，或“互相推诿”，不肯充任。在这种情况下，书手只好禀报说，当地无人肯任乡保之职，因而“乏人办公”。有时候，当地的显要故意不协助推举乡保，或“躲避不见”县署派出的快头人等，或“不遵传唤”，拒绝到县里去保举乡保。档案内亦有许多在职乡保，因无法为欠税者垫款而“潜逃”的案件。在 1810 年和 1910 年间，涉及宝坻县兴保里的 73 个案件中，就有 18 个案件和乡保潜逃有关。①

① 顺天府，87，1810，3.25；87，1818，5.24；90，1823，3；94，1824，9；90，1828，7.26；89，1832，3.17；90，1833，10.27；90，1839，6.6；89，1848，9.10；90，1850，2.7；91，1852，7.2；91，1852，9.29；91，1855，2.19；91，1860，2.13；91，1860，3.6；91，1861，1；94，1874，8.23；93，1883，9.4。

就19世纪宝坻县内国家与地方之间的权力关系而言,国家政权只伸及乡保之身,而无法使保举乡保的地方显要人物承担收税之责。当一个乡保潜逃时,县政府只能敦促另选他人。档案中完全没有国家勒令他的保举人赔偿的例子。

档案中也有反常的例子。对那些存心滥用权力的人而言,这个职位有时的确造就了谋利的机会。宝坻档案中就有两件涉及乡保携带税款潜逃的例子(顺天府,91,1861,1;94,1874,8.23)。另有两件,涉及"土豪劣绅"类型的人物,借乡保职位从中敛税。例如,1897年,尚节里一个有五品官职的人物王国相保举其侄王顺卿"伙充"乡保。两人借口填补县当局追讨的税款,而从辖下8村中榨取了共140 000文。后各村显要会同告发二王。县署刑房因此得知此事。二王自辩说:50 000文是垫封钱粮的利息和费用。30 000文是"席钱",60 000文是他们向各村"暂借"的。但在确凿的证据下,县当局判定二人"朋比为奸",着即革退(顺天府,93,1897,4)。

在另一宗滥用职权的案件中,有一乡保僭用公安权力。事情发生在1839年居仁里的两河口村,乡保张扬武没收了一个寡妇的车子。事缘她的一个亲戚曾用该车盗窃。当寡妇要求取回她的车子时,张向她索取25 000文为还车费。但交费后,张不守诺言,拒不还车。寡妇遂提出控诉。县政府最后判寡妇胜诉,下令乡保赔偿(顺天府,154,1839,5)。在另一宗案件中,乡保赵文桐被查明,曾威胁新迁入洛里沽庄居住的原蟠龙庄人夏兆先给他50 000文,否则,便向当局报告,说夏是潜藏的匪寇(顺天府,159,1903,6)。

正因有可能牟取私利,才会有个别人设法争夺这个一般人不愿承担的职位。有个名叫田奎的乡保,因辖下村庄的首事控告他滥用权力而被革职。数年之后,田氏企求“复职”,反控原告诬告他。刑房进行侦查,传讯当地监生 2 人、车领 1 人、民众 16 人和新任乡保李光远等。最后查明田奎的确罪如所控,“贻误公务……搂使粮银留养土娼”,“是以阁里士民,公请斥革”。田氏复职的请求遂被驳回,而地方领袖受命认保新人(顺天府,87,1814,12.4)。

在这些列举的小案件中,我们可以看到,乡保的权力是很有限的。他辖下到底有 20 多个村庄,这些分散的村庄,有它们各自关心的利益和势力集团。只要司法系统仍然有效,受害者可以向县衙门起诉。一个人或一小撮人并不能轻易地滥用乡保的职权。前文提到的二王,正是这样受到制裁的。而张扬武的卑劣伎俩,也因一个看来孤弱无援的寡妇的投诉而被制止。

宝坻档案中,只有一个不受法律制裁的乡保。此例见于 19 世纪 90 年代兴保里的一宗相当复杂的案件之中。这个乡保,是当地一个叫董维曾的缙绅地主的傀儡。董氏是个罕见的大地主,拥地 20 000亩,凌驾于一般地方显要之上。董把他手下的一个人保举为乡保。但此人很快被革,董于是用另一个名字仍把他再次保举上去。此人再次被革,而董又一次用不同的名字保举此人。

对董氏而言,他定要控制这一职位,借以继续瞒欠赋税。但这意味着地方上其他地主要承担董氏的税额。他们因此控告董氏保举的乡保。并两次得以将他撤离职位。他们曾保举一名叫尹学勤的人为乡保。无奈尹氏因无法迫使董氏付税,也同样被革职。

在董氏第三次把他手下的人塞入乡保职位之后,对方找了当地一个五品武官王昆璧为他们出头投诉。接着是控方、董氏、县政府以及传讯到案的其他地方显要之间复杂的谈判,最后达成协议,任命一个名叫尹和里的人为新乡保。但矛盾的根源仍然存在：董不交赋税，而县政府和地方绅衿都无法使他就范。尹氏只是双方表面的妥协，实际上仍无法从任何一方收取董氏应付款税。尹氏也在1898年7月辞职，任期只5个月。1898年，这件案卷结束时，情况仍是一个僵局（顺天府，94，1896，5；1898，2；1898，7.15）。

在国家与地方社会之间复杂的权力关系中，以及一个地区自身的复杂利益集团间的关系中，乡保长期滥用职权的这种事例，必须视为例外，而非通则。正如上文所示：具有董氏那样权势的大地主，在本区是比较罕见的。地方显要的绝大部分是较小一等的地主，他们之间权势较均衡，一般难以像董氏那样持续地公然滥用税收机构。

这些案件披露出来的税务情况，证明清政府的权力只在很有限的程度上渗入了地方社会。至少，在19世纪的宝坻县，国家官僚机构的权力，肯定与保甲和里甲制度的理想相去甚远。就连国家要地方显要集体负责税收的企图也难以实现。宝坻县的案例说明，国家与地方社会之间存在着微妙的关系。在这种关系下，国家所能顺利征收的税额，是受到地方绅衿和村庄领导人等所能容忍的程度限制的。

19世纪的自然村与士绅

我们现在可以较仔细地观察村庄与当地士绅之间的关系。上文引用的宝坻资料，说明下层士绅在村以上的乡保一级中起着重要的作用。保举乡保的文件，往往由一两个有功名者（通常是生员或监生)带头具名,随后是一系列庶民的名单(例见顺天府,89,1824,2.27;89,1820,12.8;91,1857,6.9;91,1859,2.6;156,1859,5.1)。这些士绅,在传统及形式上都被视为当地公认的领袖,不管实际情况是否的确如此。在这方面,宝坻档案基本证实了我们过去研究中所得到的印象:下层和在野的士绅在地方政权之下,的确发挥着重要的领导作用。

但在自然村本身这一阶层之内,却有必要怀疑士绅的角色是否真的那么重要。宝坻文献中所见的几百个村级牌头、甲长和首事(村庄领袖在当地的称谓)几乎全是庶民,只有 4 个持有功名:一个生员(顺天府,93,1898,12.13);一个廪生(顺天府,92,1864,3.9);一个武生(顺天府,93,1883,11.13);八门城镇的一个花翎都司(顺天府,94,1898,7.15)。

当然,牌头和甲长的选任过程,很可能和乡保相似:士绅和村庄真正的首事,保举可靠但没有地位的人来缓冲他们和国家政权之间的关系。但这种情况的可能性不高,理由有二:首先,正如下节所指出,我们有丰富的证据说明,在 20 世纪,当地方政府试图通过委任村长和副村长而进一步控制自然村时,一般村庄向政府保举的村长、村副都是村内原来的首事。据此,我推测 20 世纪前的情况很可能也一样。其次,19 世纪宝坻的国家政权,只及于村之上的乡保一级,并未能再继续下达。因此,乡保这个官职已是村庄与官僚机关之间的缓冲,而无须再在村庄自身领导一层另设缓冲。基于这些理由,我认为在 19 世纪的上半期,由乡保提名的牌头和甲长,多半是他们村庄上原来真正的领导人物。

正如萧公权指出(1960:271—272),许多 19 世纪访问中国的西方观察者,从1836年《中国文库》的一个作者,到20世纪初的弗朗西斯·尼科尔斯(Francis H. Nichols),都曾报道说,当时中国村庄的头头,多是该村公认的自生领袖,一般来自村中最有势力的家庭。无论如何,到了19世纪下半期,宝坻的公文,普遍采用了民间所用的"首事"一词来称呼村庄的领导人物。而这些人几乎全是庶民,一如上文所述。

这是可以理解的。这种现象与本书第二编对这些村庄社会经济结构所作的分析相符。它们的居民之中,极少具有功名的士绅(肯定比大学毕业生更少见于今日中国乡村)。它们的权要人物,多是从事耕作的"凡人"——中农、富农以及经营式农场主。在极个别的情况下,一个小农的后裔中,有人考中功名,但这样的人,会被吸往"中心地区",移居市镇或县城。那里是士绅、政府机关、大商贾和商店、奢侈品等的聚集地。一个有志向上爬的人,即使是"下层"士绅,也会心向自然村以外的世界。他们不大会留居村内,关心治理一村的琐务。

这个推想,可以在满铁和东京大学联合对6个村庄政权结构的详细调查资料中得到证实。据研究人员访问所得,6村只有一个人得过功名:后夏寨村的王葆钧。他在科举制度取消之前不久,考中"秀才"。在1942年户口调查时59岁。王常年在村外居住,一直到1932年才放弃做官的希望,回村执教,行医。调查时,他有地35亩。因学识而非因财富,受到村人的尊敬(《惯调》,4:401)。

宗族

19世纪华北平原上的村庄，如果真的只包括庶民耕作者，而又是相对闭塞的社团，士绅阶级在自然村内的角色到底有多重要，便很值得怀疑。如上所示，19世纪宝坻的下层士绅，在平均管辖20村的乡保级政权上确实占有很重要的地位。但这是否表示这些士绅真的支配着村庄内部的权力结构呢？我们能否单用国家和士绅的二元模式来分析县级以下的权力结构？还是要用一个能够包含县政府、村级以上的地方权要分子以及自然村内部的权力结构的三角形模式来进行分析？

我认为问题的关键在于宗族组织。假如它们高度发达，势力强大，同时又跨越自然村界线而上接村级以上的“中心地区”（不论是行政的还是商业的），那我们就不一定要关注内向的自然村社团。但如果农村宗族组织一般都限于个别自然村界线之内，我们这里投射的一个个闭塞社团的图像便可以得到进一步证实。

正如萧公权和其他学者所指出：华南许多地区中，单姓村比较普遍。举例说，江西高安县1291个村子中，有1121个村（87%）是单姓村。而广东花县有40%的村庄是单姓的（157/398），但在冀—鲁西北平原上，却极少单姓村。本书引用的村庄中，沙井有8姓；寺北柴有13姓；吴店村有13姓；侯家营7姓；后夏寨11姓；冷水沟10姓。在定县62个村中，李景汉和甘布尔找到59个有3个以上姓氏的村庄。其中只有1个村是单姓村（Gamble，1963：315）。换言之，本区的村庄，极少是地缘界线与血缘界限一致的宗族共同体。

更重要的是,本区村庄的阶级分化程度,远较华南为低。上文已指出,满铁调查的村庄中,极少有占地 200 亩以上的农户(见附表 4.2)。村中的富户,大多拥地 100 亩至 200 亩之间。而冀—鲁西北平原约 1/3 的村庄完全没有"富户"。

正如萧公权(1960,特别是第八章)、胡宪进[译音](1948)、莫里斯·弗里德曼(Freedman,1966:特别是第三、五章)及其他学者所指出的:宗族的实力,往往与其领导人的财富和地位成比例;最发达的宗族组织,由有势力和富裕的士绅领袖所主持。这些绅士可以向宗族组织捐赠大量的土地,也可能为之开办学校,建义仓等,从而巩固族权。

这里,要附加说明的一点是,第三章所提到的华北平原与长江或珠江三角洲之间的另一个差别。华北平原多是旱作地区,即使有灌溉设备,也多限于一家一户的水井灌溉。相比之下,长江下游和珠江三角洲的渠道灌溉和围田工程则需要较多人工和协作。这个差别,可以视为两种地区宗族组织的作用有所不同的生态基础。

其他有关的生态因素是,冀—鲁西北的四人一组的种植法,以及在犁地时使用得较多的畜力。表面看来,这些耕作法似乎要求紧密的宗族关系:叔伯弟兄为此而合伙搭套。然而本书第八章和第九章已谈过,这样的协作,在整个农业周期中只占去几天而已。虽然有些小农也与族人搭伙,但许多人并不限于同族而是和朋友或邻居合伙。单凭犁田时需要的协作,不足以使已婚但不能融洽相处的兄弟聚居而不分家,也不足以成为强固宗族组织的经济基础。

无论原因何在,冀—鲁西北的宗族组织是比较不发达的。宗族唯一共有财产是几亩坟地。

在表 13.1 中可以看出,大如侯家营侯姓 84 户一族,也不过只有坟田 2—3 亩。当问及附近最大的族产时,张乐卿——种棉和高度商业化的栾城县寺北柴村的村长回答说,邻村的郭氏家族共有族田 40—50 亩,原先是长期未经耕作的一块荒地(《惯调》,3:91)。这是个别的例子。本区的宗族组织和我们联系南方士绅家族而构想的颇不一样。

表 13.1　河北、山东 6 个村族产最多的宗族所有耕地　1941—1942

村庄	宗族	户数	耕地亩数
后夏寨(1942)	王	51	1
	马	30	3—4
	吴	18	3
	李	9	1
沙井(1941)	杨	14	4[①]
	李	14	8
寺北柴(1941)	郝	40	3+
冷水沟(1941)	王	?	2—3
侯家营(1942)	侯	84	2
吴店(1942)	禹	12	6

出处:后夏寨:《惯调》,4:10,435。
沙井:《惯调》,1:251,260,262—263。
寺北柴:《惯调》,3:91。
冷水沟:《惯调》,4:86。
侯家营:《惯调》,5:81—82,116。
吴店:《惯调》,5:452,487。
备注:这些族产主要是祖坟地。

①杨氏一族共有族产 20 亩,但其中只有 4 亩可耕地。

一般的情况是:把族坟的几亩地租给族中贫穷的成员,而用收到的地租,支付清明节时族人祭祖的开销。地租大多按通行的租率支付,或由该族的清明会收现钱(《惯调》,3:91;5:81—82),或由佃种者提供等值的祭祖时所需的纸钱、香等。只有在罕见的情况下,才有减低租率的例子,稍为体现了照顾同族中贫困的人的精神(后夏寨的魏氏家族在总产值为 5—6 元的一亩坟地上收租 1 元)(《惯调》,4:447)。在清明节时,比较紧密、富裕的宗族,一般都会聚餐。较清贫的宗族,则只由全族的几个代表聚餐。有的宗族,在调查时的战事年间,完全废除了这种礼仪性的宴会。除了习俗上的烧纸钱和焚香,只有少量的礼品祭祖。[①]

在这个宗族活动较少的地区,清明节是族人聚会的几个最主要的场合之一。此外,族人一般在春节时互相拜访。有的先到同族家拜年,然后再到邻居家拜年(例如沙井的杨氏家族。《惯调》,1:261)。有的则在长辈家中聚会,向叔伯们叩头(例如寺北柴的郝家。《惯调》,3:90)。有的在一个族人家中聚餐(例如后夏寨的马家和王家。族人轮流主持这个集会,费用由大家分担)(《惯调》,4:438—440)。除了祭祖和过年,族人一般只在有喜事和丧事时

① 清明仪式因贫穷而简化的实例很多。参见《惯调》,1:262—263;《惯调》,3:91;《惯调》,5:81—82;《惯调》,5:452,487;《惯调》,4:440,447。各村祭祖仪式也稍有出入。在冷水沟村,祭祖仪式在 10 月初一的"鬼节"进行。形式类似清明——族人到墓地奉献祭品,烧纸钱和焚香(《惯调》,4:86,19)。在后夏寨,祭祖仪式在新年举行。该村的马家和王家在此时聚餐(《惯调》,4:438—440;比较《惯调》,4:416,后者载明只有马家如此)。

聚会。

全族的集体活动多限于这些节日。满铁调查的6个村中，没有一个家族设有共同的谷仓、学校或祠堂。没有一个在自然灾害时起过赈济作用，也没有援助其他贫困族人的惯例。对同族特别照顾的具体表现，仅限于坟田出租的人选。如上所见，所收的租金一般与通行的地租无异。佃户不纳租而只供应清明祭祖需用品，实质上只是虚设的仪式性免租。

自然村内生的权力结构

上述宗族组织的空间范围，局限于一村的界线之内。这样，宗族组织的薄弱也就意味着村镇，以及庶民、士绅界线之间联系的薄弱。此地的村庄，一般具有内生的而又相当闭塞的政权结构。满铁实地调查资料中，关于这种事实的证据相当丰富。

曾任寺北柴村长的张乐卿清楚地叙述了村庄政权结构的原理：它植根于自然村的宗族组织。族内的纷争，例如分家时的争执，通常由族中威信高的人出面调解。在理论上，那些族长是族中辈分和年龄最高的人。但实际上，他们常是族中最富裕和最能干的人。无法在族内解决的事项，例如不同宗族间的纷争，或村庄与外界（特别是有关赋税方面）的交涉，则由各族的领袖组成的12“董事”协商处理。在寺北柴村，全村7族都有董事代表（较大的宗族由两人代表）（《惯调》，3：41—44）。

这个结构，在20世纪中，在政府多次试图强加他种组织的压力之下，仍然顽固地存留着。以后夏寨为例，一向按宗族分为三牌:村东的马氏,中部的王氏,以及村西的魏氏(加上其他小家族)。根据村民在调查时的证述:担任各牌首事的人,通常必定是该牌自己的族人。1928 年,南京政府下令各村选举村长,后夏寨只不过把旧的领袖改称为村长。1931 年,政府提倡实施以 5 户为一组的邻闾制度。这次,村民干脆对命令置之不理,而继续沿用旧法(《惯调》,4:424,450,404)。该村甚至违抗日本占领军当局强施的保甲制。1942 年,满铁人员进行调查时,发现该村居民十分内向,不愿协助调查工作(《惯调》,4:404—405)。

后夏寨在 20 世纪,仍是一个以自耕农为主的相当紧密的村庄,但即使在村民已相当程度地半无产化,而且村庄共同体已相当松散的沙井村,植根于宗族组织的权力结构仍继续存在。民国初年,该村共有 7 个会首。当村外的政权试图强施邻闾制时(20 世纪 20 年代后期),沙井村只在形式上遵从,旧日的会首对外自称闾长,但在村民之间,闾长仍是旧日的会首。1939 年,日本占领军当局强行保甲制,命该村重编户口。旧会首又再一次在表面上依从,自称为甲长。实际上,每甲只是个 5 户至 10 户的家族组织,照旧由族人领导(《惯调》,1:100—101,116—118,124)。

这些会首往往出于村中的富户。表 13.2 列出沙井和冷水沟的首事,及其所有的土地亩数。

如上所述,沙井村只有一个经营式农场主,而没有富农。这是一个以贫农为主的村庄。村中 51%的农户种地 10 亩以下。表 13.2 中这些村内自生的领袖很明显是来自最富裕的农户。唯一的例外是杜祥。据说他书法很好,常负责抄写村中文件,祖父又是过去全村的首户。冷水沟的名单不言自明:他们都是村中经济地位最高的人物。当问及会首是否为村中有权势者时,一个冷水沟村民答道:“他们是有很多地的人,也有才能,他们全是村中的老居民。”(《惯调》,4:25)

表 13.2　冷水沟与沙井首事所有土地　1935—1942

冷水沟	所有土地	沙井	所有土地	耕作土地
(管事)	(亩)	(会首)		
李相龄	160	杨泽	35	35
杨翰卿	160	杨润①	11	11
王维善	80	张瑞	110	110
任德轩	100	杜祥②	11.5	18.5
李凤贵	40	李儒源	76	76
杨立德	60	张永仁	46.2	57.2
李凤节	140	赵廷魁	14	34
李文汉	100	杨源③	40	40
		李秀芳③	49.5	54.5
		杨正③	40	40

出处:冷水沟:《惯调》,4:25。

沙井:《惯调》,1:100,124,附录。

①刚售出 22 亩,留下 11 亩自耕。

②曾上学,擅书法,村中文件多由他书写。

③新近成为会首者。

备注:括号内注明当地人对村庄领导人的称谓。

财产和领导权,经济地位和政治地位的相互交叠,可以在西德尼·甘布尔(协助李景汉)20 世纪 30 年代的研究中得到进一步的证实:

> 在众多村庄中，财产是获得村中长老身份的一项资格。有时不限定数量，由最富裕的村户的家长充任。有时则规定要有一定数额的土地才可担任长老……穷人绝不会被任命，部分原因是土地太少，但也由于处理村务需要相当多的时间，负责者至少要有一些余暇……（Gamble，1963：50—51）。

正如甘布尔的进一步证明：村庄首事在一定程度上是个自我延续的阶层。5个村的48个村领中，有整整37人在调查时是他家起码第二代出任“长老”的人，33人是第三代以上的。在另外12个村141个村领中，有55人在30岁之前已继任（或被委任）他们的职务（可见“长老”一词并不完全恰当）。他们大多已任职10年以上（Gamble，1963：323）。这些首事，显然不是一个平等的民主共同体所选出的代表。他们虽是庶民，却常是与众不同的上层人物。他们的地位，和他们的土地财产一样，常是代代相传。

但这并不意味着村庄首事是一个封闭的等级。甘布尔调查的48人中，有11人是他家第一次出任首事的人。甘氏也提供了资料，追溯一个村庄在30年代前100年中的领导层的变迁情况，说明村领的数目有相当的变动：从4个增至11个之多，后又降回到3个，然后又增加到8个（Gamble，1963：62—63）。由此可见，这个阶层的进出流动性相当大。换言之，村庄的领导分子，绝非一个世袭的贵族阶层。

当然，在有些村庄中，有一家或几家世世代代凌驾于其他村民之上；士绅家庭尤其如此。可是大多数村庄中，我们现有的证据显示，首事与其同族人之间的社会距离要小得多。首事中有的人是经营式农场主、小地主或富农，许多是富裕中农，他们几乎全是庶民。他们的地位只能延续到和他们的财产相当的地步。在这个均分遗产的小农经济中，一个小地主，很容易在几个儿子一次分家之后，下降到中农的地位，再一次分家，就可能沦为贫农，并从村庄首事阶层流出。同时，一个中农有可能累积土地而升为富农、经营式农场主或小地主，并介入村庄的领导阶层。简言之，自然村的政权组织，在很大程度上反映了本书第二编所勾画出的社会经济结构。在冀—鲁西北平原上，政治领导权的延续和变化，反映了社会经济地位的持续和流动。

共同体领导抑或国家政权代理人

在这种情况下，一般的首事认同于自然村的利益多于外界的政权。我们又一次可以从实地调查资料中找到这个假说的事实根据。

20 世纪，县政府为改革村庄的政权所采取的第一项措施，是推行村长、村副制度。在理论上，村长和村副要由县政府指派。他们应是官僚机构在村中的代理人。他们要负责税收、公安、学校和道路的修建等事务。但实际上，这个措施并没有能够真正改变旧制把村庄政权官僚化。例如，侯家营的 9 个会首，过去习惯上从他们中间选出一个“大总会头”为村领。在县政府命令实行村长制时，他们只改了“大总会头”的称呼。执行任务时，村长在重要事项上仍得征询其他会首的意见，和过去并无两样（《惯调》，5:47）。这种状况一直持续到 1939 年。那年，县政府任命了一个赌徒和吸鸦片的人为乡长,而此人则把自己的经办任命为侯家营的村长。

同样地,沙井的会首选定他们中的一人来担任村长。然后,召集全村二三十个“有识”之士开会宣布他们的决议。村民记述了两个具体例子:20世纪初年的李振宗和20年代的杜如海。1947年,县政府指令村庄用书面选票选举村长。沙井又一次只在形式上遵从。旧的会首先选定一个“候选人”,然后聚集三四十个村民举行当选仪式(《惯调》,1:123,146)。这些会首继续把持村庄政权。直到1939年,他们终于因外来的侵扰和压榨而拒绝办理村务。

吴店村的首事们,早在20年代便因军阀和土匪的勒索而退出村政府。寺北柴的领导则在30年代早期退出之后,被迫于1933年集体抗拒公然滥用职权的一个流氓分子。但后夏寨和冷水沟这两个高度紧密内聚的村庄,则一直保存了旧的政权机构,集体应付外来的侵扰和榨取(后夏寨,见《惯调》,4:424,408,406;冷水沟,见《惯调》,4:18)。

只要村庄内生的权力结构继续存在,首事们就会继续认同于自家村庄的利益,而不会甘愿作为外界政权的代理人。及至30年代,村长一直还是无薪的职位。县政府的预算中,没有配备村级官员津贴费的项目。对村长是否给予酬报,和过去一样由各村自定。一般的情况是把村长职责当作基本上自愿性的服务。如上所见,这个职位一旦因外来压力而变成一个繁重可怕的负担,会首们便索性拒绝服务。

即使在最佳状态下,这也是个费力多于报酬的职位。沙井的村长,虽经常忙碌于介绍土地租赁、劳动力的雇佣以及嫁娶等事(他和外界的接触比一般村民为多),但得到的酬报却十分有限。

他主要的收入来源,是土地买卖时填写监证草契、买契的收费(《惯调》,1:96)。寺北柴村的村长,情况较好一些。该村富裕人家按惯例送他些礼物,如蛋、肉、月饼等,算是对他的酬谢。他监证土地出售时的收费,一般为售价的0.5%。1910—1940年间,该村有300亩地转手,以1937年前地价平均每亩50元,1940—1941年每亩约为100—150元计算,则在1937年以前,他每年平均收入约2.50元;而在40年代初期,则比以前收入增加约一倍(《惯调》,3:38,66,251—252,331)。

村长的职务一般并不特别有利可图。事实可见于曾任寺北柴村长16年(1919—1930年及1934—1939年)的张乐卿的经历。其间,他多次受挫,甚至于要在1932年和1937年间典出他所有地83亩中的63亩。张氏这些损失多由于一些亏本的生意。他在1924年开办酒铺和饭店失败;1926年试养90头羊几乎全部病死。此外,1937年,他一连为酗酒兄弟、嫂子和侄儿三次举行殡仪,又耗去共约500元。他任职村长当然没有导致这些损失,但也肯定没有带给他足以摆脱出典土地厄运的利益(《惯调》3:347—348)。

表13.3　侯家营村长任期中以及1942年所有土地

姓名	任期	拥有土地(亩)	
		任期中	1942年
侯长赞	1915—1917	80	60
侯显扬	1917—1922	150	—①
侯恩荣	1922—1926	70	37
侯宝田	1926—1928	70	35
侯宝臣	1928—1932	60	—①

续表

姓名	任期	拥有土地(亩)	
		任期中	1942 年
侯大生	1932—1936	80	40
侯全五	1936—1939	160	160
刘子馨	1939—1941	170	170
侯元广	1942—	97	97

出处:《惯调》,5:42。
①已去世。

从侯家营的村长们的经历来看,他们一般都没有因职获利。表 13.3 列出 1915—1942 年的历任村长,以及各人任职期间和其后在调查时所拥有的土地,其中没有一个人因担任村长而得以增置土地。而 7 个活着的前村长中,有 4 人失去了部分土地。根据满铁调查:1942 年上任的村长侯元广勾结泥井镇的齐镇长,正在进行各种滥用职权的活动(《惯调》,5:50—51)。但在这之前,资料说明充任村长显然并没有很大的利益可得。甘布尔根据李景汉等的研究,也得出同样的结论:

> 根据我们的记录,村庄的长老和官员都是无偿地服务……大部分的长老,是较富有村户的成员,因而有余暇为社团服务……通常甚少谋得私利的机会(甘布尔,1963:60)。

因此,即使在 20 世纪外界政权的压制之下,本区村庄仍一度保持它们内部产生的政治结构,由村内家族中具有威信的人领导。而这些人一般都向村庄而不向国家官僚机构寻求认同。村中剥削关系,肯定是存在的,但通常通过租佃、雇佣劳动和高利贷等“正常”的关系来进行。在20世纪之前,外来政权的滥用权力,尚属例外的情况,虽然它很快即将成为较常见的现象。与较高度商品化地区的村庄相比,冀—鲁西北的自然村,在经济上、社会上和政治上,是较为闭塞内向的社团。

自然村和农民的集体行动

以上所述,并不是要否认村民也同时属于大于村庄的贸易和政权体系。即使冀—鲁西北商业化程度最低的村庄,也早在帝国主义侵入之前,就与外界有接触。把“前资本主义”村庄设想为一个不受市场经济影响的“自然经济”,是不符合过去资本主义萌芽论以及施坚雅市场结构模式所积累的研究成果的。“自然经济”的模式,也不能无视中央集权的政治体制和士绅统治阶层的影响。事实上,通过士绅,国家政权触及所有的村庄。

但我们也不能忽视自然村的闭塞性和内向集合性的一面。唯有从这样一个观点看问题:我们才能理解20世纪华北农村的一些重要的民众运动。罗克赞·普拉兹尼克(Prazniak,1980)说明庶民领导下的村庄,如何构成1910年山东半岛莱阳县抗税运动的基础力量。当时清政府为实行新政下的一些现代化措施,勒令加重田赋税额。当地的包揽商趁机操纵银和铜元兑换率肥己,又强加额外的附加税。由此引起的抗粮运动,主要由各村的村长和管辖数村的社长领导。他们全是庶民,并因此而受县城中的士绅显要们的蔑视。运动达到高潮时,该县整个北半部统统卷入,参与者约有

50 000 人之多。裴宜理探讨了另一种民众运动。她说明 20 年代和中日战争期间的“红枪会”，主要是村庄共同体的自卫组织。那个运动的高峰期间，可能有三百万名成员，它的起源，是个别村庄中的会首和其他殷实人家为抗拒土匪而发起的自卫组织。其后，当军阀吴佩孚和国民党政府试图加重苛捐杂税时，这些组织就一变而成为抗税运动的队伍。当日军入侵时，它们又变为自卫性的抗日队伍。在应付外来威胁时，这些村庄可以在短期间一致行动。但一旦渡过危机，它们便很快恢复到原来的分散状态（Perry，1980：152—207）。

刘少奇在 1938 年总结共产党在华北工作的经验时，明确地指出这些组织的闭塞和分散性：正如裴宜理（1980：第六章）清楚地说明，中国共产党与这些红枪会组织，有过一段曲折的关系，最后是不能合作的。

> 红枪会、天门会、联庄会等武装组织，在华北抗战中是一个很严重的问题。不论红枪会、联庄会，在华北许多地方都有过这种组织。最近，因为日寇的进攻，溃兵、土匪的骚扰，还有一些新的发展。这是深藏在民间的武装组织。他们是自发的，在国家政府方面没有法律的根据，但他们有长远的历史。他们的主要目的，是反对苛捐杂税及军队、土匪的骚扰，是单纯的武装自卫组织。日军、溃兵、土匪不到他们那里骚扰他们，他们也不积极出来抗日，打土匪，打游击等。他们的领袖大多是豪绅。但他们特别能够迎合农民落后、狭小的自身利益，所以他们能够很坚固地团结起来。迷信是他们团结农民

> 的一种方法(联庄会没有迷信,比较好)。他们对于一切问题都是从本身利益出发。谁去骚扰掠夺他们,他们就反对谁,解决谁。不管你是日军、伪军,抗日军队,或者政府、土匪和什么党派,他们的政治立场是中立的,……他们平时没有队伍的组织形式,但一到要作战时,即可集合成很大的队伍。……他们为了自卫,在本地作战,常常表现出很大的力量。……这种会门要宣传引导他们积极起来抗日,打游击,为了民族和国家的整个利益而艰苦奋斗,牺牲自己,是不容易的。(刘少奇,1938:51)

施坚雅在1971年提出了一个以村庄为中心单位的分析模式。他似乎有意把红枪会一类的现象包含在内,又似乎有意矫正自己以往过分强调"基层市场共同体"的偏颇。这个以村庄为主要社会单位的模式,认为一个自然村庄经过"开放"和"关闭"的"周期"。在一个新朝代兴起时,社会秩序重新建立,商业化随之而来,在行政和商业方面显现出较多的向上流动。这是村庄"开放"形式。这是一个从"政治"到"经济"和"社会"的开放过程。当朝代开始没落,向上的社会流动机会缩小,骚乱增加,贸易体系受到破坏,村庄也因匪盗及叛乱的高涨而必须设立看青和自卫的组织,最后产生武装内向社团,也就是最极度封闭的共同体。于是,"关闭"的过程就按"社会""经济"和"政治"的顺序而进行(施坚雅,1971:270—281)。在这样的一个模式中,村庄再度成为我们注意力的中心,至少在朝代衰落时如此。

下一章将说明"关闭"只是20世纪村庄变化的两个主要形式

之一。另一个形式是共同体结合力因小农半无产化而瓦解。当内部的半无产化和外来压力的增加,这两种趋势交接时产生的结果,不是“关闭”,而是原有政治结构的崩溃以及权力的真空。因此造成恶霸、暴徒得以乘机崛起的局面。

要了解这个过程,就需要从自然村的内向集合性这条基线出发。我们需要把国家、自然村、地方上的非官僚显要人物的关系,看作是一个三角形的关系。只着眼于国家和士绅之间的权力转移是不够的。在商业化程度较低的冀—鲁西北尤其如此。本区村庄结构在20世纪的变化,须从一个闭塞集合体的出发点来了解。

清代的经济和政治结构

清代的政治经济可视为含有三个互相依存的组成部分的一个结构:小农经济、地主制和中央集权的国家。从国家及其官僚机构的观点看来,小农是征税和征兵的理想对象。他们不能像大庄园那样抗拒国家权力。清代和以前其他朝代一样,实行扶持小自耕农的政策,并同时抑制大庄园的逃避或转嫁税额。从小农的观点来看,清代国家(初期强制圈地之后)大体上担保和维护了他们的私有财产权。他们的法定身份虽处于士绅之下,但他们的庶民身份也在一定程度上受到法律的保护。如上所见,清政府曾积极维护佃户的庶民身份。而且,国家政权在管理防洪所起的作用,对本区小农来说特别重大。

同样,国家政权和地主制度也互相依赖。从国家的眼光来看:一个土地所有权与行政—司法—军事权分开的地主制,远比西欧块分政权的领主制度可取。清朝末期国家机器中的官员，几乎全部从地主阶级通过科举制度吸收。正式的官僚机构力所能及的范围以下，地主是国家政权借以控制自然村的不可少的居间人。国家机器可以说是依靠小农经济和地主制两条腿走路的。它要求双方关系达到对国家政权有利的均衡。

从地主阶级的观点来看，国家保护和维持了他们的收租权，因而也就保证了他们占有小农经济所生产的大部分剩余的权力。正因为取得了此剩余，地主阶级才得有余裕从事农耕以外的事业。此外，在地主的面前，国家提供了循科举而获显要身份的诱饵。一旦进入了缙绅阶层，就可以获得庶人无法得到的报酬。19 世纪一个知县，每年平均收入约 30 000 两，总督约为 180 000 两。与此比较，一个有地 100 亩的小地主，只有 100 两左右的租金收入。真正成功的地主，是爬入士绅阶层的人，而真正成功的士绅，是进入官僚机构的人。

最后，地主制与小农经济也一样互相依存。没有小佃户家庭式农场，就不可能有地主制。地主是靠佃户农场的剩余来供养的。在小所有者看来，他和地主同样地依赖土地私有和买卖的制度。至于佃农，他们都是希望占有土地，对作为地主制基础的土地私有制本身，不会轻易抱有怀疑。虽然本区的土地集中程度，远较长江下游或珠江三角洲为低，但上述的原理仍大致一样。

要长期维持由这三个组成部分结合而成的体制，基本条件是：国家必须控制极大量分散而闭塞的村庄。但一个前近代的国家机器，对为数可能到百万的村庄不可能直接控制。明清时期的国家政权，采取了间接的统治方法，即通过紧密控制的科举制度，掌握进入社会上层的途径,凭借爬升上层的诱饵,换取村庄领导阶层对这个制度的忠诚。联系结合这个社会政治体制中的两个层级的主要方法,是使村庄的富农、经营式农场主和小地主,得有可能爬升为地主和官僚。这些途径,赋予清代的制度相当的活力和灵活性。只有当这个体制的三个组成部分同时经历基本的变化时,整个结构方才分解,由新的体系取而代之。而在这之前,华北平原的大部分村庄是相当闭塞内向的单位。

第十四章　自然村结构的变化

20 世纪农村经济的加速商品化，以及小农的半无产化，对村庄的结构有深远的影响。我们在这里没有必要详细讨论显而易见的一面：农村因这些趋势加强了与外界的联系；需要讨论的是：这些变化怎样引起村庄内部的组织发生变化。

本章将引用满铁——东京大学调查 6 个村庄的资料，来说明一个村庄的社会结构会影响它的权力组织及其对外来压力的反应。以自耕农为主的村庄一般都能维持它们相当紧密的村庄组织。以半无产化了的小农为主的村庄则不然。一个原来组织严密的村庄，面对外来威胁，有时会自我“封闭”，变成一个与外界隔绝的武装共同体。一个原来组织已经松弛了的村庄，则可能在外来压力下分崩离析，沦为散沙似的里弄，受外界势力的摆布。

自耕农和雇农的差别

如第十章所见,中农往往雇用一些劳动力协助自家的生产(见表10.1米厂村各阶层农户的劳力来源),有的雇用年工。表14.1显示4个村庄中28户使用年工的中农(4个村共有43户雇用年工),他们总共雇用4个村中72个年工中的29人。不出所料,他们使用短工更多,实际上是农村主要的短工雇用者。表14.2显示他们在4个村的共32个雇主之中占去27个,雇用总数2457工中的1773工。

表14.1　河北4个村中雇用长工的雇主经济状况　1936—1942

村庄农户	家庭人数	男丁数	雇用长工数	拥有地(亩)	租入地(亩)	耕地总面积	阶级
大北关(1935)							
#1	27	5	5	243	0	212	经营式农场主
#2	14	4	4	218	0	189	经营式农场主
#3	17	3	2	145	0	124	经营式农场主
#6	3	1	2	63	0	63	富农
#7	7	2	1	59	0	59	中农
#11	4	1	1	48	0	48	中农
#13	3	1	1	40	0	40	中农
#31	3	1	1	20	5	25	富农[①]
沙井(1942)							
#1	17	4	1/2	76	0	76	中农
#6	9	3	1/2	31	0	31	中农
#7	9	?	1	50	5	55	中农

续表

村庄农户	家庭人数	男丁数	雇用长工数	拥有地（亩）	租入地（亩）	耕地总面积	阶级
#19	3	1	1	25	0	25	中农
#35	5	1	1	17	0	17	中农
#36	8	2	1	16	30	46	中农
#49	5	1	1	40	0	40	中农
#59	5	1	1	19	5	24	中农
#61	18	3	3	110	0	110	经营式农场主
米厂（1936）							
#3	9	2	1	61	0	37	富农
#5	8	1	2	51	0	32	富农
#7	12	3	3	81	22	103	富农
#8	8	3	2	130	0	120	经营式农场主
#9	12	3	3	109	0	109	经营式农场主
#11	8	3	1	51	5	56	中农
#13	4	2	1	41	0	41	中农
#17	8	3	2	18	0	18	中农
#22	35	10	6	157	26	183	经营式农场主
#23	9	3	2	58	14	72	中农
#25	5	2	5	57	8	65	富农
#32	2	1	2	21	2	23	富农
#34	22	3	1	26	12	38	中农
#59	4	1	2	5	20	25	富农
寺北柴（1942）							
#2	3	1	1	2	30	32	中农
#34	5	3	1	18	23	41	中农
#44	15	4	1	0	60	60	中农
#48	11	3	1	25	51	76	中农
#55	4	2	1	13	34	47	中农
#64	9	1	1	35	4	39	中农

续表

村庄农户	家庭人数	男丁数	雇用长工数	拥有地（亩）	租入地（亩）	耕地总面积	阶级
#72	14	2	1	26	32	58	中农
#82	6	3	1	20	63	83	中农
#89	14	3	1	39	50	89	中农
#119	14	2	1	23	14	37	中农
#132	6	3	1	8	50	58	中农
#138	6	2	1	24	15	39	中农

出处:大北关:满铁,冀东农村,1937a:30—39。

沙井:《惯调》,1:附录。

米厂:满铁,冀东农村,1937b:29—38。

寺北柴:《惯调》,3:524—533。

①还雇用短工 90 工,自己劳动不多。

表 14.2　河北 4 个村中雇用短工 10 工以上的雇主经济状况　1936—1942

村庄农户	家庭人数	男丁数	雇用短工数	拥有地（亩）	租入地（亩）	耕地总面积	阶级
大北关(1936)							
#1	27	5	40	243	0	211	经营式农场主
#2	14	4	18	218	0	188	经营式农场主
#9	6	2	200	48	2	50	中农
#31	3	1	90	20	5	25	富农
#33	4	2	200+	20	4	24	中农
#63①	4	1	70	11	0	11	中农
沙井(1942)							
#47	5	1	60—70	35	0	35	中农
#50	10	2	50	14	20	34	中农
#54	6	1	?	20	0	20	中农
#68②	4	1	25	0	4	4	不详

续表

村庄农户	家庭人数	男丁数	雇用短工数	拥有地(亩)	租入地(亩)	耕地总面积	阶级
米厂(1936)							
#6	3	2	33	24	0	19[③]	中农
#7	12	3	92	81	22	103	富农
#8	8	3	400	130	0	120	经营式农场主
#12	8	3	90	42	0	42	中农
#15	6	2	65	20	5	25	中农
#17	8	3	50	18	0	18	中农
#25	8	3	34	57	8	65	中农
寺北柴(1942)							
#62	7	2	?	3	62	65	中农
#69	9	1	?	3	28	31	中农
#70	7	2	?	19	14	33	中农
#78	5	2	?	10	10	20	中农
#79	5	2	?	10	10	20	中农
#80	?	?	?	17	1	18	中农
#93[④]	3	2	150	7	8	15	中农
#94	8	4	50	6	35	41	中农
#95	8	1	50	20	0	20	中农
#96	7	1	25	15	7	22	中农
#105	7	3	30	10	50	60	中农
#111	7	2	50	18	10	28	中农
#121	4	1	100	19	3	22	中农
#135	2	1	90	8	7	15	中农
#138	6	2	40	24	15	39	中农

出处:见表 14.1。

备注:若把 60—70 算作 65,每个未知数(?)算作 50,所得出的短工总工数是 2457。其中,中农雇用 1773 工,富农 226 工,经营式农场主 458 工。

①户主主要靠织布为生。
②户主出外工作。
③租出5亩地。
④户主是65岁老人。

这样的自耕农会因雇用劳动力而增加收益。举例来说,沙井村的杨源(第49户)和一个雇工一起耕种自家40亩地。如果单靠自己的家庭劳动力(他家只有他自己一个成男劳动力),他家的收入就会局限于一个劳动力所能耕种的20来亩地。米厂村资料说明,长工的工资通常占他们劳动总产值的1/4至1/3,而生产支出——肥料、赋税、种子——占1/3左右。雇用一个长工,杨源可以把他家的净收入提高到约相当于该长工劳动成果的1/3的价值。

使用短工的道理也一样。举例来说,沙井第47号农户(见表14.2),因雇用短工60—70工,而得以耕种多于只用自家一个劳力所能耕种的土地。因此,这家农户的收入增加了相当于扣除工资和生产费用之后的短工劳动净产值。

中农雇工的这个事实使我们联想到,他们多半会把自己的利益认同于村庄最上层的经营式农场主和富农,而不会认同于出卖劳力的长工。

他们与国家政权的关系,也与长工无产者很不一样。18世纪20—50年代间,清政府正式“摊丁入地”。这项措施,其实等于豁免无地的长工和佃农的税务负担(当然,某些商品及交易税除外;但这些税项,比起田赋及附加税来,是为数甚微的——见表15.5)。这个政策,一直延续到20世纪因国家机器现代化的需要而加重税收为止。

这样,关心税务的主要是有地的人。而他们的切身利害关系会使他们特别关心村政府的事务——主要是税收。他们也是最有可能参与抗粮运动的人。即使在有些场合中,村庄各阶层的民众会因亲族纽带、村庄整体意识、信仰,甚或只是某个领袖人物的威信,全体动员起来抗税,但事实上主要还是有地的纳税者的利益受到牵连。

可想而知,有地者与无地者在村内的地位也有很大的差别。一般村民视长工为乡村社会的最低阶层(当然流氓、乞丐、娼妓等人的地位更低)。举例说,后夏寨的村民一向把长工的工作视为本村人不肯做的低贱工作。直到调查的前几年,才有3个村民因生活困难不得不当长工。而在此之前,全村的10个长工,都是从附近泰安县来的"山居的人"(《惯调》,4:178)。

尽管长工在18世纪后期已获得法律上的平民地位,但在20世纪30年代,他们和雇主之间仍保持一定的距离。在大部分村子里,长工不能以熟人的方式称呼其雇主,而要称雇主为"掌柜",称呼其成年儿子为"小掌柜"。雇主及其家人则称雇工为"伙计"。有时连同姓氏,以资区别。例如"李伙计";或者再附上一些前缀,如"大伙计""二伙计""三伙计"等。有时则索性叫工人的名字(《惯调》,3:145;4:94,402;景、罗,1957:120—122)。

长工在村中地位低微,部分原因当然是因为他们贫穷。在别的村民看来,他们是在一场竭力保持田地的挣扎中的失败者。他们一般没有能力成家和生儿育女。他们的命运,是村民们所力求避免的。

另一部分原因是他们之中有许多是外来“寄住”的人。表 5.1、表 5.2、表 5.3 列出的 18 世纪 54 个雇工当中,只有 7 个明确是当地的人。我们即使把所有来源不清的人都算在内,来自他方的人仍约占所有雇工的 2/3。到了 20 世纪,虽然更多的小农经历了半无产化的过程,在自家的村庄上打工,但外地人仍占相当大的比例。

我们可以在 30 年代一些特别详细的调查资料中看到,哪些长工来自外地,哪些是本村的,从而得出一个大概的比例(当时一般的调查,只包括村中的长期居民,并不包括从村外雇来的长短工)。米厂村的 34 个长工中,共有 17 人来自外地。大北关的 18 个雇工中,有 11 个是外地人。冷水沟的 21 个长工中,则有 17 个外地人(满铁,冀东农村,1937b:25—28;1937a:27—33;《惯调》,4:4,178)。

由此可见,长工多是村庄的边缘分子。对他们工作所在地的村庄来说,他们是寄住的人,过年过节都要回去。对他们的家乡来说,他们是长期在外工作的不在村分子,一年中只回家几个星期。无论是在打工地点,还是在居住处,他们都不是该地资格完全的成员。

相形之下,自耕农多是村庄中的中坚分子,等于是这个社团中的中产阶层。村中若有大地主或经营式农场主,这些自耕农是支持后者的主要社会阶层。不然,他们本身就是提供村中掌权的“董事”或“会首”的阶层。

婚俗中的阶级差别

自耕农和长工社会地位不同亦显示于他们办理嫁娶喜事的不同方式。自耕农通常会遵循一般的婚姻习俗，付出一笔可观的彩礼，他们的女儿也会有一份体面的嫁妆。他们选女婿或媳妇，多挑与自己门当户对的家庭。喜事要办得恰当、体面。有适当的庆祝和贺礼。所有这些，都使新娘子在一个新家庭和新村庄中获得应有的地位。

相反，长工多无能力娶妻，或者只能廉价娶个童养媳。太行山脚十里铺村的穷人家，多借领童养媳的方式娶妻（Crook，1959：101，104—106）。但对整个冀—鲁西北平原来说，这似乎并不是一个通用的方法。满铁调查人员只找出两个具体事例：一个在侯家营，一个在祖各庄（《惯调》，5：61；4：90）。冷水沟和吴店村在调查时没有，但村民记得"很久以前"有过（《惯调》，5：110，488）。一般来讲，本区赤贫的村民，似乎不娶妻的多于娶童养媳。[①]

吴店村一个村民，这样对调查员解释娶童养媳的根由：贫困的家庭，让别人把女儿养大，可以减轻自家的负担；对未来新郎的家庭来说，这样做也比讨个长大成人的新娘子便宜（《惯调》，5：488）。但这位村民进一步解释道：收童养媳的家庭会被人看不起，因为这

---

① 1980年我在沙井调查问起这事时，村民告诉我说，过去曾有一个这样的事例：有地三五亩的杨保森（明旺子）的老婆是个童养媳，村民之能够立刻指出全村唯一的童养媳，当然更证实了童养媳在本区比较罕见的事实。也同时说明，这个娶妻方式是不体面的。（Wolf and Huang，1980：326—329，总结了现存关于各地区童养媳事项的材料。）

样的新娘子"不是上等的"(《惯调》,5:488—489)。虽然如此,安次县祖各庄的焦玉仍用这种方式为儿子讨了个媳妇,他说:"儿子长大了,我们便不能给他讨新娘了,因为(长大了的)新娘的家会要钱……"(《惯调》,4:90)

正如吴店村民和克鲁克夫妇所指出:这样的婚姻,会影响到一个女子在她嫁去的村庄里的地位。和她丈夫一样,她在村里会被视为一个资格不全的村民。此外,至少在十里铺,穷人在村中形成了一种次社群。他们性方面的行为和道德观念与中农的"清教徒"作风不同。穷人家的妻子被视为下等的人,又因丈夫常外出做工而长期独自居家,有可能在男女关系上比较随便(Crook,1959:106;比较倪[Nee],1979)。毛泽东(1927:237)在《湖南农民运动考察报告》里曾经谈到这一点:"因为经济上贫农妇女不能不较富有阶级的女子多参加劳动,所以他们取得对于家事的发言权以至决定权的比较多。性方面也比较自由,农村中三角关系及多角关系,在贫农阶级几乎是普遍的。"(这段引文中的第二句后来在重印的《毛泽东选集》中删掉了。也许是出于对性别歧视和阶级歧视的含义较敏感的人的建议。)

在富裕自耕农的娶体面妻子、欢宴全村,和贫穷长工的讨不起老婆或养童养媳两极之间,存在一系列微妙的身份差距。举例说,沙井村的婚筵可以清楚地按两个尺度来分等级:食物的质量和邀请的人数。吃的方面的等级,由上而下是:"二八"或称"八碟八碗",也就是八碟蔬菜八碗肉;"八碟四碗";和"八碟吃面"。在我访问的村民之中,前经营式农场主(也是前村长)张瑞与前中农李广志都记得,他们办的是最高级的八碟八碗。现任大队队长的张林炳,解放前在叔父张瑞家当过三年长工,他记得他家办的是“八碟、四小碗、吃面”。

请客的人数也分三等。第一等是“大办”,即婚筵开 30 桌之多(每桌 6 人),请的不单是村内同族和村外亲戚,还包括其他的同村人。张瑞在 40 年代为他的长子摆过这样的一次筵席,花费约相当于长工年薪的一倍。第二等是“小办”,只请同族和亲戚,通常也有十来桌。中农李广志成家时办的是这样规模的婚筵。最下等的叫“不办”,只请同房至亲和亲戚,只有三四桌。张林炳家摆的筵席介乎二、三等之间:有 8 桌。

这种习俗及与此俱来的身份地位意识,一直维持至今。现在当大队长、生活不错的张林炳,骄傲地忆述他在 1974 年为长子摆过十二三桌“二八”席,花费 100 元以上。张瑞却只能为三儿子摆五桌“八碟吃面”,没有肉。革命颠倒了雇主叔父和长工侄子的地位。

贫农的双重性质

自耕农与长工之间的差别,当然比中农与贫农之间的差异清晰。实际上长工只占农村人口的约 10%,是贫户的少数。贫农大多仍经营一个小家庭农场,只以部分时间佣工。他们同时具有有产小农和无产长工的两重性质。

冀—鲁西北的贫农之中,约有半数佃耕起码一部分的土地。这些佃农,在过去享有长期租种一块土地的权力时,性质比较像自耕农——他们有自己的农具,耕作上多有自主权,对自家农场带有业主的意识。但租佃契约之转化为短期租约,并从分成租改为定额谷物或货币租,使这些佃农进一步半无产化。在短期的租约下,他们不大会对自己耕作的土地抱有业主的意识;他们虽然可以按照自己的主张生产,但已带有为人佣工的意识。

无论是佃农,还是自有土地者,贫农的绝大部分都打些短工。因此,他们在作为农场的"业主"之外,还体验到为人佣工的生活。这种经历,使他们与外界的接触比自耕农为多,即使只是些附近村庄的雇主和短工。此外,一旦为人佣工,他们会降到近乎长工的身份地位。正如沙井的一个村民指出,短工和长工在同一块田里工作时,要听命的是短工(《惯调》,2:86)。因此,在身份地位和利害关系上,贫农都不会像他们较富裕的街坊那么紧密地与村庄社团成为一体。

两个紧密的村庄及其"封闭"

后夏寨村位于山东平原边缘地区,是一个比较紧密结合的共同体。尽管该村在30年代农业商品化的程度颇高(20%的播种地种花生,5%—10%种棉花),但社会分化的现象较微。这里的自耕农享有一个相当稳定的生态环境,土地也不受商业资本渗透的影响。在30年代末期,该村124户农户中,足足有107户拥有自己耕作的全部土地。只有13户租入部分的耕作土地,4户受雇为长工(6户主要依赖农业以外的收入)。该村没有一户人家算得上是"富户"——拥地过100亩的村民(《惯调》,4:10,399,402,459,464,475)。换言之,这是一个未经阶级分化的自耕农村庄。

正如我们所料,此地的亲族组织也较稳定,虽然并不十分强大。所有的大族如王氏、马氏和李氏,在日军占领时代,仍保有各自的公用坟地。他们都依照早就存在的惯例,把公用坟地的几亩可耕地,租给族中贫户,维持援助族中至贫者的礼俗形式。每年在新年和清明节时,都有祭祖的习惯。马家和王家习惯在新年聚宴(由各成员集款)。即使在战争期间,日子艰苦,仍未间断(《惯调》,4:438—440)。此外,婚丧场合全族习惯聚首——这是本区的常例。

该村宗族关系较为紧密的另一证明,是恪守族人有权优先买卖土地的惯例。此惯例的目的是维护同族的地产,避免分家之外的进一步分裂。只要这种习俗得以维持下去,族人的耕地及家宅,就有继续群集的倾向。这个惯例还起到一个非常实际的作用:当一个族员因贫困而被迫卖地时,他邻近的亲属,有权优先买入与其靠近或接壤的土地。在后夏寨,即使到了 20 世纪 30 年代后期,这种惯例一直没变。一个村民叙述说,一方若违反此惯例,对方就有足够的理由上诉法庭。

亲族纽带对生产关系也起着相当大的支配作用。该村 13 宗租佃契约中,有 7 宗是亲属间的租赁(其余是亲密朋友间的)。7 宗之中 5 宗注明是分成制,且全部是较长期的租契。一般从 3 年至 5 年(《惯调》,4:461,475)。在这里,地主—佃农的关系,仍是多重纽带的关系,在阶级关系之外还涉及亲属或朋友的人身关系。只单一地从阶级关系的角度来看待这个村庄内部的社会关系,是不符合实际情况的。

在血缘关系之外,同村街坊间的准亲属关系,也加强了一村的集体认同感。像华北大部分村庄一样,这里的村民也沿用习俗上的街坊关系。这种礼节在后夏寨的分量可见于以下事例：日本调查员向一个村民问及他和其他各族成员的辈分关系时，他毫不困难地把同村4个宗族所有成员都按辈分关系和自己配搭起来。辈分比他低的，他会直呼其名；辈分比他高的，他习惯加上称谓，如“爷爷”“伯父”和“叔父”（《惯调》，4：439—440，447）。这个结构的严密性，可以用一个例子来说明：马凤舞娶了一个以前的同学的女儿之后，得改称这个同学为“叔父”，而自称“小侄”（《惯调》，4：436）。

新近移居该村的人，被称为“寄住”，不被纳入这个准亲属结构之内（《惯调》，4：436）。所有的“老庄”，都知道自己在这个结构内相当于其他每一个人的辈分。他们全都从幼年开始熟悉这些称谓方式。

村庄的整体性还可见于许多全村性的组织。一个上文已经提过：按月从每个社员征收两毛钱，用来买廉价面粉，确保社员过年用的“饽饽社”（要记得穷人很少吃麦子，麦子是“细粮”，比高粱玉米等“粗粮”贵得多）。此社有时还向社员放债（《惯调》，4：423—429）。

该村的另一个重要组织，是宗教性的“乡社”（也叫泰山社）。这是个拜所谓“泰山老母”的组织。每月初七集会；月会一般有70人左右参加，在会首家中召开（满铁调查时会首名叫马士超）。会员每月缴费一毛。会社的基金，有时用来贷给有急需的会员（月息三厘），但主要是用作三年一次的“发驾”经费。届时，村民登上村东的砂山，请道士读经文，叩头后烧泰山老母的绘像“纸驾”以祭此神。第二日吃饭，有馒头、肉、白菜等。这是全村的主要庆典。会社由全村三个宗族各出一代表领导(《惯调》,4:415—416)。

后夏寨对20世纪外界入侵的主要反应,是内向的自我“封闭”。20年代,在盗匪的抢掠之下,该村于1925年迎接了一个来自邻近德平县的红枪会老师刘文新。后夏寨和接邻的前夏寨共有70人,参加了这个新的自卫组织。刘氏传给村民数项红枪会的技艺:每天打坐三小时,据说这样可以刀枪不入;戒绝诅咒、求财和匪盗活动;每月初一、初三、初六、初九和十五日,戒绝与妻子行房。团员用刀剑和长枪武装起来,保护自己的财产和村庄(《惯调》,4:417—418)。

裴宜理清晰地说明了盗匪与村庄间的相互联带关系。她证明红枪会的成员,多出自中农阶层(有时甚至把土地所有作为入会的必备资格——Perry,1980:198)。她还指出:属于红枪会的村庄,在村中原有显要人物的领导下,政治上倾向保守,它们形成了阻碍共产党领导的阶级斗争运动的一股力量(Perry,1980:特别见第五、六两章)。这其实不足为奇。后夏寨可说是典型的红枪会村庄。①

在1930—1931年间,县当局在该村强施邻闾制度。结果是后夏寨连口头上都没有依从新制度。仍旧称其三个聚居区为东牌、中牌和西牌。每牌仍由各族首事领导(《惯调》,4:450)。

1938年,村民对于村长王庆龙的作为有诸多不满,但他们没有把事情闹到县政府里去解决,而是在村内自己解决:迫使王自动辞职(《惯调》,4:407)。此事本身就证明了村庄整体政治结构的

① 当然不是说所有的红枪会村庄都这样。有的肯定是在强大的地主控制之下,也有些是商品化程度较高或是集市点的村庄(Perry,1980:199)。和裴宜理一样,我在这里要指出的是,其他这些类型的村庄在红枪会运动中所占比例较小。

效力。

冷水沟村——位于济南城以东25公里,是我们的另一个以“封闭”来应付20世纪压力的紧密内向村庄的例子。和后夏寨一样,这也是一个以自耕农为主的村庄。村中316户农户中只有25户租地,3户属长工。这里的小农经济既有稳定的生态环境之利(见表12.5),又有颇为发达的藁绳手工业。但此村和后夏寨不同的是有3个经营式农场主富户,这是由于它接近大城市中心,而且有高度发达的水井灌溉,使这个村能把1/3的土地用来种植水稻(《惯调》,4:175—176;178—179)。不过这个村仍是一个未经阶级分化,以中农为主的社团。而这个社会结构为村庄带来了高度的紧密内向性。除了像后夏寨的组织,这个村庄还有一个防旱求雨的宗教性组织。调查员们观察的1941年农历6月的一次求雨仪式,显示了复杂的组织系统,共有99人,分成19个小组,各管仪式的一部分,从管理内外账房(每户收50钱)到“修表”(书写祈愿文)、“请神”,修理神像和玉轿,以至替游行的人打水、烧水等(《惯调》,4:30—33)。此外,还有一个“亡社会”,每年向每一名年老成员(1941年约70名)征收100钱,成立一个共同基金,为身故的会员买棺木(《惯调》,4:41)。

当1941年村子受到六七名土匪袭击时(他们向村长勒索1000元),该村组织了一个复杂的自卫系统来应付这些土匪。每户按每5亩所有地出1个男丁,每旬担任守更工作一日一夜。村里有地4200亩,组织了一支80多人的武装队。这支队伍又分为10人一组,在8个岗位巡回打更。每组分作两半,5人睡觉,5人守更。这样,村庄昼夜都有安全防卫(《惯调》,4:36)。

正如我们可以想象的，冷水沟村政府具有高度的稳定性。1941年当村长的杜凤山，从1927年起便一直担任该职(《惯调》,4:6—8,28)。也难怪日本调查员埋怨说村民自绝于外界，特别不肯与侵略者主办的调查合作(《惯调》,4:9,11,55)。和后夏寨一样，冷水沟对外界的反应，基本上是共同体的“封闭”。这种紧密内聚，使投机分子无法僭取村内政权。

部分无产化和村庄共同体的解散

像后夏寨和冷水沟这种自耕农社团，在冀—鲁西北平原的边区或生态稳定的地区，比较多见。满铁—东京大学所调查的另外4个村庄——在高度商品化的核心地区或灾难频繁的地区——都显示出较低的紧密性，在20年代后的变化型式也不同。

沙井是20世纪经历高度半无产化的一个村庄。如上所述，由于邻近大城市，该村商品化程度颇高，其播种面积的28%种小麦和大豆。它与商品化程度相似的后夏寨的不同之处，是自然环境比较不稳定。村西的小中河，从1913—1941年共泛滥五次，给许多小农家庭带来严重的损失。在这样严酷的生态环境和贫瘠的土壤上，经营式农业本来不大可能形成：该村唯一的经营式农场是得助于邻近大城市的就业机会而兴起的。张文通及其子张瑞每年带领同村街坊到北京从事“蜜供”工作，因此获利致富。

人口压力、商品化、自然灾害和城市就业机会等因素的结合，使该村阶级分化和小农半无产化的程度远高于后夏寨和冷水沟。调查员们曾要求村民忆述民国时期村中租佃和雇佣劳动的变化。

这个资料,虽如一般口述历史资料一样不完全精确可靠,但它足以勾画出该村发展过程的大致轮廓。

表 14.3 沙井村各阶级户数 1912—1942

	村民追忆,1941							按户调查
阶级	1912	1916	1921	1926	1931	1936	1940	1942
总户数	50	56	60	63	65	67	69	67
自耕农	30	36	38	28	28	29	31	26
半自耕农	10—12	10	11	11	24	30	30	8
佃农	8—10	10	11	11	11	7—8	7—8	5
雇农	—	3—4	10	6—7	5—6	3—4	3—4	19
非农业工人								9
受雇为短工	7—8	7—8	10	20	15—16	13—14	15—16	32

出处:村民追忆,《惯调》,2:72,87;按户调查,《惯调》,1:附录表。

备注:村民忆述的总户数与各阶级和数明显地不一致,但满铁调查人员没有试图协调这些数字间的矛盾。

从表 14.3 可见,村民追述的 1912—1940 年的村庄社会结构极为粗糙,所以我在表中加上一个栏目另外列出 1942 年 3 月按户调查所得的结果。后者根据每户的收入来源分类:一户的收入如有一半以上得自佣工,即划归“雇农”。在城市就业或有非农业收入者,亦以同样原则划分。在口述历史资料中,村民显然把所有拥有一些土地的人都划入“自耕农”或“半自耕农”之列,尽管他们大部分的收入来自佣工。因此,并不完全可以做比较。虽然如此,口述资料显示的主要趋势非常清楚:1912 年至 1940 年间,租地的半自耕农和打短工的贫农人数和比例,都有显著的增加。①

简而言之,沙井村进入民国时期,最初是一个主要以自耕农和长期佃农为主的村庄。但在短短20年间,它变成了一个以半无产化了的小农为主的村庄。因土地拥有权及与此俱来的社会地位的变化,而向村庄紧密认同的人数比例减少了。只有少量土地或没有土地,而与外界接触较多的人——不论是佣工还是租借不在村地主的土地的人——相应地增高了。村庄组织变得松弛了。有不少村民被迫把土地卖给任何出得起价钱的人。到了30年代,沙井村的1182亩土地中,有165亩属于村外人(87亩属于住在县城的地主,78亩属于邻近村庄的居民)(《惯调》,1:68,119)。这种情况,与后夏寨等村形成鲜明的对照,后者的土地极少卖与族外的人,更不用说村外的人了。

土地被卖给村外的人,不止反映出村庄共同体解散的趋势,也更深刻地反映出宗族关系的崩溃。民国以前的沙井,恪守同族和同村人有优先买地权的惯例。但到了近几十年,经济压力迫使贫农首先照顾自己的需要。我们可以用一个例子来说明,旧日的惯习是怎样被以土地为商品的新现实所取代的:李注源占有1亩地,与4个兄弟和其他亲属的土地邻接。新近迁入本村的赵文友想用这块地来盖房子,并愿出高价100元买入(在一般情况下,这块地只值70—80元)。李注源知道,若和兄弟们商量,他们一定会反对卖地。所以他自己拿定主意,没有告诉其他人,就把地卖给赵文友

① 1921—1926年自耕农人数的急剧下降,和打短工人数的剧增,可能是1919年毁坏了1/2至3/4庄稼的水灾,以及继之而来的1923年的旱灾和1926年的军阀兵祸所造成的后果。

了。问题是李注源的堂亲李广恩,一定要穿过李注源的田,才能通到自己的田地去。所以他曾千方百计劝阻李注源和赵文友,还请村长和会首出来调停,试令李注源撤销这笔交易,或者要赵把土地卖还给李氏宗族的人,可是全不生效。李注源和赵文友丝毫不肯让步。村中的惯例无法克服市场的买卖契约关系。李广恩也无法诉诸法庭,因为李注源的地契上没有让人通行的条文(《惯调》,1:289—290)。

李氏宗族解体的事实也可见于该族坟地的命运。上文提过,同族共用的祖坟地,是华北大部分宗族所拥有的唯一集体产业。它是宗族集合体的主要具体表现。但贫困的李氏则被迫把祖坟地都分了家。最后,经济压力迫使李广权的父亲把他的一份祖坟地典出给人(这里的祖坟地可以出典,但仍受惯例限制不可出卖)(《惯调》,1:258—260)。此事实清楚地表明,这是一个已濒临全面解体的宗族。

在这样的压力下,有的宗族已无法维持后夏寨那样的宗族礼俗——准许最穷的族人耕种祖坟地上几亩可耕地,表面上不收租金(虽然祖坟地的耕者,实际上负责供应清明的祭品,通常所费约相当于土地产值的一半,也正好是通行的租率)。在沙井村 7 个较大的族中,只有 3 个族在调查时仍然把祖坟地租给最穷困的族人(《惯调》,1:262—263,283—284,303)。

那时,过去用来掩盖贫富差距的礼俗已不多见。村民在 7 月高粱开叶子时,依旧保持“开圈”习惯:允许全村民众在固定的几天之内自由地采摘高粱叶子。这个习俗有悠久的历史。一方面是为了救济共同体中最穷分子,更主要的是为了生产上的需要:及时把高粱叶子摘去,才能确保高粱适时成熟。1941 年时,穷人可以把摘得的叶子以每 100 斤 1.5 元的价格卖出——相当于一斤棉花或半斤小米的价钱。此外,穷人还有"拾落穗权",从村外来的穷人也可以参加(但只准本村村民摘高粱叶)(《惯调》,1:75,186—187;5:30,53,415)。但这种习俗,对沦为拾荒者的人们的悲惨遭遇,是不会起太大作用的。

村庄社会结构的解散,可见于村民共同组织之阙如。此地看青是由一个雇佣的穷人来负责的(1940 年,一个看青者的年薪是 60 元,约等于一个年工的现金收入,但不包括伙食;他得用佣金来保证街坊们的庄稼的安全——是一件不好做的差事)(《惯调》,1:103,119)。村里也没有任何自卫团体。

甚至连宗族组织,也因村庄的分化和半无产化而消失。村中三间寺庙的新年拜祭,过去一向是全村都参加的共同活动,现在已变为一项个人各自抉择的事。到了 1940 年,要拜神的各自去拜。而过去全村一年一度的聚宴,也只有几个交费的村民参加了(《惯调》,1:78,143)。

在这种情况下,难怪此村易受外来势力的欺压摆布。1939 年,日本当局强行实施保甲制度,并企图通过新建的"乡"制进一步控制自然村。沙井原有的首事,没有一个同意出任新乡长之职(负责沙井和邻近石门村的政事)。如上所见,结果这个权力真空,使流氓樊宝山得有可乘之机,僭取此职。樊显然是个颇为典型的村级小恶霸。他出身于相当富裕的家庭:祖父有地逾百亩,但樊宝山把所有家产都花光了。据村民说,樊宝山走路时昂首阔步,别人的一眼一瞥稍不合他意时,就要揍人。当了新乡长后,樊宝山处处滥用职权。最近的勾当是盗用县政府发放下来的铁路路轨枕木。当局调查时,樊就诬告另一村民偷用。但后来全村居民为此人作证,结果樊被定罪,关了两年。但他在1942年竟得以出狱,回到石门村。调查时,他又在街上欺凌暴虐,两村村民闻之色变。如前文所述,他阴谋吞占两村庙地为己有。后来因为日本调查员插手调停,才告失败(《惯调》,1:197—198,200—201)。

位于冀南平原产棉区中心地带的寺北柴村,比沙井村更高度半无产化。我在前面已详细讨论过这个村子,这里只简单撮述一下。棉花市场的厚利促使城居投资者在此村买去不少土地,而他们建立了一个对自己十分有利的连锁制度。佃农要向他们交定额实物租,使他们既可免受自然灾害的损失,又可充分利用棉花市场的价格波动来谋利。他们对贷款事业的垄断,使他们得能建立一套押租制度,既提高了所投资本的利润率,又免掉了田赋的负担,而迫使名义上仍占有土地所有权的出典者承担税务。这套方法使王赞周那种势力雄厚的不在村地主,得以在一代之内增置二三倍田产。在此过程中,他们使村中65%的农业户降为佃农和半佃农,28%降为主要依靠佣工为生的雇农。

在这种条件下,此村变得比沙井还要松散。再以祖坟地为例:这里连救济贫困族人的形式性慈善措施也不再维持了。村中可耕祖坟地,一般和任何其他商品一样处置:租给出价最高者,不问亲疏内外(《惯调》,3:91—92)。我们在这里完全找不到像后夏寨那种紧密的社群组织。

在30年代,即使像张乐卿那样,一向以遵守士绅阶层的理想去为社会服务而自豪的村长(他告诉调查员一个颇具娱乐性的故事:他和儿子及3个长工,在1940年5月10日击退了15个土匪——《惯调》,4:48—50),还是在无法忍受的土匪勒索和县当局重组村政府以及加重税务的双重压力下辞职了。村中其他首事,没有一个人肯顶替他的位置。1933年,县当局试图强制推行邻闾制度。一个叫李严林的无赖分子,趁机向县当局自荐为“当选”的村长。一旦有了官方做后台,李即在此后两年中肆意敲诈村民钱财,一直到村庄首事们向县政府提出控诉才被终止。在当局调查时,全体村民出而作证,李终以渎职罪被判入狱3个月。张乐卿在全村民众的支持下,重任村长。但他是在村庄社会结构解散和外来势力要求的双重压力下勉强执行职责的(《惯调》,3:50—51)。

分裂了的村庄

吴店村位于从南方通往北京的公路上。清政府在该村附近设有行宫,是皇室人员每年往祭西陵时的第一个歇息点。此村因位于交通要道,而非因商业性农业,也吸引了一些外来的投资。阶级分化的进程,在这个主要生产粮食的村庄也达到相当于高度商业化村庄的地步。20世纪30年代,全村57户,除了5户,全是租地的佃农和半自耕农。600亩租地(相当于全村耕地的54.5%)之中,有200亩属于3个不在村大地主:吴凤鑫、见某某和秦润田。吴氏在良乡县拥有土地至少3000亩,是该县“第一大户”。他是商人之子。清末民初在河南当了几年县令。调查时,在北京开了一家绸缎店。他在吴店村有地70亩。见氏继承了父亲一大笔遗产,当过几年教员,后来在县城一所学校当校长。他在村中有地30余亩。

第三个地主秦氏,曾在“南方”某“大官”手下任职,因而致富。后居北京,在村中有地100亩(《惯调》,5:515,519,584)。

吴店村由于位居战略要津,20世纪的每次战争几乎都受波及。1924年直奉战争期间,军阀部队向此村需索甚苛,后来村子又受到败军的抢掠(中日战争期间,再一次遭到蹂躏)。战祸的威胁,使大部分有条件搬家的人都移居他处,村中原来有地位的人几乎一个不留。从1920年开始,村长人选多次更换。在22年间,共换过9人——出任的人全是较年轻、土地不多的小农。没有一个拥地超过30亩。这与1920年以前的情况完全不同。那时的村长,通常是村中的富户——如郭宽在村中有地70亩,另于邻近还有地200亩。禹信三在村中拥地100亩(《惯调》,5:429—430,418)。

村中首事从村政权中退出使得村政日益恶化;日军的占领,更加重了村庄与外界政权之间的矛盾。1941年,县当局揭发村长赵凤林一年前曾盗用村庄税款约90元。赵氏遂被撤职,并被监禁一周。继任的张启伦,一个有地20亩的年轻中农,其实只是县城里一个巴结讨好占领军的人的傀儡。张氏与他的后台老板赵权,新近在日本当局强征每户35分税款时,加收15分中饱私囊。县当局发现舞弊后,召张启伦查问,但赵某却安排释放了他。满铁调查该村时,赵张二人正再度在村民头上滥加税额(《惯调》,5:408,421)。

在这样的情况之下,难怪此村已完全不理会亲属优先买地的惯例(《惯调》,5:473)。在19世纪90年代,这里的土地租赁,都是讲私人交情而又分担风险的分成谷租制;到了20世纪30年代后期,全都改用不讲交情的定额租了。村庄沙散到连一个共同组织都荡然无存的地步。

侯家营也同样经历了类似原子化分裂的过程,但其原因却不同。和吴店村一样,这里主要种植粮食,绝少经济作物。耕地中有一半是贫瘠的沙地或低洼易涝的土地。高粱、小麦或大麦的平均亩产量只约2斗,远低于邻近丰润县米厂村的小麦4斗、高粱6斗(《惯调》,5:144—145,147—148,180;满铁,冀东农村,1937b:表11)。在低产的压力下,村民向开发中的东北去寻找其他的收入。这个在山海关以南70公里的村庄,是通过外出就业而经历阶级分化过程的。有的村民像侯庆昌,因在东北就业而致富。侯氏自1901年开始在沈阳一家洋货店工作,逐渐升到经理之职。在该处工作的41年中,他在原有的16亩地之上,增置了153亩土地,而成为村中大户(《惯调》,5:288)。另一个致富的人是侯宝廉。他从1901年到1931年,一直在黑龙江宁安一家面粉厂工作,用所贮之钱在原有40亩田之上又买进了50亩地。他的兄弟在黑龙江牡丹江一家油坊工作,也为家里添置了20亩田产。两兄弟没有分家,到了30年代,他们共有地110亩(《惯调》,5:175—176)。村中9个大户中,5户是这样在关外就业而致富的(《惯调》,5:151)。

但更普遍的情况是,在关外找到仅能勉强维持家庭生活的学徒、苦力、商店伙计之类的工作。往往在外工作3年,才回乡一次。正如村民指出:回乡次数与旅费直接有关。从山东和山西去的人,5年才回家一次。一般都不可能每年回乡(见《惯调》,5:94,95,175,193,250,252—253,284,291,295,296各例)。

村民因此对出关就业有两种不同的说法。对于侯长永来说,这是可免则免的事:"如果在家乡租得起田,那比去东北强多了。""不是有侯庆昌这样(发了家)的人吗?""有是有的,可是也有人挣不到钱。”“在关外工作致富的人多吗?”“不,不一定。少得很。”(《惯调》,5:193)但另一个村民孔子明却说:“去的都是为了要贮钱买地。他自己在沈阳捱了15年,得以在原有的10.5亩地外加添了6亩。”(《惯调》,5;283—284)

关外就业促使村中土地租佃的增加:因为出外佣工的农户,常因自家劳力的不足而把土地出租给人。举例来说,刘万臣家有17亩地,但家中没有其他成年男子。他在关外工作时留了4亩地给妻儿耕种,其余的分别租给了4家人(《惯调》,5:97)。

1931年日本占领东三省之后,侯家营的人被迫几乎完全停止了出关去找工作。占领军当局严令禁止外人踏入东三省。这是他们有意把东北经济与中国本土切断,而与日本联结起来的政策的一环。日本当局基本上只准许苦力入境,其他的人几乎没有可能获得入境证。他们同时被禁止汇款回家乡。1942年,侯家营全村只有8个老东北和7个苦力仍在东三省工作(《惯调》,5:144)。

这个村庄因而损失了一个主要的收入来源,其后果和关闭东三省市场对依靠棉手工业的村庄的打击相似。到1942年,村中户口共有47%要租人土地。对一个以生产口粮为主的村庄来说,这样程度的阶级分化是高得异乎寻常的。

村庄的半无产化和迁徙年间频繁的进出流动,导致村庄的高度分裂。虽然这基本上是个单姓村(116户中84户姓侯),但宗族纽带关系在村庄生活中起的作用不大。土地买卖和租赁,一般都只取决于市场条件(《惯调》,5:199,67)。和吴店村一样,像后夏寨和冷水沟那种全村性的共同组织,在此村也荡然无存。

在日军占领之下,此村本身的政治结构,也和吴店村一样地崩溃瓦解了。结果,村中一个姓齐的无赖趁机追逐私利。齐某出身于一个自相残害的家庭:父亲在定居侯家营之前当过兵,兄弟是个不法分子,且与父亲不和,后来不知怎么死于老父之手。齐某自己抽大烟兼嗜赌。1940 年,他僭取了乡长的位置,在泥井镇办公,管辖侯家营。最初,村中一个很有威信的地主兼小学校长刘子馨,在齐某手下当了两年侯家营村长。1942 年继任的侯元广,是个唯唯诺诺的人,对齐某唯命是从。据村民说,齐、侯二人从村民中搜刮了 900 元。名义上是为了修葺村长办公室,实际上 600 元已足够重盖整栋房子了。村中学校教员刘斌义(刘子馨的侄儿),是个有正义感的青年。他决心抗拒齐某,和其他二人联名上诉县政府。但在齐某的淫威之下,地方上和村中无人敢出头作证。最后刘斌义被判诬告罪,鞭笞五十。1942 年,齐某把泥井镇的寺庙改为饭馆,损公肥己。据说在县衙里有权要给他撑腰,大家无法和他抗衡(《惯调》,5:48,50—51)。

由此可见,满铁—东京大学调查的 6 个村庄,在 20 世纪显示出两种主要的演变型式:以自耕农为主而生活又比较稳定的村庄,在对付外来威胁时表现比较紧密内聚;反之,村中大部分小农都已半无产化了的村庄,在面临外来威胁时比较容易崩溃,也易于被不轨之徒僭取村内政权。但我们分析此课题,不能只限于村庄内部的变化。下章将讨论村庄、士绅和国家这个三角结构中的另外两个角,在 20 世纪如何变化而形成前所未有的渗入自然村庄的地方政权。

第十五章　20世纪的自然村与国家

清末民初，地方政府的机构和权力，伴随着新设立的基层政权机关、武装单位以及现代警察和学校而扩张。这种扩张导致国家与自然村的关系发生根本性的变动。这种变动明显地体现于赋税的演变，因为税收是国家政权与村庄自身权力结构的重要交接点。地方政权机器的扩张，加重了县政府的开销，从而提高了它们对村庄在赋税方面的要求。而税额的提高，又意味着扩大税收机器的必要。下文将分析20世纪20年代之后增设的税项，以及随之而起的新的财政机器。在部分村庄，国家政权的渗入和村庄共同体本身的衰落这两个方面的互相影响，导致旧日关系的剧变，使地方上的“土豪”和“恶霸”得有可乘之机，来滥用政权、蹂躏村庄。

地方政府的军事化和现代化

20世纪地方政府权限的伸张，可以清楚地见于它们财源的扩张。长久以来,田赋收入一直大部分归中央政府。1753 年,中央政府总收入的约 73% 来自这些税款;截至 1908 年,商业税项的收入虽已大量增加,但田赋仍占中央政府总收入的 35%(Wang,1973:第 4 章)。可是在南京国民政府统治的 10 年之间(1928—1937),田赋完全归入省县地方政府,为其扩大了的机器所占用。

在清末"新政"之下,地方政府首次设立现代的警察及公立学校。当时,直隶总督袁世凯率先在全省推行他于 1902—1903 年间在天津设立的警察制,勒令富庶地区每 50 户出警察 1 人,贫瘠地区每 100 户出 1 人。截至 1907 年,全省各县平均设有警察 270 人。袁氏企图把清末地方士绅领导下的非正式武装力量官僚化、正规化,并以此来巩固县级政权(MacKinnon,1980:139—143,150—163)。

同时,袁氏在教育方面的措施,也促使全省新式初等教育在 1902 年后迅速发展。至 1907 年,该省小学已发展到 8723 所。这些几乎全是新成立的学校,只有少数是由旧式书院改办的。小学生人数也从 1902 年的 1000 名,增至 1907 年的 148 399 名(MacKinnon,1980:139—143,145)。

国家政权在直隶省所起的作用,当然要比在一般的省份来得大。其他地方的教育和警务改革,不少是当时"地方自治"运动中的一环,常由士绅带领推动。在那些地方,这种改革不仅应当视为现代式的官僚化改革,而且也是国家权力下放到地方士绅的一个体现。

无论地方政治的现代化是怎样开始的,其发展相当迅速。及至南京政府试图把地方行政正规化和制度化时,各地方已在数十年的军事化和现代化过程中形成了成熟的地方机关。常备的保卫团(往往结合早年在军阀统治下组成的武装力量)、现代的公立学校以及新式的警察,都已成为县政府属下的常设机关。

河北的顺义县政府就是一个很好的例子。从表 15.1 可以看出,到了 1931 年,县政府几乎用一半的经费来维持警察和保卫团。该县的警察是 1905 年(当时称为巡警总局)由地方绅商发起的。至 1928 年,总人数增至 102 人,分别派驻该县 3 个区中。这种增长,反映出当时民间骚乱频繁的状况,也反映出政府机构的现代化。基于同样的理由,保卫团的建立和发展过程,也是和警察制度并行的。到了 20 年代,县中有领薪的常备保卫团员共 114 人,每区平均有 13 人至 17 人不等(《顺义县志》,1933:318—324)。当时有的县拥有比这更加庞大的武力机关。1933 年河南各县保卫团实力,有的多至 700 人(行政院,1934:74)。河北各县的保卫团人数,是 20 人至 1111 人(1932 年)。而山东的人数则是 50 人至 1174 人。华南及长江下游一些县的保卫团人数,有多至 30 000 人的(彭雨新,1945:50)。

表 15.1　河北顺义县政府岁出　1931、1940

	1931		1940	
项目	支出数(元)	占总支出的%	支出数(元)	占总支出的%
警察费	$ 15 748	27.7%	$ 42 927	21.1%
保卫团费	11 647	20.5	87 121	42.8
教育费	13 686	24	14 358	7.1
区行政费	9600	16.9	?	?
其他	6227	10.9		
总计	$ 56 908	100.0%	$ 203 632	100.0%

出处:《顺义县志》,1933:374—379。

《惯调》,2:327。

备注:"其他"项包括行政薪金和与税收及司法行政有关的支出等。1921 年和 1940 年的预算记录所用的分类细目不尽相同,本表没有试图把两年预算各个项目对上并详列其他支出。

除了警察和保卫团的经费,1931 年顺义县的最大预算项目是教育费,几乎占了总支出的 1/4。该县第一所县立小学成立于 1904 年,是由知县发起的,资金则由地方的显要人物筹募。这是清末现代化运动的一个方面。该县第二所小学在 1915 年设立,第三所则建于 1927 年。随后,于 1930 年又成立了一间女子学校。这些学校每班有 20 名至 40 名学生。1931 年教育经费总预算的一半以上,是用于支付这四所学校的经费(《顺义县志》,1933:377—378,400—403)。截至 30 年代,全县有 200 所村办小学,共有 6125 名学生(同上,405—427)。这些新式小学,在清末民初开始创立。[①] 对一个在 1931 年有 165 521 人的县来说,算不上是现代的普及教育,但却是区别半现代化了的民国县政府与以前的地方政府的一个明显标志。

区公所的行政费,是该县 1931 年预算中第四个开支最大的项目。表中所示的数目 9600 元,即总支出的 16.9%,它不包括附属于这些区公所的保卫团和警察单位的支出。

1940 年的数据明白显示出在日本占领下,军事化和现代化两个进程都趋于极端歪斜。该年顺义县的军事支出大增,绝对和相对数字全然如此。单是用于保卫团的经费就比 1931 年所有项目的

① 沙井村学校始于 1910 年(《惯调》,1:79)。

总数还多,连同警察经费,竟耗用了预算的64%。

县政府的财政

清代县政府应付经费支出的需要,主要取之于田赋的附加税项。为此,朝廷在18世纪三四十年代,规定一宗附加于田赋的固定税项,称为"耗羡",为县政府所用。但在固定的田赋上附加的固定税项,无法应付县政府日渐增加的开支需要。正如王业键(Wang,1973a:第三章;1973b:表3)所指出:这项收入只能应付县政府一小部分的支出:约等于如1880年湖南湘潭县政府支出的1/6,或仅为1908年江苏川沙县支出的1/10。不足之数,只好由非正式的"亩捐"来填补。据王氏估计,到20世纪初,实征税额已增到法定税率的两倍以上。在直隶某些地区,甚至增到三倍之多。

民国时期的县政府,基本上用同样的方法来应付经费需要。民国初年,地方上常按特别需要征收附加税,有的是由当地的豪霸或有意变法改良的绅商发起的。1928年以后,南京政府企图把这些附加税项正规化,置于政府机关的控制之下,并正式承认田赋收入归地方政府所用。省县政府财源的界限,虽然法律上没有明文规定,但一般做法是把田赋正税划归省库,附加税归县库。后者在1928年已普遍增到相当于正税的额数。南京政府因此曾做出附加税额不得超过正税的规定(李鸿毅,1934:6339—6346;彭雨新,1945:2—3;石田,1944:12—13,67—78)。

然而,这项规定和过去固定的"耗羡"同样不切实际。固定的田赋和固定的附加税,连通货膨胀率都无法跟上,更毋庸说应付新设机关的开支了。① 像顺义这样都市化和商业化程度较高的县,可以从商税的附加税得到一些补助。该县尤以牙税附加税为著,详见表 15.2。② 但即使如此,顺义县政府仍要像其他县的政府一样,依赖临时摊派到各村的税项来应付开支。

表 15.2　顺义县政府岁入　1932、1940

	1932		1940	
来源	收入数(元)	占总收入的%	收入数(元)	占总收入的%
田赋附加	$ 21 599	31.9%	$ 20 328	9.9%
摊款	21 068	31.1	58 959	28.8
牙税附加	14 679	21.7	41 344	20.2
契税附加	562	0.8	14 982	7.8
其他	9786	14.5	69 165①	33.8
总数	$ 67 694	100.0%	$ 204 778	100.0%

出处:《顺义县志》,1935:372—374。
《惯调》,2:295,327。

①这里最大的项目是"商摊警款"和"商摊警察津贴"——共 $ 22 195元。另一个大数额 $ 18 744 元,来自不明来历的"库款补助"。其余得自各种"杂捐"。

后者在不同的地区有不同的名称。在河北多称为"摊款"——如"村摊警款"或"村摊学款"。在山东称为"田赋附捐"。到 1932 年,顺义县的摊款已和原来田赋正税与附加的总额相等(而正税与

① 王业键(Wang,1973a:第六章)指出,实收税虽然增到法定税率的两倍以上,但同期内(1750—1911)物价却上涨了三倍。

② 琼斯(Jones,1979)开始探讨这个问题。但要注意的是牙行征收的牙税本身是划归省政府而非县政府所用的。

附加税额亦正好相等)。① 如表中所示,在日军占领时期,摊款成为该县赋税收入最大的一项:相当于正税与附加总和的三倍。

到1940年,顺义县已从他项税收获取共约一半的收入。其他许多县则不然:农民仍是它们绝大部分税收的来源。河北栾城县的(田赋)附加和摊款共占全部税收的72%。其中2/3以上(177 150元中的90 000元)出自摊款(牙税的附加税收只占5.1%)(《惯调》,3:379—380,416,444,460—462)。在商品化程度更低的山东恩县,农民则是县政府唯一的税收来源——195 600元中的97.8%来自对农民的各项税收(《惯调》,4:529)。

表15.3 米厂村各阶层农户纳税占总收入百分比 1937—1939

农户阶层与号数	1937			1938			1939		
	总收入	纳税率	农场总收入	总收入	纳税率	农场总收入	总收入	纳税率	农场总收入
经营式农场主									
#1	$ 2291	4.9%	$ 2192	—	—	—	—	—	—
#2	2030	5.1	1915	$ 2469	5.3%	$ 2329	$ 7487	3.3%	$ 7369
富农									
#3	$ 1169	3.7%	$ 1029	$ 1313	5.8%	$ 1161	$ 3671	2.6%	$ 3332
#5	1519	2.7	1117	1749	4.1	1410	5484	2.1	5121
#6	1117	2.9	912	1174	4.9	1055	2743	2.7	2558
中农									
#4	$ 898	5.9%	$ 790	$ 1421	6.5%	$ 1287	$ 3908	3.1%	$ 3796
#7	359	3.6	255	454	5.7	250	1115	3.0	871
#8	621	3.5	514	789	4.8	745	1703	3.5	1668
#9	388	3.7	332	821	3.2	733	2032	1.1	1951

① 李鸿毅(1977:6538—6544),表列出河北各县田赋附加在总收入中的百分比。但李氏没有把"摊款"这一项主要收入计算在内。

续表

农户阶层与号数	1937			1938			1939		
	总收入	纳税率	农场总收入	总收入	纳税率	农场总收入	总收入	纳税率	农场总收入
贫农									
#10	$ 389	1.5%	$ 234	$ 536	1.9%	$ 306	$ 959	1.4%	$ 757
#11	217	0.9	104	305	1.1	206	633	0.4	393
#12	228	0.9	196	506	0.8	469	962	0.3	772
#13	282	0.3	110	439	0.6	206	691	0.3	279
#14	195	0.5	89	291	0.4	137	728	0.3	469

出处:满铁,北支事务局,1938—1941:1—3卷,各卷表13和表14。

赋税负担

毫无疑问,县政府支出的增加主要是由农民来负担的。30年代这项负担的大小,可见于表15.3中所列的米厂村14个农户在1937—1939年实际交付的税额。(附带一提,这些数据是我所见的这类资料中最可信的:由一个驻村三年的中国研究员,协助这些抽样农户录下详细的收支。)在日军占领和通货膨胀之前,村中的中农、富农和经营式农场主所付的税率大约相等,约相当于总收入的3%—5%(若按农场收入的比率计算,这些数字会稍高一些——约再高1%的样子,见表11.1)。翌年(1938年)的数字,反映出日军占领下税额的增高——把比率提到约5%—5.5%。1939年比率降低的原因是农产品价格的高涨,而不是税额的改低。至于日军占领后期的情况,我们没有这种类型的资料可供参考。表15.4所示的1941年沙井数字,完全基于口述资料,仅可用来显示大概的比率:此时税额已赶上价格膨胀额——村中较富裕的农户所负担的实际税率，徘徊在6%—8%。在战争末期，国民党控制区和日占区的税额大幅度增加。① 我们若用净收入来计算税率，这些数字当然都会增高两倍或三倍。

表15.4　沙井村自耕、半自耕与佃农农户纳税占总收入百分比　1941

农户阶级与号数	总收入	纳税率	农户阶级与号数	总收入	纳税率
自耕农			半自耕农		
农户1	$ 2085	6.2%	农户37	$ 802	4.7%
农户17	570	15.8①	农户39	832	4.1
农户18	417	6.0	农户52	683	4.8
农户32	1208	6.7	农户53	1399	2.9
农户42	924	16.8	农户59	563	11.5②
农户47	980	8.0	佃农		
农户48	542	7.7	农户9	$ 405	0.2%
农户66	676	8.6	农户10	745	2.7
			农户57	587	2.4

出处：《惯调》，2：270—291。

①调查员记录上注明此人可能少报了实际收入。

②调查员记录上注明此人没报他在村外的相当的收入。

可是，习见于近世资本主义国家税率的人，仍会感到上列1941年以前的数字，似乎低得出人意料。王业键（Wang，1973a：128）在他研究清代田赋的著作中，有说服力地指出了这点。他估计1908年实收田赋和各种附加于土地的税额，只相当于农业总产量的

① 战时的赋税问题，可以单独作为一个研究的专题。伊斯曼（Eastman，1981）相当有说服力地估计国民党统治区在1941年后的实收税额，剧增至农业总产量的20%。

2%—4%。和当时征收约10%的日本相比,中国这个比率就显得相对地低了。

这里要指出的,不是20世纪中国农村赋税负担的绝对量——如果和50%的租率相比,显然并不很高。但是,和农民久已习惯了的负担相比,它就显得重了。无可置疑,20世纪地方政府的军事化和现代化,加重了农民的赋税负担,而农民对新加税项的不满,也应是意料中的事。

我们不应从过去的研究中产生误解,以为农民赋税负担并没有增加。卜凯正确地指出1906年至1933年间,田赋和法定的附加税增加不多。若以1926年为100,则1907年的数额是93。与此比较,这段时期内谷物价格上升了一倍以上——从1907年的46上升至1926年的100(Buck,1937a:319,324—331)。但卜凯未考虑到法定税额以外的摊款。忽略了这些摊款,会使我们得出一个错误的结论,以为这段时期农民的赋税负担实际上缩减了。这正是克劳斯根据卜凯的资料而做出的结论(Kraus,1968:48)。这样,我们会面对一个无法解释的矛盾:人民赋税负担在县政府支出增加的情况下,莫名其妙地减轻了。实际情况是,县政府变本加厉地以摊款来应付剧增的开销。

我们若从农民的角度来看问题,并考虑到20世纪政权的性质,便会了解到当时的征派是相当苛刻的。这些税收是在农村普遍半无产化过程中强征的。当时许多自耕农已面临严重的经济压力,而且摊派这些税款的地方政府又有许多是被农民视为不合法的。军阀时期的县政府易手频繁,合法政权与非法的暴力,往往难以分辨。有些县政府与地方军人或土匪和平相处,有的则实际上受制于匪盗(Billingsley,1981)。到南京政府时期,这方面的情况有所好转。但另一方面,政府的征派也加重了。最后,日军占领之下的政权,在人民眼中更毋庸说是非法的政权。这种政权摊派下来的额外征收,即使只是轻微的,也会使人感到不可容忍。

此外,违反农村长久以来的习惯,也是一个重要因素。国外有的学者可能会感到表 15.3 和表 15.4 中列出的赋税分配情况——贫农基本不用付税——反映出一个相当进步的制度。但从历史的眼光来观察,无地贫民必须纳税,即使只是少量的,已经违背了传统的习惯:自 18 世纪 20 至 50 年代清政府摊丁入地之后,唯有土地所有者才要付田赋及其附加税项。在此后两百年中,无地农民一向基本上无须纳税。

地方政权做出这些额外摊派时,并没有明确地勒令这些税款该由何种村民来负担。具体分配的细节,多由各村领导自行决定。在后夏寨那样紧密结合的村庄中,旧的习惯依然起作用。分配摊款和原有田赋附加税的原则是:有地者要纳税,无地者不用纳;地主付税,佃户不付;土地典入者交税,典出者不交(《惯调》,4:468,475)。但在阶级分化程度较高和比较松散的寺北柴,传统的习惯被势力强大的不在村地主的利益局部地压倒了。此村的佃户要负担所种土地的摊款的 1/5,地主付其余的 4/5。此外,地主们还定下了一个要典出土地者交纳该块地税额的一半的规矩。这是一个凭借权势强加于人的做法。对典出土地者来说,显得太蛮横了。它完全无视被迫典出土地的人的困境和感情(《惯调》,3:11,57)。在分化更剧的吴店村,旧日传统的道义观念更是完全崩溃。此地的摊款,干脆全由佃种土地者负担(《惯调》,5:418)。

我们有冀东 3 个村庄在 1936 年所纳税项的数据资料。当时，调查员记录了村中每户交纳的田赋正税、附加以及摊款。三村中的田赋和附加税，显然全按每户所有土地征收，无地者无须交纳。但摊款则几乎由全部农户一齐负担，包括无地的佃农和雇农在内。前梁各庄的 9 个长工，每人交了 10 分至 25 分钱。而 12 个无地的佃农，则纳了几分至 3 元不等的摊款（满铁，冀东农村，1937c：39—65）。大北关的情况大致一样（满铁，冀东农村，1937a：56—59）。米厂的雇农免税，但境况稍佳的无地佃农要分担摊款（满铁，冀东农村，1937b：61—65）。

这些摊征的税项，不管多轻微，肯定会引起贫民的反感。无地贫户基本免税，毕竟是长期以来的习惯。他们要付的只是少量交易时的杂税。正如表 15.5 所示：对一般农民来讲，杂税远比征于土地的税额轻微。这个事实，也可见于上文讨论过的县政府各项税收来源。

表 15.5　冀东 3 个村农民纳税概况　1936

税项	大北关	米厂	前梁各庄
田赋附加	$ 181	$ 24	$ 185
摊款	231	1043	356
契税	15	35	?
牲畜税	24	12	9
牙税	?	?	34

出处：满铁，冀东农村，1937a，b，c 各卷表 10。

新的摊款和亩捐也不可避免地促使村庄共同体进一步地分

裂。对拥有土地的农民而言,税额按户摊派要比按土地所有摊派有利。他们很可能认为按户摊派是最公道的方法:政府是按村摊分这些税项的。而各村具体该怎样分派这些负担,则既无明文规定,又无先例可循。这样,新摊派的税额加剧了有地者和无地者利益的对立,并促进了村庄内部的分裂。

在日军占领下,赋税进一步加重,而传统的习惯也更进一步地遭到破坏。1941 年日军当局设立"大乡"制,试图授权其机关征收"亩捐"。当时将所有田赋附加和摊款并入"亩捐",并指令给村长支薪。此外,还要村政府订出财政预算。这是中国历史上从来没有的事(《惯调》,3:38;5:418,608)。在这样的压力之下,有的村庄要求全村农户平均负担这些"亩捐"。于是占领军把 20 世纪呈现的一些倾向带到了一个极端的结局。

税款的征收

旧财政机关系统

民国时期,地方政府依靠两套机关来征收各项税款:一套是以清代的旧财政机关系统为基础的;另一套是在现代官僚化过程中新创设的。旧的财政机关系统,不但和现代的机关相去甚远,也达不到清代国家的设想。这点已见于宝坻的事例。而且随着清末民初国家机器的衰落和瓦解,旧财政机关系统也多受到腐蚀。例如,山东历城县和河北栾城县的税务登记,都由当地的商人代办(称社书)。原则上,各社书每年巡视县内各村庄一两次,登记土地的买卖和修订税务簿册。官方的税单,即以这些商办簿册为根据(石田,1944:17,42—45)。在顺义县,官僚财政权则更进一步下移:这里,粮册和实际征收都由商人包揽,称作"粮柜"或"粮房",各由一位"书记"主管。包揽商是个肥缺,每年可有 200—500 元的收入。此职在当地是世袭的,一代传一代(《惯调》,2:381—383;石田,1944:14,38—40)。包揽商的滥用职权,有时成为地方民众运动的争端。1910 年山东莱阳县的抗税事件便是一例。

20 年代后期,许多地方政府——无论其关系与松散的南京政府紧密与否——都试图将他们破旧的财政机器现代化。顺义县政府于 1928 年设立了一个新的税务机关——经征处来取代过去的商办粮柜。但该县这项现代官僚化的措施,实际上只不过把旧的包揽商纳入了新的税务机关,把他们任命为领薪的正式官员。此外,顺义县政府在 8 个新设行政区中,各设一个"保正",管理全县 53 个"地方"。每个"地方"分别负责五六个村庄(《惯调》,2:297,339—340,341—342)。(在寺北柴和冷水沟,"地方"是村级的税务员。)

30 年代的这些"保正"和"地方",与 19 世纪宝坻的乡保相仿,多是由身份比较低贱的人来担任。正如沙井村一个村民对调查员说的:"地方"通常是文盲和穷人,往往没有其他的职业(《惯调》,2:400,424)。寺北柴的"地方"挣的钱,比一个长工还少;冷水沟的"地方",则没有固定工资,全靠每年两次四出走动求取,几乎是乞讨一点报酬(《惯调》,3:8,48)。"地方"的职责,通常只相当于村长和村中显要分子的信差。他负责传递通知和讯息(《惯调》,3:48;4:436)。作为区级税务员的保正,也同样多是身份低下的人。

在一个沙井村民的描述中,保正“通常是个没有太多财产,但接触面较广的人”(《惯调》,2:373)。保正的年薪为20—100元,约等于一个长工的工资(《惯调》,2:373)。

征收旧田赋正税和附加的任务,就落在这个再度官僚化了的旧财政机关系统上。旧的税项在20世纪毕竟增加不多,且又是按既定的惯例和准则向拥有土地的农户征收的。这些税较易征收,似乎并不需要凭借新添的强制力量来收取。

新行政机关系统

南京政府知道脆弱的旧财政机关不足以征收新加的摊款,故改由备有警察和保卫团武力的新设行政机关来征收。

区之下是乡和村。乡是一个模糊的单位——超越100户的自然村自成一乡;小村庄则数个合并而作为一个“行政乡”(《顺义县志》,1933:303)。1941年之前,乡级机关没有列入县政府的预算中,也没有自己的收入。它们只在名义上存在,和过去的邻闾制度一样。真正重要的行政单位是区和村。顺义县的8个区各自监管约40个平均人口约500人的村庄。

区长和村长,是征收摊款的主要人员。县经征处定下区长的征收额后,区长便召集辖下的村长分派税额。每个村长要负责收足摊派给他自己村庄的税额。收到的款项,再由此行政渠道上缴:村长把款交给区长(如果有乡长,就经过乡长),区长发出收条并把款项交到县库房(《惯调》,2:339—342)。

这个新的行政机关系统,很快就超越了旧的财政机关系统。

前者有警察和保卫团支撑,无论实权还是地位,都远在后者之上。为此,前者的人员,一般都出自身份地位远高于旧财政机关的人。上文已指出,新村长多是村中显要阶层的分子。这一情况直到20世纪20年代以后才伴随土豪恶霸之玩弄村长职权而有所改变。区长势力更大,威望更高,常为显要人物所觊觎。举例说,1931年顺义县的8个区长,文化水平全在中学以上。可见全是出自环境不错的家庭(《顺义县志》,1933:329—330)。同样地,根据南京政府派遣的调查员所做的考察,1933年河南44个区长中,大多数拥有100—300亩土地,其中6人有地300亩以上,只有12人不到100亩(行政院,1934:76;并见Philip Kuhn,1975:290)。

伴随摊款的逐步增加,新的行政机关逐步完全凌驾于旧财政机关之上。顺义县的“保正”变成了区长的一个信差。正如“地方”变为村中行使实权的村长和其他首事的信差一样。结果,这二级中的税务人员,实际上都由区、村长任派(《惯调》,2:341—342)。在历城和栾城县,旧的财政组织根本就没有改成正式的官僚机关;它们在新行政系统面前逐渐消失(石田,1944:46—50;《惯调》,3:33;4:20)。

地方豪霸与村级恶棍的崛起

民国政府假如具有真正完全现代化的行政机关系统,或者国民党确实拥有现代政党的机器,那么地方政治变化,就会是一个简单的现代官僚制度化的过程。国家机器的官员和权力,会渗透到地方社会和自然村之中。反之,如果民国政府只是一个和清代政权同样的国家机器,那么地方政治的变化,只不过是官方对地方和村中的原有领导分子加以形式上的委任罢了。而实际情况,则是介乎这两者之间。民国时期的国家机器,不能将正式的官员和权力直接伸入到县以下的各级行政组织。因此,他们要通过地方上和村庄里的显要人物来控制农村。但同时,它有足够的力量超越19世纪宝坻县那样的权限,有更进一步渗入地方社会和村庄的意图和能力。

因此,区长这个新职位,便成为一个国家政权与地方社会间的关键性交接点,是扩张中的国家政权与地方原有权力结构之间的交叉点。有些地方的区长,是旧日领导军事化的地方士绅——尤其是下层士绅的继承人。现在由他们来调停政府与地方社会间的利害关系的矛盾。他们之中,有的成为滥用职权的"土豪劣绅"。孔飞力(Philip Kuhn,1975)描述的就是这种类型的区长。有的区长是新进入地方显要阶层的人,他们是民国时期高度流动性的社会的受益者。这批人也是"土豪劣绅"的一个来源。阿利特托(Alitto,1979:239—262)所描述的就是这后一种类型。毫无疑问,未来的研究会进一步充实这两种分析,也会指出其他的类型。

我们可以肯定的是,区级职权的滥用,一度相当普遍。例如,河南北部辉县县长,就曾得意地向一个南京派去的调查组报告,该县因要肃清压榨百姓的坏分子,新近调换了大部分的区长(行政院,1934:90,92,94)。顺义县的国民党支部,同样炫耀他们在1928年赶走了一个特别可恶的区长——第四区的王光新。王曾讹称为国民党加税而中饱私囊。1930年至1931年,该县彻底清查全部区级办事人员,结果替换了所有的区长(《顺义县志》,1933:329—

330,390—391)。像这样的措施,到底起了多大的作用,尚有待于进一步的研究。

本书着重分析的是国家与社会更低一层的交接点——村级政权。村级政权,其实比区政权更为重要,因为它是国家直接接触自然村权力结构和农村人民的点。前面已指出,满铁调查的村庄,对新形成的紧张关系做出多种不同的反应。大致可分为两种型式。一种是以后夏寨和冷水沟为代表:紧密的村庄共同体在外来压力之下,仍然把原来的权力组织维持下来。它们在原有的领导下作为一个整体来应付国家政权的入侵以及赋税负担之加重。在忍无可忍的情况下,这样的村庄间或会采取武装斗争的方法来与国家政权对抗。这就是 20 年代红枪会以及天地会、大刀会和黄纱会等民众抗税运动的背景(章有义,1957,2:695—99;Perry,1980:第五章)。

另一种是村庄组织在内部半无产化与国家权力渗入的双重压力下瓦解崩溃。沙井和寺北柴村的共同体,伴随大量村民之失去土地和外出佣工而日趋松散。新摊派的税项又加深了村中有地与无地者之间的裂痕。在这样的情况下,原有村庄领导人拒绝继续管理村务,因此造成权力真空,而给予李严林和樊宝山那样的恶棍以僭取村政权的机会。吴店和侯家营两村则分裂更甚:两村中半无产化的过程,分别和战祸与出关佣工相结合而使村庄和宗族的纽带关系趋于松弛。在此二村中,外来的权力没有遇到内部的抗拒,遂形成没有拘束的权力滥用。

地方豪霸和村级恶棍的出现,当然只是当时整个社会政治结构所面临的危机的一个表面易见的现象。由于地方政权、农民和村庄在20世纪的变化,使旧的国家、士绅和村庄的三角关系受到了新的压力,最后导致了一套完全不同的国家—社会关系和一个新的社会政治结构的出现。

第十六章　结论

农村演变的型式

西欧的小农经济经历资本主义的发展和改造时，中国的小农经济却在日益内卷化。西欧的小农社会经历阶级分化和全面向资本主义转化时，中国仍停留在小农社会阶段。西欧越来越多的小农转化为新兴的无产阶级成员时，中国的小农仍旧为小农，只是经历了部分的无产化。这些差别是双方财富与势力的不均衡，是中国受帝国主义侵略之害的社会经济背景，同时也是促成 19—20 世纪大规模农民运动的乡村危机的根源。

华北平原农村的变化，充分反映出这一乡村危机的形成过程。清初的冀—鲁西北地区是一个人口比较稀少、商品化程度较低的地区。除了清廷分赐的庄园，这是一个以自耕农为主的未经阶级分化的社会。到 20 世纪 30 年代时，此地区已变成了一个人口密集、地主和佃农、雇主和雇工阶级相当分明的社会。三个世纪以来的人口增长,给耕地带来了严重的压力。同时,商业性农业的成长,又促进了阶级的分化——获利于经济作物(例如棉花,其利“倍于五谷”)和因经济作物的风险而遭受损失的两种小农之间的分化。人口增长与阶级分化的双重压力使本区45%的农场面积降到10亩以下,而一户维持生计最起码的要求是15亩。世界资本主义的侵入并未在本地造成资本主义的社会经济结构,它只加速了本地区原有的社会经济变化。

经营式农业可以反映出本地区经济停滞和社会变迁的情况。经营式农场主要起源于16世纪以来因耕种经济作物而致富的小农农场。及至20世纪30年代,经营式农场已占冀—鲁西北耕地面积的10%左右,并且已成为自然村中“富户”的主要来源。它们是农村中最大和最成功的农场,但它们的生产力大多仍被束缚于小农经济的范围之内:在“资本”(即畜力、肥料和灌溉等)的使用量和使用方法上,它们和小农家庭农场没有什么区别。因此,在单位面积产量上也无显著差别。此外,农场面积一旦扩大到200亩以上,它们便往往再度向小规模的经营转化。大的农场主会转向地主式经营而追求仕商之途的更高利益。

国内过去“资本主义萌芽论”的学术研究,多把雇佣关系的兴起等同于“资本主义萌芽”。在劳动力比较缺少的西欧,自由劳动力的出现肯定是资本主义经济发展的主要前提之一。但在人口过剩的中国,农村中或可能有数百万的“游民”浮动。在这种情况下,我们要问:当时是否真的同时有一个积累资本的新阶级兴起,并同时有生产力上质性的突破发生,生产方式的变化,出于生产力和生产关系的相互作用,不应只单方面考虑生产关系。

冀—鲁西北的雇佣关系迥异于一个向资本主义过渡的社会。此地人口增长与阶级分化的双重压力使雇工工资低到只依赖佣工收入无法维持一家生计的地步。这样,一个完全从家庭农场分离出来的雇农,一般没有能力娶妻生子,他会成为自家最终一代的人。那些有家庭的雇农多是正在由贫农转化为完全无产的雇农,仍在紧紧抓住一个小农场不放,从那里取得家庭的部分生计。在这样一个小农经济中,社会变迁的主要内容,是趋向越来越多的同时束缚于家庭农场和雇佣劳动的半小农、半雇农,而不是越来越多完全脱离家庭农场的无产者。

这样的半小农,在中国革命中被称为"贫农"。正如《土地改革法》所指出的:

> 贫农有些占有一部分土地与不完全的工具。有些全无土地,只有一些不完全的工具。一般都需租入土地来耕,受人地租、债利、与小部分雇佣劳动的剥削。这些都是贫农。
>
> 中农一般不要出卖劳力,贫农一般要出卖小部分劳动力,这是分别中农与贫农的主要标准。(《土地改革手册》,1951:56)

到20世纪30年代,本区约有半数的农户与这个描述相符。他们以部分时间佣工,来补充自己小农场的收入。这些贫农中约有一半人是租入部分或全部土地耕作的。在没有工业迅速成长所能提供的出路和支援的情况下,他们是农村中最受人口和阶级剥削双重压力的阶层。

小农之分化为经营式农场主、富农、中农和贫农,改变了这个小家庭农场经济的性质。对一个中农来说,“合理的”经济行为,虽仍表现于满足家庭消费要求和工作辛劳之间的“均衡”(一如恰亚诺夫所指出的),但对一个经营农场主来说,它已变为最高利润的追求(一如形式主义分析所指出的)。对半无产化了的小农来说,则表现为在人口与租佃和雇佣的剥削关系压力之下,最有效地维持生计。

小农半无产化的过程,进一步改变了许多小农与他们的社团以及与国家政权之间的关系。自耕农要直接向国家纳税,无地的贫农则无此义务。他们生产的剩余是通过地租形式交付给地主的,然后由后者来承担国家的税额。我们将在下面再总结这种变化对自然村结构和农民集体行动所起的影响。

贫农经济的结构

经营式和家庭农业的比较与分析,首先证实了中国小农经济的人口过剩与内卷的事实。过去,对小家庭农场经济到底在何种情况下才应视为有人口过剩这一问题争论不休。农活季节性很强,在农闲期间,任何农场都有劳力剩余。而到农忙时,即使是劳力最充裕的农场也可能会变得人手不足。此外,一个农场需要多少劳力,是随着技术水平与生态环境而变化的:旱地的劳力过剩,会在水田上变得劳力不足。而且,一块耕地的产量,在相当程度上会随劳力密集的程度而升降。这一切说明,我们很难为人口过剩下个定义和度量其程度。本书试图比较同一技术水平和生态环境下的经营式和家庭农场的劳力运用,并借此提供一个衡量人口过剩的具体标准。

首先,经营式农场倾向于合理地运用劳力和土地,因为它们可以按需要来雇佣劳力。但家庭农场则无此条件。贫农农场上的劳力对耕地占有的比例远远高于经营式农场的事实,证明人口压力的存在。

其次,农场面积过小(相对自家所有劳力和家庭生计而言)会迫使一个农户采用内卷的经营方式。不少贫农农场,在同一作物上投入了近乎大于经营式农场一倍的劳力,而取得的只是急剧递减的边际报酬。他们之中有的过分集中于单一的经济作物,因此,收成丰歉和市场价格升降的风险会使他们长期的平均收益受到损失。经营式农场则不然:它们多采用较均衡的作物组合型式,混合交替种植经济作物与粮食。这样,它们能较合理地安排劳力与土地的使用,并能应付各种灾祸。因此,他们能在长时期内取得较稳定的收益。许多贫农农场无法维持同样的作物组合型,由于生存的需要,迫不得已为取得最高的短期收益,而过分地集中于单一的经济作物。

这样的内卷耕作方式减少了农场的收入。这是人口压力和分配不均所造成的后果。再加上地租,许多贫农农场便无法取得家庭生存所需的收入。过低的农场收入,反过来又迫使贫农依靠佣工来补充他们的收入。而这种劳动力的需求则源自那些因商业性农业而致富的农户。

但为人佣工,常与贫农自家农场工作的需要发生矛盾:雇佣劳力的需求在农忙季节最高。有的贫农因要在那时佣工而无法在自家农场上投入充足的劳力,或不能在最佳时间内投入劳力,甚至自已完全不能种植经济作物。这些农场的平均单位面积产量结果会降到一般家庭农场之下。在此,我们必须清楚地区别贫农的操作方式——一个结合耕作和佣工的方式,与和耕织结合的所谓“自然经济”形式。在“自然经济”形式下,棉纺织手工业可以在农闲时进行,而不会与农活发生上述矛盾。这种以织促耕的方式,弥补了小农的经济收入,他们也因此避免了沿着半无产化的途径下滑,甚至可以在已经半无产化了之后,再度上升为业主。农业中的佣工,则往往和自己家庭农场的工作直接冲突。虽然在理论上讲,贫农出卖的只是他的剩余劳力,但实际上他常常在迫不得已的情况下,放弃自家农场上最佳的农活期,甚至放弃必要的劳动而为人干活。

内卷和劳力不足的两类贫农农场,合并起来的平均亩产量与经营式农场的亩产量大约相等。这是因为内卷的贫农农场的较高产量,补偿了劳动力不足的贫农农场的较低产量。但这个大约与经营式农场相等的平均产量,是付出了更多的平均劳动时间后换来的。因为农场的产量,在劳力不足的情况下,递减率要高于劳力过多情况下的递增率。我们这里要强调的是,贫农农场的特点并不仅是内卷,也不只是劳力不足,而是二者兼而有之。

贫农的剩余劳力的扩增造成了劳力供过于求的局面,而把工资压到约相当于劳动者所生产的总值的 1/3 的水平,即只够维持劳动者本身的生计,而不足以维持他一家人的生活。结果便产生了一种特别苛刻而又顽固的特殊生存方式:一个贫农既然无法单从家庭农场或单从佣工满足最起码的生活需要,他就只好同时牢牢地抓住这两条生计不放,缺一便无法维持家庭生活。

这个半无产化的演变过程所导致的结构,是以相当程度的雇佣劳动为前提的,但它同时也阻挡了完全向雇佣劳动农业的转化。农场工资只够维持劳动者本身的生计,意味着雇农不可能成为一个独立于家庭农场经济以外的阶级。他们只能依赖小家庭农场经济而进行简单再生产。这样一个贫农经济,不应用资本主义经济的追求最高利润或最合理的生产逻辑来理解。它的高度内卷,要从家庭农场既是一个生产单位,又是一个消费单位的特点来理解。这样的单位,可以因消费的需要,而在边际报酬降到市场工资以下时,仍继续投入劳力。同时,贫农常因穷困和佣工的需要,迫不得已采用极不合理的耕作型式:他会过分集中于经济作物,或无力参与商业性农业,或无法在自家农场上投入充分的劳力。从农场生产率的角度来看,他的行为可能显得很不合理,但这是他在现存情况下维持家庭生活最有效的办法。

在此经济结构中,阶级剥削所加于人们头上的负担,要比在一个正在蓬勃发展的经济中的沉重得多。对一个生产率正在提高的农场而言,定了额的地租可能会缩减到农场收入中微不足道的比率。但对一个内卷的农场来说,相当于收成一半的地租,是一个会把农场的纯收入压到不能维持家庭生活所需的极为沉重的负担。同样,在劳动生产率极低的情况下,相当于劳动者所生产的产值的1/3 的工资,只能使其在饥饿线上挣扎。

但我们分析这些剥削关系时,应看到这是个体制问题,不是个别人的动机的问题。前文已经指出:一个不经商不放债的小地主单从地租所得的收入率并不很高。一个经营式农场主的收益率比普通小农也强不了多少。一旦他本人脱离生产,便会大部分消失。无论是小地主还是经营式农场主,都得面对分家析产的压力,一般他们都在数代之内便会下滑为小农。简单地把他们全都看成是罪恶之人,难免模糊了问题的根源,即由于农业内卷和阶级分化而形成的社会体系。

贫农经济的这些特点说明,现代中国农村的危机不能简单地归咎于短期的天灾人祸。在一个享有较多剩余而阶级关系又比较和缓的经济环境中,短期灾祸的打击,不会造成同样的苦难。中国贫农的苦难处境,主要是由于长期的半无产化与短期灾祸的双重压力造成的。一个已经在生存边缘挣扎的贫农,很容易因水灾或旱灾造成的庄稼歉收而被迫负债,甚至于典卖土地。一旦如此,他那本已贫乏的收入,便因新的债务和地租而更加缩减。在这样的情况下,他们就极少有希望赎回土地而恢复原状。正如一个村民所说的:一年的旱灾意味着三年的困境。连续两年的旱灾则意味着一辈子的地租负担和苦难(《惯调》,5:442)。贫农确实犹如一个处身于水深没颈的人,即使是一阵轻波细浪,也可能把他淹没。

这些特点更说明:不要把商品经济简单地等同于向资本主义过渡。本书列出了三种不同的农业商品化型式:第一种是由使用雇佣劳力的经营式农场主和富农推动的。这种半资本主义式的商业化过程和西方形式主义学者一般的想法最为相符。另一种型式是由于贫农为了生存而转向种植经济作物引起的。这种谋生而非谋利式的简单商品生产,与第一种是不同的。第三种型式,则是由帝国主义入侵而推动的附属性的商品化——亦即 20 世纪 20 年代以后山东种植棉花和烟叶的型式。这三种不同的商品化过程,不应不加区别地全都等同于向资本主义的过渡。

最重要的一点是,贫农经济的这些特点是在人口压力和阶级关系两种因素共同作用下造成的。两种因素中的任何一种,都不可能单独地造成这些特点。相当于收成一半的地租,无疑是苛刻的,但这并不足以使佃农陷入绝境。贫农生活之所以如此困苦,源于剥削与耕地之不足两重原因;而雇佣劳动工资之所以如此低微,则是因劳动力供过于求造成的。这样,阶级关系是通过人口压力的媒介而及于贫农身上的。反过来说,人口压力,也是通过阶级关系的媒介而加于贫农身上的。人口压力对经营式农场和家庭农场的影响是不同的。除去土地分配不均这一因素的话,它所引起的后果,本来不会如此严重。贫农经济是在经济停滞的情况之下,由两种因素共同作用的结果。

经济落后的根源

过去的学术研究大多试图孤立地突出某一因素来解释近代中国经济落后的原因。例如,有的归罪于儒家的价值观,有的归罪于帝国主义的入侵。还有些人认为是人口过剩,或阶级结构,或国家体制造成的。这些无疑都是导致中国经济落后的重要因素。但我们不应从相互作用的多种因素中孤立地抽出一种,把它当作决定性因素。贫农经济是人口过剩与阶级结构相互作用下形成的,而它本身也只不过是此种经济系统中多种因素中的一种因素而已。这点可以通过分析资本形成的问题来说明。

经营式农业的具体事例可以说明农业部门中资本形成的过程是如何受到阻碍的。经营式农业被置于贫农经济与社会政治体制的夹缝之间。大量廉价劳力的存在抑制了经营式农场为节省劳力而做出资本投资的动机。他们大都尽量少使用畜力,因为相对来说,畜力比人力的成本高,大量使用畜力是不合算的。此外,在现存政治制度下,仕商之途可得的利益远高于农业。因此,经营式农业一旦超过100亩至200亩的规模,便会向地主经济转化,而无法发展到可能改造现存生态条件的投资规模。本区的经营式农业并没有发展到具备资本主义企业最主要特征的阶段:成为一个为积累资本而积累资本的单位,从而推动生产力与生产关系双方面的新的突破。它仍旧束缚于小农经济,是出租地主再生产的一条途径,也是把剩余转回非生产性的地产投资的一条途径。

工业部门中的资本形成也遇到同样的障碍。农村的廉价劳动力是抵制现代工业的小手工业生产的基础。商人用包买制,付出生存需要以下的工资,而与现代棉织工业相抗衡。在此过程中,原来可能转化为产业资本的剩余,停滞在商业资本周转的阶段;而原来可能成为新式织布工厂的市场,则被廉价手工织布所控制。

新式的企业,也因当时金融市场的利息率受农村高利贷影响而受到抑制。为生存而借贷的贫农,会支撑一个为利润而借钱的资本主义企业所不能忍受的高额利息。近现代中国的许多资本主义企业,都因资本利率过高,迫不得已地在投资不足的条件下经营。一旦出现因市场变动和国际竞争造成的不利情况,它们便容易破产。此外,这些工厂因大量廉价劳力的存在,也不会为节省人力而去做出开创性的投资。

近代中国的资本主义,当然不只受到贫农经济的抑制,还要遭到国家体制和帝国主义的摧残。樊百川(1983)的研究说明了国家政权在经济发展中举足轻重的地位:20世纪初的国家政策,从禁止华商使用机器进行生产,转向实行新政,设立商部(后改为农工商部),制定商律、公司与商会注册章程等新的措施,现代企业才得到自由发展的机会。科克伦(Cochran,1980)阐述了南洋兄弟烟草公司是如何与英美烟草公司竞争的:后者除使用成本极低的小农剩余劳力之外,进而用价格战来试图消灭对方。当时的外资企业,不仅有低息信用贷款的便利,更享有赋税上的特权等有利条件。赵冈指出,20 世纪 20 年代和 30 年代的华资棉纺织厂,平均每包棉纱要付出 15 元的利息和税,而日本公司只需付出2.70元(Chao,1977:146)。

要对资本形成问题做出全面分析,我们必须考虑到国家政权在这方面所能扮演的角色。在这个问题上,贫农经济起了相当重要的作用。一个停滞的农业经济,结合规模有限的国家财政机器,不允许土地税收大规模地增长。这点有助于我们理解近代中国国家财政的薄弱。至于国家政权机器,除了其本身意志和组织上的限制,更要面对帝国主义所施加的压力。列强限定了海关所能征收的税额,而它们的侵略又迫使中国政府为国防而支出高额的军费。此外,巨大的赔款负担,更使本已孱弱不堪的政府几乎完全丧失了活动能力。费维恺(Feuerwerker,1980:58—69)估计光是甲午和庚子两项赔款(本息),清政府于 1895 年至 1911 年间便支付了白银 476 982 009 两,相当于 1895 年至 1913 年间中外新式企业资本总额的一倍以上。中国国家政权,和中国近代资本主义经济一样,陷入帝国主义和内卷的小农经济的夹缝之间。

可能不久的将来,史学家们即可对近现代中国资本主义形成过程做出全面的分析。国内今日的研究重点在民间的企业,而欧美的研究则较注重国家机器所扮演的角色。今后我们若能综合这两种研究成果，并辅之以关于农业部门的分析，则可说明贫农经济、帝国主义与国家体制是怎样相互结合而形成中国落后经济结构的。如果贫农经济确实影响到整个经济中资本形成的过程，我们便不应只把它视为经济落后的结果，而要同时把它理解为经济落后的原因之一。

半无产化与人口趋向

现存的人口数据资料（见附录二），不可能用来系统地分析本书探讨的农村演变型式对人口的趋向有怎样的影响。我只能在此提出几点尝试性的推测。

首先，佣工的收入扩大了小农生计的来源。因此，在一定程度上可能为人口增长提供了部分条件。贫农从事佣工获得不可缺少的补充收入，而他们出卖的劳力，又为种植劳力集约的经济作物提供了必要的条件。非农业的雇佣劳动（如在手工业、商品运输、市镇就业等）更把生计来源扩充到农业生产以外。这样，雇佣劳动可能会赋予农村青年男子较早自立的能力，并促使他们较早地结婚和生育子女，从而提高农村人口的生育率。否则，他们会受到固定地产及其继承制度的限制。由此看来，半无产化最初可能和西欧近代早期的原始工业化和无产阶级化对人口起过相似的作用（Levine，1977；Tilly，1978）。

但是贫农经济的形成也会对人口的增长起抑制作用。完全没有土地的雇农大多没有能力结婚。总的来说，穷人的结婚率比农村中上层的人低。他们的死亡率也会因生计艰难而比较高。因此,他们在总人口中所占比例的增高,和他们肩负的压力的加重,会导致人口增长率的减低。这一推测,符合本区1800年以后的情况。革命之后,伴随国家投资和乡村就业机会的扩大,人口增长率再度上升。但是,生计上的压力如果重现,也可能使过去半无产化和生育率之间的曲线关系重现。

30年代的数据显示,贫农家庭人数平均要比其他阶层低。但这并不足以证明贫农生育率低于其他阶层。这些数据(Malone and Taylor,1924:22;卜凯,1937b:300)没有区别单茎家庭(父母和一个已婚儿子)和多茎家庭(父母和一个以上的已婚儿子)。满铁资料显示,一个家庭的经济情况和弟兄们分家与否,是有连带关系的。生计的压力,会使一个勤俭的兄弟不能容忍懒惰兄弟的所作所为;家境的衰落,会使兄弟们感到在财产完全丢失之前有分家的必要。基于以上和其他一些理由(详情将在作者下一本书内讨论),单茎和单代的"核心"家庭(夫妇俩和未婚的儿子)在贫农之间较为普遍。而多茎家庭,则在经营式农场主和富农阶层中比较多见。因此,两者户均人数的差别,并不能用以证明两者之间可能有生育率上的差别。要证实此假设,我们必须掌握丰富的农村家史资料。半无产化与家庭结构和人口趋向的详细关系,有待于获得更丰富可靠的资料后,再进行深入的研究。

半无产化了的村庄和20世纪的地方政权

半无产化的过程,使许多村庄变成半是紧密内聚的共同体,半是松散了的里弄。村庄的聚合性,可见于持续至20世纪30年代的许多习惯和共同组织。例如,由村里各族中最有威望的人组成的会首的非正式“委员会”、庙会、“饽饽社”等组织,以及村庄和宗族婚丧时的聚集等。此外,冀—鲁西北平原的大部分村民,仍有相当闭塞的世界观——他们一般只和同村的人聊天往来。而街坊之间的纽带关系更富有准宗族关系的色彩。村庄的聚合性,有时更体现于看青会。此组织似乎是为应付清末与民国时期的动乱而兴起的。

另外,村中的街坊关系也伴随半无产化的过程而日趋松散。一个小农会因失去了土地,其在村庄社团中的地位下降;因脱离了切身的利害关系,他不会再关心村政府的事务——后者的主要任务是向有地的村民摊征田赋。那些在外佣工的村民,尤其是常年在外的长工,会逐渐与自家的村庄疏远。许多最穷困的贫农,既无力支付庙会的会费,也办不起习惯上的婚丧事。有的只有清一色贫农的宗族,甚至断绝了传统的全族性活动。先是放弃了清明时节的聚餐,更甚则出卖祖坟地。

满铁资料显示,中农一般是村庄组织的骨干。他们和半无产化了的贫农不同。他们的生产活动一般全在村内自家的土地上进行。此外,地产所有权为他们在社团中带来一定的地位,也给他们带来与村庄政治上的切身利害关系。因此,他们积极地参与村庄的政治。许多地主、经营农场主和富农,在村外都有经济活动(例如经商、放债等),并和村级以上的上层社会有联系。而中农的经济和社会生涯则多限于本村范围之内。这些自耕农一旦分化为上层的地主、经营农场主和富农,与下层的贫农和雇农,村庄社团的纽带关系便会随之松散。一个闭塞紧密的社团,便向半松散的村庄转化。

这一切,恰好和国家政权渗入自然村的趋势同时发生。近现代中国地方绅商之参与政治,最初无疑意味着国家政权向非官方的地方上层人物转移。但这种变化,很快就为官僚政权的扩充所取代。无论是通过地方绅商僭取官僚职权,还是官方为了吸收或者抵消绅商权力而采取的措施,其结果都是地方绅商的官僚化,实际上变成了国家政权的扩充和渗入村庄的主要工具。

官僚政权之渗入自然村,对旧日的国家与村庄之间的关系施加了新的压力,在村政府这个关键性的接触点上,二者关系尤其紧张。民国时期的政府,有能力把权力延伸入村,但它缺乏直接派任领薪人员入村的机器,而必须通过庄内的人来控制自然村。进入20世纪之后,这些介于国家机器和本村社团之间的人,在国家威信日益下降的情况下,既要为上面摊派、征收新的税项奔走,同时又要面对伴随新的摊款所导致的村庄内部矛盾。因为,有地的村民从自己利益出发,要求按户摊派税款;而无地者则宁愿依照历来的传统习惯,按地亩征税。

各个村庄对这些新的压力所做出的反应,随村庄内部的结构而不同。紧密内聚的自耕农村庄,大多团结起来应付外界,甚至集体武装起来保护自己的利益。高度分化松散了的村庄,则多任凭为外界权势服务的投机分子摆布。半无产化了的村庄,则在官僚机构与村庄社团的拉锯战中来回折腾。民国后期,村庄与国家的关系仍处于紧张状态之中,充满滥用权力的事例和可能。

贫农与中国的革命

过去的宣传,间或把贫农的性质及其与中国革命的关系过分简单化,但革命的实际行动却显示出一个复杂的现实,反映了贫农的多面性。《土地改革法》实际上承认农村中租佃与雇佣关系并存的事实(虽然它最后抹去了原先对“经营地主”与出租地主的区别)。再者,土地革命是同时从贫农被剥削的一面和他们小农业主意识的一面出发而号召他们响应革命的。50年代初的“发家致富”则是更直率地向小农个人主义性的谋利意图而发出的号召。以后的互助组,是基于贫农搭套换工的习惯而组织的;而集体化的合作社,则终止了农村的雇佣关系和雇主雇农之间的差别,因此为佣工的贫农带来了利益。过去,贫农曾被宣传成集体性很高的阶级,但后来的集体化,事实上遗留下来许多问题。60年代初期和“文化大革命”之后的今天,政府放宽政策,向自留地、自由市场、自主企业与包产到户方向的转移,就足以说明问题。此外,革命后坚持全国积粮备荒的一贯作风,是革命前生活艰苦的佐证,也说明维持基本生计在农民心目中的重要性。这一系列措施都证实了小农的多面性。

人口压力对这个贫农经济和社会所起的影响,也可从革命的实际行动中看到。今天,我们回顾集体化的历史,可以认识到人口压力本身曾是推进集体化的动力之一。合作化了的生产队和大队与家庭农场有一个基本的共同特点:它们同时是一个生产和消费的单位。在生计所需的压力之下,会忍受资本主义企业所不能想象的劳力高度集约化的内卷农作。和家庭农场一样,生产大队是不会解雇它的剩余劳力的。我们若以经营式农业取代这个制度,农村马上就会有大量人口失业。人口问题,虽然尚未充分地被纳入国内政治经济学的理论研究和史学家们对中国近现代史的分析,但实际上政府已在近几年推行了一些人类有史以来最彻底的节育措施。

贫农怎样从一个"自在的阶级"(一个经济的范畴)转化成"自为的阶级"(一个政治的范畴),是一个比较难解的问题。以往过分简单化的宣传,有时要求我们相信似乎共产党组织一旦反映出贫农的阶级利益和领导了他们的集体行动,他们便蜕变成一个"自为的阶级"。这样,贫农在中国革命中所起的作用,就和设想中无产阶级在社会主义革命中所起的作用并无不同。

但国家机器在实际运转中承认了村庄整体的重要性。而这个整体是垂直的,并与其他村庄隔离的单位,并不是一个水平的并与其他村庄整合的阶级。其后的生产队和大队是建立在自然村的实际社会经济单位之上的。"大跃进"时曾进行过把集体所有单位提到自然村以上的尝试,但后来又不得不退回到现实所允许的范围内去。

要对贫农在中国革命过程中怎样转化为一个"自为的阶级"这一问题做出具体的分析,我们必须掌握现在还无法得到的资料(例如中国共产党的档案和参与革命的农民的口述资料)。但本书提出了一些试探性的看法:作为受地租和工资剥削而基本不用纳税的贫农,在经济利益上与地主和雇主的矛盾,要比与国家机器的矛盾来得实在。纳税而不交租、不佣工的自耕农的利益则相反,与国家机器的矛盾要比与地主和雇主的矛盾尖锐得多。从这样的角度来看,贫农比中农更有可能响应消除租佃和雇佣关系的革命运动。作为与宗族和村庄集合体关系较松疏的人,贫农也可能比中农容易组织动员。他们之中完全脱离了家庭农作而长年出外佣工的人,可能是革命过程中的引火料。但是,大多数的贫农仍然抱着业主意识,或是希望成为业主的人。他们多是跨阶级的垂直宗族组织和村庄整体的成员。要了解他们的政治行动,我们必须考虑到这些不同的由互相交叉所形成的错综复杂的意图。

这样看来,简单的实体主义和形式主义,甚至传统马克思主义的分析,都不足以解释贫农的政治活动。贫农采取行动的动机,似乎并不只是单纯地为保卫或恢复道义共同体和生存的权利,或者为了谋取最大的政治利益,又或是单纯地为了反抗阶级剥削。要了解他们在革命过程中所扮演的角色,我们必须考虑到这些意向,是如何因村庄内部结构的不同和外来政权的性质而形成不同的混合体的。

西方比较史学的理论家们为我们提供了一些有用的看法。穆尔(Moore,1966)主张:我们不能简单地从一个阶级推翻另一个阶级来理解社会革命,而要注意到一个多阶级的、处在变动中的联合体的形成过程;对于一个以“多面性”(而含义又不十分明确)的“贫农阶级”作为社会基础的中国革命而言,这个联合体的构成和形态对革命性质的影响,似乎尤其重要。佩奇(Paige,1975)认为,两个阶级之间的关系,应按当事双方各方有无变化及其变化形态而区别和分类。本书主张,由没有资本化的上层分子和半无产化的小农所组成的阶级关系,要比西欧那样由资本化的上层分子和无产化的农民所组成的关系,矛盾来得尖锐,更可能引起革命。最后,斯科波尔(Skocpol,1977)有力地论说国家机器可能成为一个在阶级关系以外具有半独立性生命的单位,并受到由世界所有国家机器共同组成的世界性政权系统的影响。这个看法,可以在西方过去关于中国革命的研究中找到许多夸大了的反响,从关注于共产党领导人物思想意识的研究(Schwartz,1953),到以国际影响(Johnson,1962)或革命组织(Hofheinz,1977)为决定性因素的研究。西方研究中国的史学家们尚未提出一个能照顾到上列所有因素的分析框架。

虽然如此,我们不可忽视中国革命在冀—鲁西北地区的基本社会经济背景:一个经历数世纪之久,在内卷和阶级分化双重趋势之下所形成的贫农经济。在此经济体系中,阶级分化和高密度的人口两个因素相互加剧了贫民的负担和苦难。在本书研究的地区中,一个成年男子无法依靠农业佣工的工资来养活一家人,女子又几乎完全被排斥于雇佣劳动之外。在此情况下,失去自家农场而成为一个纯粹的雇农等于面临家族灭绝的命运。因此,贫农会不顾一切地牢牢抓住他的小农场。尽管他在付租(或纳税)后所得无几,但他仍会千方百计地结合家庭农作与短期佣工,依赖这两种收入来维持一家的生计,希图延缓沦为长工的命运。这是一种极不稳定的生活方式。一旦再遭受到其他压力——无论是赋税加重,市场价格升降的打击,政权的滥用,战争和盗匪,抑或天灾——便很容易颠覆。这个半无产化了的小农经济的形成,正是中国解放前农村数世纪以来大规模动荡的结构性基础。

附　录

附录一　满铁调查的33个村庄社会经济轮廓

下面将33村的社会经济轮廓，按本书区分的类型分别列出：第一型，经济作物占播种面积10%以下的商品化程度较低的村庄；第二型，经济作物占播种面积10%至30%的中等商品化村庄；第三型，经济作物占播种面积30%以上的高度商品化村庄；第四型，手工业发达的村庄；第五型，市郊村庄；第六型，出外佣工工人的家乡；第七型，经历战祸的村庄。

正文已述，经营式农业和土地租佃的发生率是与商品化的程度相关联的，但雇佣关系则不一定。短工和长工常要到村外去工作。一个佣工的人可以到离开家乡相当远的地方去工作；他不像一个佃农那样因每天要从家里下地而不得不租离家比较近的土地。一个高度商品化的村庄中的富裕农场，很可能会从村外雇工，因为它们所在的村庄可能只有极少数甚或没有人佣工（例如东鸿鸦泊、龙窝、中两山）；一个商品化程度较低的村庄，则很可能会因许多贫穷的农户外出佣工而使雇农的比例较高（例如胡庄）。

伴随商品化而来的阶级分化,也会被人口压力所抵消,例如表4.2所示的经营式农场主那样,抑或被手工业的发展所抵消,好比在祁寨和冷水沟那样。自然灾害与阶级分化可能是相应的关系,也可能不是。在寺北柴那样的村庄,有钱人利用自然灾害而积累了土地,促使阶级分化。但是最易受灾的村庄(如沙井和吴店),一般都较少种植经济作物,故又与商品化和阶级分化相抵触。

我在此按不同类型列出各村的面貌,目的是要说明村庄社会是受多种不同因素影响的,而不是想突出任何单一的因素,或坚持某一因素必定是和另一因素互相关联的。

下列诸表中括号内的数字是我的推测。有的村庄主要种植粮食,但当时的调查,没有为我们提供各种作物明确的比例,我也没有对它们做出估计的尝试。问号表示没有资料。

一半以上收入依靠做长工的农户或独身男子,即使同时经营一个小农场,都划为雇农。从农业以外获得一半以上收入的村户,划为非农业户。其中同时经营一个小农场(无论自有还是租用)的村户,亦计算在农业户的数字内。

各村资料出处,按村庄号数列于附录表1.7之后。

附录表1.1　第一型:商业化程度较低的村庄

类目	1 阿苏卫 (昌平县)	2 胡庄 (平谷县)	3 焦家庄 (丰润县)
主要作物 (播种面积%)	玉米34% 粟22% 高粱19%	高粱25% 粟25% 玉米17% 大豆8%	高粱45% 玉米30% 粟12%
户数	102	218	196
非农业户%	2.9%	0.0%	9.2%
总耕地面积(亩)	1527	2400	2502
每人耕地亩数	2.5	2.3	2.1
县城距离(公里)	15	12.5	15
在村地主数	0	0	0
经营式农场主数	0	0	0
租地占耕地%	?	<10.0%	9.2%
各阶级农户数%			
自耕农	63.6%	89.0%	79.8%
半自耕、佃农	27.3%	6.4%	14.6%
年工	9.1%	4.6%	5.6%
打短工农户%	30.3%	45.9%	?

附录表 1.2　第二型：中等商业化的村庄

类目	4 大北关 （平谷县）	5 后夏寨 （恩县）	6 后延寺 （香河县）	7 纪各庄 （蓟县）	8 卢家寨 （遵化县）
主要作物 （播种面积%）	粟 36% 高粱 20% 玉米 10% 棉花 11%	粟[30%] 高粱[30%] 花生[20%] 棉花[5%—10%]	玉米 50% 粟 15% 大豆 15% 小麦 10%	高粱 49% 小麦 16% 玉米 13%	高粱 33% 粟 25% 玉米 11% 小麦 10% 水果 7%
户数	98	130	320	128	195[①]
非农业户%	0.0%	4.6%	8.4%	0.0%	9.7%
总耕地面积 （亩）	2438	2530	5012	1575	2497
每人耕地亩数	4	3.6	2.7	2.4	2.1
县城距离（公里）	5	2.5	4	14	28
在村地主数	0	0	0	0	0
经营式农场主数	3	0	3	2	3
租地占耕地%	8.2%	3.6%	7	0.0%	<10.0%
各阶级农户数%					
自耕农	49.0%	86.3%	51.0%	65.6%	69.3%
半自耕、佃农	40.8%	10.5%	38.2%	0.0%	22.2%
年工	10.2%	3.2%	10.8%	34.4%	8.5%
打短工农户%	41.8%	“很多”	?	?	33.7%

续表

类目	9 沙井 (顺义县)	10 孙家庙 (惠民县)	11 眺山营 (满城县)	12 小街 (通县)	13 小营 (密云县)
主要作物 (播种面积%)	玉米 36% 高粱 20% 大豆 16% 小麦 12%	小麦 24% 甘薯 28% 大豆 14% 粟 12%	粟 32% 玉米 28% 小麦 28%	玉米 38% 棉花 27% 粟 6% 高粱 4%	粟 30% 高粱 20% 花生 10% 玉米 10%
户数	67②	101	144	164	195
非农业户%	13.4%	[5.0%]	?	20.7%	21.0%
总耕地面积(亩)	1182	1037	1230	2692	3025
每人耕地亩数	2.5	2.1	1.4	2.7	3.3
县城距离(公里)	2.0	?	2.5	3.0	17.5
在村地主数	0	1	0	1	3
经营式农场主数	1	0	0	2	2
租地占耕地%	17.2%	24.4%	5.5%	41.2%	34.5%
各阶级农户数%					
自耕农	44.8%	66.7%	79.2%	30.4%	45.0%
半自耕、佃农	22.4%	25.0%	15.3%	62.2%	55.0%
年工	32.8%	8.3%	5.6%	7.4%	?
打短工农户%	55.2%	53.1%	61.1%	19.3%	?

①不包括没有资料的7户。

②不包括没有资料的5户。

附录表 1.3　第三型:高度商业化的村庄

类目	14 东鸿鸭泊 (丰润县)	15 龙窝 (玉田县)	16 马村 (获鹿县)
主要作物 (播种面积%)	棉花 20% 玉米 15% 白菜 12% 高粱 10%	棉花 54% 高粱 29% 大豆 8%	粟 30% 棉花 26% 小麦 23%
户数	89	29	308
非农业户%	16.9%	3.4%	21.8%
总耕地面积	1143	524	4209
每人耕地亩数	1.2	2.3	2.5
县城距离(公里)	1	20	8
在村地主数	1	0	0
经营式农场主数	1	1	4
租地占耕地%	19.2%	10.5%	24.2%
各阶级农户数%			
自耕农	39.2%	75.0%	49.4%
半自耕、佃农	48.6%	21.4%	39.5%
年工	12.2%	3.6%	11.1%
打短工农户%	②	②	?

续表

类目	17 米厂 (丰润县)	18 前梁各庄 (昌黎县)	19 寺北柴 (栾城县)	20 中两山 (昌黎县)
主要作物 (播种面积%)	高粱44% 棉花31% 玉米15%	高粱38% 水果28% 花生7%	棉花40% 粟30% 小麦10% 高粱10%	水果30% 高粱? 粟? 玉米?
户数	114	95	132①	130
非农业户%	3.5%	7.4%	16.7%	26.9%
总耕地面积	2237	1564	2053	2000
每人耕地亩数	3.3	2.7	2.9	3
县城距离(公里)	40	7.5	1.5	4
在村地主数	0	5	0	1
经营式农场主数	3	0	0	2
租地占耕地%	34.6%	36.0%	66.8%	18.5%
各阶级农户数%				
自耕农	14.9%	39.3%	7.3%	69.1%
半自耕、佃农	71.5%	43.8%	64.5%	26.4%
年工	13.6%	16.9%	28.2%	4.5%
打短工农户%	33.7%	30.3%	34.0%	②

①不包括没有资料的8户。

②短工都从村外雇人。

附录表 1.4　第四型:手工业发达的村庄

类目	21 杜雅科 (枣强县)	22 冷水沟 (历城县)	23 祁寨 (高唐县)	24 小王庄 (玉田县)	25 芝麻墼 (玉田县)
主要作物 (播种面积%)	小麦 33% 玉米 33% 粟 25%	大米 33% 小麦? 高粱? 粟?	棉花 60% 粟 20% 小麦 10% 玉米大豆 10%	高粱 50% 棉花 15% 粟 10% 大豆 10%	高粱 66% 小麦 16% 玉米 10% 大豆 8%
户数	98	331①	115	174②	86③
非农业户%	?	4.5%	?	10.9%	11.6%
参与手工业农户	大多数; 织布, 羊皮腿业	大多数; 编草绳	贫、中农的 大多数; 纺纱,织布	大多数; 织布	30 年代前 55%织布
总耕地面积(亩)	1558	4200	2245	1036	676
每人耕地亩数	[3.2]	[2.3]	3.9	1.2	1.4
县城距离(公里)	?	3④	1.5	15	16
在村地主数	0	0	0	0	0
经营式农场主数	2	3	2	0	0
租地占耕地%	<10.0%	<5.0%	3.4%	20.0%	5.3%
各阶级农户数%					
自耕农	91.6%	91.4%	93.1%	41.3%	67.1%
半自耕、佃农	8.4%	7.9%	5.2%	32.9%	3.9%
年工	?	0.9%⑤	1.7%	25.8%	28.9%
打短工农户%	?	10.0%	“大多数”	22.6%	?

①不包括没有资料的 39 户。　②不包括没有资料的 13 户。
③不包括没有资料的 4 户。　④王舍人庄距离。
⑤外村 17 人在村内当年工。

附录表 1.5　第五型：市郊村庄

类目	26 东焦 （石家庄市）	27 南权府庄 （济南市）
主要作物	粟 38%	小麦 45%
（播种面积%）	小麦 36%	粟 36%
		大豆 11%
户数	203	222
非农业户%	46.8%	74.3%
市内佣工户%	28.1%	?
总耕地面积	1459	279
每人耕地亩数	1.2	0.3
距市距离（公里）	2.5	6
在村地主数	0	0
经营式农场主数	2	0
租地占耕地%	30.0%	15.0%
各阶级农户数%		
自耕农	67.6%	34.0%
半自耕、佃农	32.4%	26.6%
年工	?	39.4%
打短工农户%	?	?

附录表 1.6　第六型:出外佣工工人的家乡

类目	28 郦各庄 (抚宁县)	29 柏庄 (乐亭县)	30 侯家营 (昌黎县)	31 胡庄 (宁河县)
主要作物 (播种面积%)	高粱 50% 粟 25% 棉花 10%	小麦 20% 高粱? 粟? 玉米?	高粱? 大豆? 稗子?	高粱 90% 小麦 6%
户数	98①	112②	116③	78
非农业户%	9.2%	22.3%	11.2%④	31.2%⑤
关外就业户%	截至 1931 年 60%	截至 1931 年 80%	1931 年前 “很多”	
	其后 20%	其后 20%	1942 年 10%从商	70%
总耕地面积(亩)	1200	1860	2979	1943
每人耕地亩数	2.2	2.6	4.4	5.1
县城距离(公里)	4	7	10	2.5
在村地主数	2	0	1	0
经营式农场主数	0	0	4	0
租地占耕地%	45.0%	30.0%	12.1%	47.5%
各阶级农户数%				
自耕农	29.2%	59.8%	53.4%	25.9%
半自耕、佃农	70.8%	40.2%	46.6%	61.1%
年工	?	?	0.0⑥	13.0%
打短工农户%	22.5%	0.0%⑦	?	?

①不包括没有资料的 14 户。　②不包括没有资料的 12 户。
③不包括没有资料的 5 户。　④乞丐。
⑤乞丐 6 人;失业 15 户。　⑥年工从外面雇入。
⑦短工从外面雇入。

附录表 1.7　第七型:经历战祸的村庄

类目	32 黑汀庄 (临榆县)	33 吴店 (良乡县)
主要作物 (播种面积%)	高粱 30% 粟 25% 花生 23% 玉米 20%	玉米? 粟? 甘薯?
户数	89	57
非农业户%	14.6%①	?
总耕地面积(亩)	1799	1100
每人耕地亩数	4.2	3.9
县城距离(公里)	7	1.5
在村地主数	0	0
经营式农场主数	0	0
租地占耕地%	72.7%	54.5%
各阶级农户数%		
自耕农	13.2%	8.8%
半自耕、佃农	76.3%	91.2%
年工	10.5%	?
打短工农户%	23.7%	?

①1931 年前约有半数的村户有人在东三省佣工,1936 年只有两户。

附录表 1.1—1.7 出处:

1.满铁,冀东地区,1936a,卷 1:7—9,12,13。

2.同上,137—139。

3.同上,卷 2:148—172。

4.满铁,冀东农村,1937a:2—5。

5.《惯调》,4:7—9,10,399,402,459,464,497,509。

6.满铁,冀东地区,1936a,卷 1:156—159。

7.同上,202—209。

8.满铁,天津,1936a:72—83,96,136—139。

9.《惯调》,1:附录;《惯调》,2:273—289。

10.中国农村,1939:附录,第 2—15 页。

11.北支那,1943a:18—20,41。

12.满铁,天津,1936b:33—41,69,116—117。

13.满铁,冀东地区,1936a,卷 1:64—75。

14.同上,卷 2:132—147。

15.同上,12,18,22,24。

16.满铁,北支经济调查所,1940d:81—82,85—87。

17.满铁,冀东农村,1937b:1,5—12,25,69—88。

满铁,北支事务局调查部,1938—1941,1:73—77。

18.满铁,冀东农村,1937c:1—12,24,70—93。

19.《惯调》,3:5—6,197—198,524—533。

20.满铁,冀东地区,1936a,卷 2:264—275。

21.满铁,天津,1937:45—67。

22.《惯调》,4:2,4,6,9,168,175—176,178,240。

23.北支那,1943b:1,13,67,93,98,附录表 1。

24.满铁,冀东地区,1936a,卷 2:10,12,16,24,27,42。

25.同上,12,15,24,42。

26.华北综合,1944a:26—30,128—129。

27.华北交通,1940:15,16—17,34,41,101。

28.满铁,冀东地区,1936a,卷2:288—295,298,311,313,320。

29.同上,232—238,240。

30.《惯调》,5:5,151,179,193,275—278。

31.满铁,冀东地区,1936a,卷2:91,93—94,115,120。

32.同上,352,357,359—360,387—388,396。

33.《惯调》,5:6—7,412。

附录二 河北、山东人口(1393—1953)

下面各表所列数据都有中国历代一般人口数据的缺点:此种累计数据虽多,但都不大可靠。像那种可供“重建”一个基层小社团的人口史,近年来促成了西欧和日本人口史研究重要突破的资料,我们尚无法得到。

表 2.1 列出现有的省级总计数据。明代的资料价值有限。1393 年的数字可能比较接近实际情况——这是过去何炳棣(Ho,1959)与珀金斯(Perkins,1969)的研究提出的意见。但其后的数据显然不可靠:1393—1578 年的 185 年中,人口不大可能只增加 38%。哈特韦尔(Hartwell,1982)新近的研究虽然在大量的县、府方志资料的基础上试图为 750—1550 年提出一套较有说服力的数字,但我们仍无法得出明代后期人口的较可靠数字,可以依据的仍只是明初的数据。

清代前期的数字显然偏低。这可能是因为国家登记人口机构薄弱,也可能是因为当时的数字,大多是纳税单位“丁”的计数,而不是人口的计数(见何炳棣,1959);抑或是两者混合的计数。1776—1850年的数字比较可信,也反映出当时政府在这方面所做出的努力。表中列出的数字出自户部每年根据各省上报资料而做出的“全国分省民数、谷数清册”。北京第一历史档案馆藏有1787—1898年间相当完整的清册。我在这里根据中国社会科学院经济研究所编辑的数据(严中平,1963),列出每十年的数字。不幸的是,清册在1858—1898年间,只把承德府的人口算入直隶人口数,所以表中没有列出这段时期直隶的人口。1776—1784年的数字,是用各省上呈中央的“民数、谷数奏折”和“查保甲稽核民数丁口循例奏折”(第一档案馆藏)来补充的。(李中清博士慷慨地为我提供这些资料和他对档案人口资料的研究心得,谨表感谢。)

附录表2.1 河北、山东的人口原始数据 1393—1953(1000人)

年代	河北	山东	总和	出处
明代				
1393	1927	5256	7183	梁方仲,1980:203—204
1491	[3431]	[6760]		
1578	[4265]	[5664]		
清代				
1661	[2838]	[1760]		梁方仲,1980:258
1685	[3197]	[2111]		
1724	[3407]	[2278]		
1749	13 933	24 012		
1753	[9374]	[12 770]		
1757	14 377	24 746		
1762	16 132	25 293		
1767	16 691	25 635		

续表

年代	河北	山东	总和	出处
1776	20 291	26 019[①]		"民数、谷数奏折",第一历史档案馆
1779	20 708	—		
1784	22 302	22 109		
1790	23 497	23 359	46 856	严中平等编,1963:362—374
1820	—	29 522		
1830	22 063	30 874	52 937	
1840	22 646	31 876	54 522	
1850	23 401	33 127	56 528	
1860	—	34 346		
1870	—	34 890		
1880	—	35 998		
1890	—	36 984		
1898	—	37 789		
民国				
1912	26 721	[29 556]		梁方仲,1980:268
1913	29 600	38 400	68 000	珀金斯,1969:209
1933	38 400	40 300	78 700	刘大中、叶孔嘉,1965(经校准)[②](引自珀金斯,1969:212)
1948	39 000[③]	39 300		官蔚蓝,1956:1—3(经校准)
中华人民共和国				
1953	46 600[④]	48 900	95 500	1953 年人口普查,引自珀金斯,1969:212

备注:括号内数字可疑。

①1773 年。

②刘大中、叶孔嘉采用的河北省数字(30 600 000)不包括北京、天津二市和热河省。我在这里加了北京市:1 600 000;天津市:1 200 000(珀金斯,1969:212,293);热河省:5 000 000(1948 年 6 200 000——官蔚蓝,1956:2).

③加上北京、天津、热河,共 7 800 000。

④包括北京、天津、热河。

20 世纪的数字出自几个不同的来源:民国元年的一个统计数字;刘大中和叶孔嘉对 30 年代做出的估计;官蔚蓝搜集的 1948 年的数据(这些数字虽然肯定不及几年之后的人口普查的数据准确,但它们备有省级以下的细目);最后是 1953 年人口普查的数字。

吉尔伯特 · 罗兹曼(Rozman,1962)关于清代人口的研究并没有超出过去资料的范围。我们不易超越何炳棣和珀金斯所采用的方法:以 1953 年人口普查的数据为比较可靠的基线,而以 1393 年和清代中叶的数据作为遥远的标志来估计当时的人口。这种推测可靠与否,取决于数据之外的质性证据。在现有资料的范围之内,本书暂用下列河北、山东人口的数字:1393 年共约 17 000 000;1800 年增至 50 000 000;1930—1940 年约 75 000 000—80 000 000。

表 2.2 列出两省各府的 1820 年、1883 年和 1948 年的人口数字。这些数字虽然不甚可靠,但可用来充实我们的一个推测:环境比较恶劣的冀东(永平府)和冀中东部(天津东部与河间府),是直隶省中较晚开发的地区。此二地区在 1820 年之后的 60 多年中,人口有显著的增加,而当时其他地区的人口已趋向平衡。

附录表 2.2　河北、山东各府的人口原始数据　1820、1883、1948(1000 人)

府州	1820	1883	1948
直隶			
承德府	784	—	6196
永平府	671	1780	2345

续表

府州	1820	1883	1948
遵化州	702	816	1324
顺天府	2935	3474	4403
宣化府	839	—	—
易　州	221	244	483
天　津	1601	1976	2186
河间府	1616	2174	2947
保定府	1705	2199	3103
深　州	[266]	695	805
定　州	371	359	618
正定府	1255	1370	2259
冀　州	1289	1236	1273
赵　州	767	632	865
广平府	1225	1102	1734
顺德府	952	1053	1258
大名府	1965	1949	1116
鲁西北			
武定府	2191	—	2228
济南府	4015	—	5297
东昌府	1613	—	1995
临清州	968	—	731

出处:官蔚蓝,1956:68—80;梁方仲,1980:273;Rozman,1982:附录4。
备注:括号内数字可疑。

最后,表2.3列出顺天府各县万历年间(1573—1620)与1883年的数据。这些数字当然也都有问题,因它们出自一个人口登记办得较杂乱的时期。但若和关于棉花种植的质性资料与省级的数据一起考虑,它们可以进一步充实我们对明清人口总趋势的推测:

1550—1800年一段时期内,除了明清之际短暂的动乱时期,可能是人口增长得比较迅速的一段时期。

附录表 2.3 顺天府各县人口原始数据 1600、1883(1000人)

县别	1600	1883	县别	1600	1883
大兴县	71.0	180.2①	平谷县	—	40.0
宛平县	62.1	206.5①	昌平县	15.5	120.7
良乡县	14.8	35.2	密云县	17.1	116.7
固安县	35.1	100.6①	顺义县	13	84.1
东安县	13.2	105.1	怀柔县	7.3	50.3
永清县	13.2	82.3	涿　州	39.4	87.1①
香河县	9.2	35.4	房山县	10.6	79.4
通　州	13.0	270.9	霸　州	65.4	140.1
三河县	14.2	192.0①	文安县	25.7	200.2
武清县	20.2	372.9	大城县	32.0	114.2①
漷　县	4.3	—②	保定县	7.1	14.3
宝坻县	36.7	326.6	宁河县	—④	212.7①
蓟　州	22.1③	208.3	合　计	562.2	3376.8

出处:梁方仲,1980:457。

备注:1600数字出自万历年间,1573—1620年。

①1882年。

②清代裁入通州。

③明代包括玉田、丰润、遵化和平谷县。1743年升遵化为直隶州,领玉田、丰润二县。

④1731年前属宝坻县。

附录三　河北、山东耕地面积(1393—1957)

明代耕地面积数据粗略而不可靠。明朝政府虽曾于1368年做过一次耕地调查(这是我们确知的明代三次调查的第一次),表3.1所列1393的数字与其后的数字相比较,显然过高而难以置信。1502年的数字,可能反映了1398年第二次调查的结果。第三次调查的结果不得而知,因为1578年的数字,可能没有反映出当年开始进行的调查的结果。珀金斯(1969:222—226)认为1502年的数字,反映出1400年的大概情况。

清代的数据有两个问题。1661—1753年的数字没有把“官田”计算在内,而后者在清初约占直隶耕地面积的29%。其后的数字则包括旗地,但它们可能因当时习惯把下等土地划为标准亩的等数而偏低。珀金斯根据卜凯20世纪30年代的资料估计,这些数字可能因此偏低20%—30%。我们要是在直隶的数字上加29%官田,再作20%的调整,便会得出珀氏的结论:进入18世纪以后,两省耕种土地面积,已基本达到20世纪30年代的面积。结合人口继续增长的事实,便清晰地显出 18 世纪以来人口对耕地的压力递增的事实。

附录表 3.1　河北、山东耕地面积原始数据　1393—1957(1000 亩)[1]

年代	河北	山东	出处
明代			
1393	58 250	72 404	梁方仲,1980:345—347
1502	26 971	54 293	
1578	49 257	61 750	
清代			
1661	45 977	74 134	梁方仲,1980:380
1685	54 343	92 527	
1724	70 171	99 259	
1753	66 162	99 347	
1812	74 143	98 635	
1851	72 726	98 473	
1873	73 046	98 473	
1887	86 652	125 941	
民国			
1933	118 000	120 000	珀金斯,1969:236
中华人民共和国			
1957	132 000	139 000	珀金斯,1969:236

备注:此表应和附录正文同读——文中指出明代数字之可疑及清代数字之偏低。

①明亩等于 0.1 434 英亩,清亩为 0.1 518 英亩,民国后使用的市亩等于 0.1 647 英亩。

引用书刊目录

本书用了以下的缩写:《中国农村惯行调查》:《惯调》;南满洲铁道株式会社:满铁。中、日文书目按作者姓氏的拼音字母顺序排列,英文书目按作者姓氏的罗马字母顺序排列。

中文

北京政法学院民法教研室编(1957):《中华人民共和国土地法参考资料汇编》,北京:法律出版社。

陈恒力编著(1963):《补农书研究》,北京:农业出版社。

陈平(1979):《单一小农经济结构是我国长期动乱贫穷的病根》,《光明日报》11 月 16 日,第三版。

陈平(1981):《社会传统和经济结构的关系》,《学习与探索》第一期,第 4—19 页。

陈诗启(1959):《甲午战前中国农村手工棉纺织业的变化和资本主义生产的成长》,《历史研究》第 2 期,第 17—38 页。

陈树平(1980):《玉米和番薯在中国传播情况研究》,《中国社会科学》第三期,第187—204页。

陈文华(1981):《中国古代农业科技史讲话》,《农业考古》第一期,第114—124页;第二期,第43—53页。

陈振汉(1955):《明末清初中国的农业劳动生产率、地租和土地集中》,载中国人民大学(1957)第一卷,第272—294页。

陈正谟编著(1935):《各省农工雇佣习惯及需供状况》,南京:中山文化教育馆。

《承德府志》(1831)。

从翰香(1981):《试述明代植棉和棉纺织业的发展》,《中国史研究》第一期,第61—78页。

戴逸编(1980):《简明清史》,北京:人民出版社。

丁玲(1949):《太阳照在桑干河上》,北京:新华书店。

樊百川(1983):《二十世纪初期中国资本主义发展的概况与特点》,《历史研究》第四期,第11—24页。

费孝通(1948):《乡土重建》,上海:观察社。

冯华德(1937):《河北省定县的牙税》,《政治经济学报》第五卷二期,第285—322页。

冯华德(1935):《县地方行政之财政基础》,《政治经济学报》第三卷四期,第697—750页。

冯华德、李陵(1936):《河北定县之田赋》,《政治经济学报》第四卷三期,第443—520页。

冯梦龙(1958):《醒世恒言》二卷,香港:中华书局。

傅衣凌(1979):《明清时代阶级关系的新探索》,《中国史研究》第4期,第65—74页。

傅筑夫(1980):《中国经济史论丛》二卷,北京:生活·读书·新知三联书店。

官蔚蓝编(1956):《中华民国行政区划及土地人口统计表》,台北:北开出版社。

浩然(1972):《艳阳天》三卷,香港:三联书店。

何炳棣(1969):《黄土与中国农业的起源》,香港:香港中文大学出版社。

河北省棉产改进会(1936):《民国二十四年河北省棉产调查报告》,无出版处:无出版社。

河北省棉产改进会(1937):《中华民国二十五年河北省棉产调查报告》,无出版处:无出版社。

胡如雷(1979):《中国封建社会形态研究》,北京:生活·读书·新知三联书店。

翦伯赞(1957):《论十八世纪上半期中国社会经济的性质》,载中国人民大学(1957)第一卷,第338—400页。

经君健(欧阳凡修)(1961a):《明清两代"雇工人"的法律地位问题》,《新建设》第4期,第31—39页。

经君健(欧阳凡修)(1961b):《明清两代农业雇工法律上人身隶属关系的解放》,《经济研究》第6期,第49—74页。

景甦、罗崙(1959):《清代山东经营地主的社会性质》,济南:山东人民出版社。

鞠镇东(1977):《河北旗地之研究》(萧铮编《民国二十年代中国大陆土地问题资料》所收),台北:成文出版社。

黎澍(1956):《关于中国资本主义萌芽问题的考察》,《历史研究》第4期,第1—25页。

李景汉(1933):《定县社会调查概况》,北京:北京大学出版社。

李鸿毅(1977):《河北田赋之研究》(萧铮编《民国二十年代中国大陆土地问题资料》所收),台北:成文出版社。

李文治(1963a):《论清代前期的土地占有关系》,《历史研究》第5期,第75—109页。

李文治(1963b):《明清时代的封建土地所有制》,《经济研究》第8期:67—77页;第9期,第55—61页。

李文治(1981):《论中国地主经济制与农业资本主义萌芽》,《中国社会科学》第1期,第143—160页。

李文治编(1957):《中国近代农业史资料,1840—1911》,北京:生活·读书·新知三联书店。

梁方仲编著(1980):《中国历代户口、田地、田赋统计》,上海:上海人民出版社。

刘敦愿、张仲葛(1981):《我国养猪史话》,《农业考古》第1期,第103—105页。

刘少奇(1928):《坚持华北抗战中的武装部队》,《解放》第43/44号,第49—53页。

刘永成(1962):《论清代雇佣劳动——兼与欧阳凡修同志商榷》,《历史研究》第4期,第104—148页。

刘永成(1979b):《论中国资本主义萌芽的历史前提》,《中国史研究》第2期,第32—46页。

刘永成(1980):《清代前期的农业租佃关系》,载中国社会科学院历史研究所清史研究室编《清史论丛》第二辑,第 56—88 页,北京:中华书局。

刘永成(1979a):《清代前期佃农抗租斗争的新发展》,载《清史论丛》(同上)第一辑,第 54—78 页。

刘永成(1982):《清代前期农业资本主义萌芽初探》,福州:福建人民出版社。

《栾城县志》[1976(1872)],台北:成文出版社。

麦叔度(1930):《河北省小麦之贩运》,《社会科学杂志》第一期,第 73—107 页。

毛泽东(1927):《湖南农民运动考察报告》,载《毛泽东集》(1972)第一卷,第 207—249 页,东京:北望社。

毛泽东(1939):《中国革命与中国共产党》,载《毛泽东集》(1972)第七卷,第 97—136 页,东京:北望社。

毛泽东(1940):《新民主主义论》,载《毛泽东集》(1972)第七卷,第 147—206 页,东京:北望社。

毛泽东(1964):《毛泽东选集》,北京:人民出版社。

毛泽东(1972):《毛泽东集》1—10 卷,东京:北望社。

南开大学历史系编(1959):《〈清实录〉经济资料辑要》,北京:中华书局。

南京大学历史系明清史研究室编著(1980):《明清资本主义萌芽研究论文集》,上海:上海人民出版社。

欧阳凡修:见经君健。

彭雨新(1945):《县地方财政》,上海:商务印书馆。

钱宏(1957):《鸦片战争以前中国若干手工业部门中的资本主

义萌芽》,载中国人民大学(1957)第一卷,第238—271页。

曲直生(1931):《河北棉花之出产及贩运》,北京:社会调查所。

任美锷、杨纫章、包浩生(1979):《中国自然地理纲要》,北京:商务印书馆。

尚钺(1955):《清代前期中国社会的停滞、变化和发展》,载中国人民大学(1957)第一卷,第160—238页。

沈阳农学院编(1980):《英汉农业科学词典》,北京:农业出版社。

《(光绪)顺天府志》。

《顺天县志》(1933)二卷,台北:成文出版社(1968)。

孙敬之编(1957):《华北经济地理》,北京:科学出版社。

孙毓棠、张寄谦(1979):《清代的垦田与丁口的记录》,载中国社会科学院历史研究所清史研究室编《清史论丛》第一辑,第110—120页,北京:中华书局。

《土地改革手册》(1951),北京:新华书店。

土地委员会编(1937):《全国土地调查报告纲要》,南京:土地委员会。

王毓瑚编著(1979):《中国农学书录》,北京:农业出版社。

王毓瑚(1980):《中国农业发展中的水和历史上的农田水利问题》,(北京农业大学)《科学研究资料》第8005号,第1—12页。

王又民(1934):《河北省棉产概况》,正定:国民政府农业部正定棉业试验场。

吴知(1936):《山东省棉花之生产与运销》,《政治经济学报》第五卷一期,第1—90页。

伍仕谦(1979):《关于巴县档案》,《中国史研究动态》第4期,第4—7页。

行政院农村复兴委员会编(1934a):《河南省农村调查》,上海:商务印书馆。

行政院农村复兴委员会编(1934b):《陕西省农村调查》,上海:商务印书馆。

徐光启[1956(1639)]:《农政全书》二卷,北京:中华书局。

徐新吾(1981):《鸦片战争前中国棉纺织手工业的商品生产与资本主义萌芽问题》,南京:江苏人民出版社。

许涤新编(1980):《政治经济学辞典》,上卷,北京:人民出版社。

严中平(1963):《中国棉纺织史稿》,北京:科学出版社。

杨学琛(1963):《清代旗地的性质及其变化》,《历史研究》第3期,第175—195页。

叶笃庄(1948):《华北棉花及其增产问题》,南京:资源委员会经济研究所。

岳琛编(1980):《中国近代农业经济史》,北京:中国人民大学出版社。

张培刚(1935):《冀北察东三十三县农村概况调查》,《社会科学杂志》第七卷二号,第267—311页。

张培刚(1936—1937):《清苑的农家经济》,《社会科学杂志》第七卷一号,第1—65页;第七卷二号,第187—266页;第八卷一号,第53—120页。

张瑞德(1979):《平汉铁路与华北的经济发展》,台湾师范大学历史系硕士论文。

张世文(1944):《农村社会调查方法》,重庆:商务印书馆。

张维华等编(1980):《曲阜孔府档案史料选编》第一编,上下二册;第三编,第一册,济南:齐鲁书社。

章有义编(1957a):《中国近代农业史资料,1912—1927》,北京:生活·读书·新知三联书店。

章有义编(1957b):《中国近代农业史资料,1927—1937),北京:生活·读书·新知三联书店。

赵泉澄(1955):《清代地理沿革表》,北京:中华书局。

中国科学院地理研究所经济地理研究室编著(1980):《中国农业地理总论》,北京:科学出版社。

《中国棉纺统计史料》(1950),上海:上海市棉纺织工业同业公会筹备会。

中国人民大学中国历史教研室编(1957):《中国资本主义萌芽问题讨论集》第二卷,北京:生活·读书·新知三联书店。

中央人民政府农业部编印(1950):《华北典型村调查》,无出版处:中央人民政府农业部。

日文

八木芳之助(1943):《经济に关する支那惯行调查报告书:特に北支における小作制度》,东京:东亚研究所。

柏祐贤(1944):《北支の农村经济社会》,京都:弘文堂。

北支那开发株式会社调查局(1943a):《劳动力资源调查报告》,北京:北支那开发株式会社调查局。

北支那开发株式会社调查局(1943b):《鲁西棉作地带の一农村における劳动力调查报告》,北京:北支那开发株式会社。

村松祐次(1962):《旗地の“取租册档”および“差银册档”にずいて》,《东洋学报》第45卷二号,第39—70页;第45卷三号,第39—61页。

村松祐次(1949):《栾城县と寺北柴村》,《一桥论丛》第22卷一号,第180—207页。

东亚同文会(1917—1920):《支那省别全志》第四卷:《山东》;第五卷:《直隶》,东京:东亚同文会。

古岛敏雄(1955):《中国农村惯行调查第一卷およんで》,《惯调》第四卷,第3—7页。

《惯调》:见中国农村惯行调查刊行会。

河地重造(1963):《一九三〇年代中国の农业生产力构造と最近の动向》,《经济学杂読》第49卷六号,第1—29页。

河地重造(1964):《一九三〇年代中国の农民层分解の把握のために》,《历史学研究》第290卷,第27—41页。

华北交通株式会社(1940):《铁路爱护村实态调查报告书》,无出版处:华北交通株式会社。

华北综合调查研究所(1944a):《石门市近郊农村实态调查报告书》,北京:华北综合调查研究所。

华北综合调查研究所(1944b):《华北经济统计集成》三卷,无出版处:华北综合调查研究所。

吉田浩一(1977):《二十世纪前半中国の一地方市场における棉花流通について》,《史林》第六卷二号,第1—35页。

吉田浩一(1975):《二十世纪中国の一棉作农村における农民层分解 について》,《东洋史研究》第33卷四号,第1—34页。

今堀诚二(1963):《东洋社会经济史序说》,京都:柳原书店。

满铁,北支经济调查所(1940a):《北支农村概况调查报告》第一卷:《惠民县》,无出版处:满铁,调查部。

满铁,北支经济调查所(1940b):《北支农村概况调查报告》第二卷:《泰安县》,无出版处:满铁,调查部。

满铁,北支经济调查所(1940c):《北支农村概况调查报告》第三卷:《潍县》,无出版处:调查部。

满铁,北支经济调查所(1940d):《农家经济调查报告:获鹿县,1939》,大连:满铁。

满铁,北支事务局调查部(1938—1941):《农家经济调查报告:丰润县》第一卷:《1937》;第二卷:《1938》;第三卷:《1939》,大连:满铁。

满铁,北支事务局调查部(1939):《青岛近郊における农村实态调查报告》,北京:满铁,北支事务局调查部。

满铁,调查部(1940):《北支棉花综览》,东京:日本评论社。

满铁,冀东地区农村实态调查班(1936a):《冀东地区内二十五个农村实态调查报告书》二卷,天津:冀东地区农村实态调查班。

满铁,冀东地区农村实态调查班(1936b):《冀东地区内选择农村实态调查概况报告书》,天津:满铁。

满铁,冀东农村实态调查班(1937a):《第二次冀东农村实态调查报告书:统计篇。第一班:平谷县》,大连:满铁。

满铁,冀东农村实态调查班(1937b):《第二次冀东农村实态调查报告书:统计篇。第三班:丰润县》,大连:满铁。

满铁,冀东农村实态调查班(1937c):《第二次冀东农村实态调查报告书:统计篇。第四班:昌黎县》,大连:满铁。

满铁:见南满洲铁道株式会社。

满铁,经济调查会(1935):《山东省一农村における社会经济事情》,大连:满铁。

满铁,天津事务所调查科(1936a):《遵化县卢家寨农村实态调查报告》,天津:满铁。

满铁,天津事务所调查科(1936b):《北支那における棉作地农村事情》,大连:满铁。

满铁,天津事务所调查科(1937):《河北省农村实态调查资料》,天津:满铁。

南满洲铁道株式会社(满铁)(1979):《旧殖民地关系机关刊行物总目录》,东京:アジア经济研究所。

内山雅生(1980):《〈中国农村惯行调查〉と中国史研究》,《历史学研究》第484卷,第50—60页。

片冈芝子(1962):《华北の土地所有と一条鞭法》,载《清水博士追悼纪念明代史论丛》,第139—163页,东京:大安书店。

片冈芝子(1959):《明末清初田华北における农家经营》,《社会经济史学》第25卷二/三号,第77—100页。

旗田巍(1981):《再刊にあたって》,载《惯调》第一卷,第1—4页。

旗田巍(1973):《中国の村落亡共同体理论》,东京:岩波书店。

仁井田陞(1947):《华北における家族分裂の实态》,《东洋文化》第四卷,第 1—35 页。

仁井田陞(1952):《中国の农村家族》,东京,东京大学出版会。

仁井田陞(1963):《中国法制史》增订版,东京:岩波书店。

森正夫(1975):《十八—二十世纪の江西省农村における社仓义仓についての一检讨》,《东洋史研究》第 23 卷四号,第 60—98 页。

石桥秀雄(1956):《清明中期の畿辅旗地政策》,《东洋学报》第 29 卷二号,第 23—72 页;第 39 卷三号,第 67—98 页。

石田文次郎(1944):《支那农村惯行调查报告书——土地公租公课の研究》,东京:东亚研究所。

松田吉郎(1981):《明末清初广东珠江デ、ルタの沙田开发と乡绅支配の形成过程》,《社会经济史学》第 46 卷六号,第 55—61 页。

天野元之助(1936):《山东农业经济论》,大连:满铁。

西嶋定生(1966):《中国经济史研究》,东京:东京大学出版社。

野间清(1964):《〈中国农村惯行调查〉の企画亡实绩——中国问题研究における圣主观的"善意"とその限界》,《历史评论》第 170 卷,第 1—15 页。

中国农村惯行调查刊行会(1952—1958):《中国农村惯行调查》六卷,东京:岩波书店。

中国农村经济研究所(北京大学农学院)(1939):《山东省惠民县农村调查报告》,北京:中国农村经济研究所。

足立启二(1981):《清代华北の农业经营亡社会构造》,《史林》第 64 卷四号,第 66—93 页。

英文、法文

Alavi, Hamza. 1973. "Peasant Classes and Primordial Loyalties," *Journal of Peasant Studies*, 1.1: 23—61.(哈姆扎·)阿拉维(1973):《农民各阶级以及原始的意向》

Alitto, Guy S. 1979. "Rural Elites in Transition: China's Cultural Crisis and the Problem of Legitimacy," in Susan Mann Jones, ed., *Select Papers from the Center for Far Eastern Studies*, No. 3. 1978—1979, pp. 218—275. Chicago: Center for Far Eastern Studies, University of Chicago.(盖伊·)阿利特托(1979):《过渡中的乡村上层人物:中国的文化危机和正统问题》

Baran, Paul A. 1957. *The Political Economy of Growth*. New York: Monthly Review press.(保罗·)巴兰(1957):《关于经济成长问题的政治经济学》

Billingsley, Phil. 1981. "Bandits, Bosses, and Bare Sticks: Beneath the Surface of Local Control in Early Republican China," *Modern China*, 7.3: 235—288.(菲尔·)比林斯利(1981):《土匪、恶霸和光棍:民国地方政权所及层面之下》

Boserup, Ester. 1965. *The Conditions of Agricultural Growth. The Economics of Agrarian Change Under Population Pressure*. Chicago: Aldine.(埃斯特·)博塞拉普(1965):《农业增长的条件:人口压力下农业变化的经济学》

Brenner, Robert. 1982. "The Agrarian Roots of European Capitalism," *Past and Present*, 97, Nov.: 16—113.(罗伯特·)布伦纳

(1982):《欧洲资本主义制度的农村根源》

Brook, Timothy. 1982. "The Spread of Rice Cultivation and Rice Technology into the Hebei Region in the Ming and Qing," in *Explorations in the History of Science and Technology in China*, pp. 659—690.(Festschrift volume in honor of the 80th birthday of Dr. Joseph Needham.) Shanghai: Shanghai Guji. (蒂莫西·)布鲁克(1982):《明清时代河北地区水稻栽培和水稻技术的传播》

Buck, John Lossing. 1937a. *Land Utilization in China*. Shanghai: University of Nanking.(约翰·洛辛·)卜凯(1937a):《中国的土地利用》

——1937b. *Land Utilization in China: Statistics*. Shanghai: University of Nanking.——(1937b):《中国的土地利用:统计资料》

——1930.*Chinese Farm Economy*.Chicago: University of Chicago Press.——(1930):《中国农场经济》

Chang Chung-li[Zhang Zhongli] .1962.*The Income of the Chinese Gentry*.Seattle: University of Washington Press.张仲礼(1962):《中国士绅的收入》

——1955.*The Chinese Gentry: Studies on Their Role in Nineteenth-Century Chinese Society*.Seattle: University of Washington Press.——(1955):《中国士绅:他们在十九世纪中国社会中的作用的研究》

Chao Kang.1981."New Data on Landownership Patterns in Ming Ch'ing China, Research Note,"*Journal of Asian Studies*, 40.4 : 719—734.赵冈(1981):《关于明清中国土地分配型式的新资料的研究摘记》

——1977.*The Development of Cotton Textile Production in China*. Cambridge, Mass.: East Asian Research Center, Harvard University.——(1977):《中国棉纺织生产的发展》

Chayanov, A. V. 1966a. "On the Theory of Noncapitalist Economic Systems," in Daniel Thomer, Basile Kerblay, and R.E.F.Smith, eds., *A. V. Chayanov on the Theory of Peasant Economy*, pp.1—28.Homewood, ILL: Richard D.Irwin, Inc.恰亚诺夫(1966a):《关于非资本主义经济体系的理论》

——1966b.*Peasant Farm Organization, in ibid*., pp.29 — 277.——(1966b):《小农农场组织》

Ch'ü T'ung-tsu [Qu Tongzu].1962.*Local Government in China Under the Ch'ing*.Cambridge, Mass.: Harvard University Press.瞿同祖(1962):《清代中国地方政府》

Cochran, Sherman, 1980.*Big Business in China: Sino-Foreign Rivalry in the Cigarette Industry*, 1890—1930. Cambridge, Mass.: Harvard University Press.(谢尔曼·)科克伦(1980):《大企业在中国:香烟工业中的中外竞争,1890—1900》

Crook, David and Isabel. 1959.*Revolution in a Chinese Village: Ten Mile Inn*.London: Routledge & Kegan Paul.(戴维·)克鲁克和(伊莎贝尔·)克鲁克(1959):《一个中国村庄的革命:十里铺》

Dalton, George. 1969. "Theoretical Issues in Economic Anthropology,"*Current Anthropology*, 10.1 : 63—102.(乔治·)多尔顿(1969):《经济人类学的理论性问题》

Dernderger, Robert F. 1975. "The Role of the Foreigner in China's

Economic Development, 1840—1949, "in Dwight Perkins ed., *China's Modem Economy in Historical Perspective*, pp. 19—47. Stanford, Calif.: Stanford University Press.(罗伯特·)德恩伯杰(1975):《外国人在中国经济发展中所起的作用》

Dirlik, Arif. 1982, "Chinese Historians and the Marxist Concept of Capitalism: A Critical Examination," *Modern China*, 8.1 : 105—32, (阿里夫·)德利克(1982):《中国史学家与马克思学说中的资本主义:一个批判性的审查》

——1978. *Revolution and History*, Berkeley: University of California Press.——(1978)《革命与历史》

Eastman, Lloyd. 1981. "Peasants, Taxes, and Nationalist Rule, 1937—1945," manuscript.(劳埃德·)伊斯门(1981):《农民、赋税和国民党统治,1937—1945》,未刊稿

Eberhard, Wolfram. 1965. *Conquerors and Rulers: Social Forces in Medieval China*. 2d rev.ed. Leiden: E.J.Brill.(沃尔弗勒姆·)埃伯哈德(1965):《征服者与统治者:中古时期中国的社会动力》

Elvin, Mark. 1973, *The Pattern of the Chinese Past*. Stanford, Calif.: Stanford University Press.(马克·)艾尔温(1973):《中国过去的型式》

Engels, Friedrich. 1926. *The Peasant War in Germany*. New York: International Publishers. 恩格斯(1926):《德国农民战争》

Esherick, Joseph. 1982. "Missionaries, Christians, and the Boxers: Imperialism in Religious Guise," manuscript. 周锡瑞(1992):《传教士、基督徒与义和拳:宗教外衣下的帝国主义》,未刊稿

——1981. "Numbers Games: A Note on Land Distribution in Prerevolutionary China," *Modern China*, 7.4 : 387—412.——(1981):《数字游戏:一个有关革命前中国土地分配的研究摘记》

——1980."On the Social Origins of the Boxer Movement," paper presented to the International Conference on the Boxer Movement, Jinan, Shandong, November 1980. Chinese translation in *WenShizhe*, 1981, No.1: 22—31.——(1980):《论义和拳运动的社会成因》(译稿载《文史哲》1981 年第 1 期,第 22—31 页)

——1976.*Reform and Revolution in China: The 1911 Revolution in Hunan and Hubei* . Berkeley: University of California Press.——(1976):《改良与革命——辛亥革命在两湖》(中文版 1982 北京:中华书局)

Fairbank, John K., and Kwang-ching Liu, eds.1980.*The Cambridge History of China*, vol.11: *Late Ch'ing, 1800—1911, part 2*.Cambridge: Cambridge University Press.费正清和刘广京编(1980):《剑桥中国史》第十一卷《晚清时期,1800—1911》上编

——1970. "Handicraft and Manufactured Cotton Textiles in China, 1871—1910," *Journal of Economic History*, 30.2 : 338—378.费维恺(1970):《中国的手工及工厂棉纺织业,1871—1910》

——1958. *China's Early Induststrialization: Sheng Hsuan-huai (1844—1916) and Mandarin Enterprise*. Cambridge, Mass.: Harvard University Press.——(1958),《中国的早期工业化:盛宣怀(1844—1916)与官办企业》

Frank, Andre Gunder.1978."Development of Underdevelopment or

Underdevelopment of Development in China," *Modern China*, 4. 3: 341—350.(安德·冈德·)弗兰克(1978):《中国经济落后的发展还是经济发展的落后》

——1967.*Capitalism and Underdevelopment in Latin America*.New York: Monthly Review.——(1967):《资本主义和拉丁美洲的落后经济》

Freedman, Maurice.1966.*Chinese Lineage and Society: Fukien and Kwangtung*.London: University of London, The Athlone Press.(莫里斯·)弗里德曼(1966):《中国的宗族和社会:福建及广东》

Friedman, Miltion, and L .G.Savage, 1948, "The Utility Analysis of Choices Involving Risk," *Journal of Political Economy*, 56: 279—304.(米尔顿·)弗里德曼和(L.G.)萨维奇(1948):《牵涉风险的抉择之效用分析》

Gamble, Sidney. 1963. *North China Villages: Social, Political and Economic Activities Before 1933*. Berkeley: University of California Press.(西德尼·)甘布尔(1963):《华北村庄:1933 年前的社会、政治和经济活动》

——1954.*Ting Hsien: A North China Rural Community*.Stanford, Calif.: Stanford University Press.——(1954),《定县:华北的一个乡村社区》

Geertz, Clifford. 1963. *Agricultural Involution: The Process of Ecological Change in Indonesia*.Berkeley: University of California Press.(克利福德·)吉尔茨(1963):《农业内卷:印度尼西亚的生态变化过程》

Georgescu-Roegen N. 1960. "Economic Theory and Agrarian Economies," *Oxford Economic Papers*, 12.1: 1—40.(N.)乔治斯库·罗根(1960):《经济理论与农村经济》

Grove, Linda. 1975. *Rural Society in Revolution: The Gaoyang District, 1910—1947*, Ph. D. Dissertation, University of California, Berkely.顾琳(1975):《革命中的农村社会:高阳县,1910—1947》

Grove, Linda and Joseph Esherick. 1980. "From Feudalism to Capitalism: Japanese Scholarship on the Transformation of Chinese Rural Society," *Modern China*, 6.4: 397—438.顾琳和周锡瑞(1980):《封建主义到资本主义制度:日本学界对中国社会变迁的研究》

Gurley, John.1976.*China's Economy and the Maoist Strategy*.New York: Monthly Review.(约翰·)格利(1976):《中国经济与毛泽东主义的策略》

Hartwell, Robert. 1982. "Demographic, Political, and Social Transformations of China, 750—1550," *Harvard Journal of Asiatic Studies*, 42.2: 365—442.(罗伯特·)哈特韦尔(1982):《中国人口、社会和政治的变化,750—1550》

Hinton, William.1966.*Fanshen: A Documentary of Revolution in a Chinese Village*.New York: Random House.韩丁(1966):《翻身:一个中国村庄革命的纪实》

Ho, Ping-ti. 1962. *The Ladder of Success in Imperial China*. New York: Columbia University Press.何炳棣(1962):《中华帝国下成功发迹的阶梯》

——1959. *Studies in the Population of China*. Cambridge, Mass.:

Harvard University Press.——(1959):《中国人口的研究》

Hofheinz, Roy, Jr.1977.*The Broken Wave: The Chinese Communist Peasan Movement, 1922—1928*.Cambridge, Mass.: Harvard University Press.(小罗伊·)霍夫海恩斯(1977):《断裂的波涛:中国共产党的农民运动,1922—1928》

Hou Chiming.1965.*Foreign Investment and Economic Development in China, 1840—1937*.Cambridge, Mass.: Harvard University Press.侯继明(1965):《外国投资和中国经济发展,1840—1937》

——1963. "Economic Dualism: The Case of China, 1840—1937," *Journal of Economic History*, 23.3: 277—297.——(1963):《经济二元论:中国的实例,1840—1937》

Hsiao Kung ch 'uan. 1960. *Rural China. Imperial Control in the Nineteenth Century*. Seattle: University of Washington Press. 萧公权(1960):《中国乡村:十九世纪帝国政权对人民的控制》

Hsu Cho-yun. 1980. *Han Agriculture: The Formation of Early Chinese Agrarian Economy, 206 B. C.—220 A. D.* Seattle: University of Washington Press.许倬云(1980):《汉代农业:早期中国农村经济的形成》

Hu Hsien-chin.1948.*The Common Descent Group in China and Its Functions*.New York: Viking Fund.胡宪进(译音)(1948):《中国的宗族及其作用》

Huang Philip C. C. 1975a. "Analyzing the Twentieth Century Chinese Countryside: Revolutionaries versus Western Scholarship," *Modern China*, 1.2: 132—160.黄宗智(1975a):《分析二十世纪中国

农村:革命理论与西方学术研究的比较》

——1975b. "Mao Zedong and the Middle Peasants," *Modern China* 1.3: 271—296.——(1975b):《毛泽东与中农》

——1982."County Archives and the Study of Local Social History. Report on a Year's Research in China,"*Modern China*, 8.1: 133—143. 黄宗智(1982):《县档案与地方社会史研究:在华研究一年的报告》

——ed.1978b"Symposiun on China's Economic History,"*Modem China*, 4.3.黄宗智编(1978b):《中国经济史专题讨论集》

Huang, Philip C. C., Lynda Schaeffer Bell and Kathy Lemons Walker. 1978a. *Chinese Communists and Rural Society*, 1927—1934. Berkeley: University of California Press.黄宗智、夏明德和武凯芝(1978a):《中国共产党与农村社会,1927—1934》

Hymer, Stephen and Stephen Resinick. 1969. "A Model of an Agrarian Economy with Nonagricultural Activities,"*American Economic Review*, part l, 59.4: 493—506.(斯蒂芬·)海默和(斯蒂芬·)雷西尼克(1969):《附有非农业活动的农业经济的一个分析模式》

Institute of Pacific Relations.1938.*Agrarian China: Selected Source Materials from Chinese Authors*.Chicago: University of Chicago Press.太平洋关系研究所(1938):《农村中国:华人著述选集》

Jones, Susan Mann.1979."The Organization of Trade at the County Level: Brokerage and Tax Farming in the Republican Period," in Susan Mann Jones, ed., *Select Papers from the Center for Far Eastern Studies*, No.3, 1978—1979, pp.70—99.Chicago: Center for Far Eastern Studies, University of Chicago.(苏曾·曼·)琼斯(1979):《县级贸

易组织:民国时期的经纪业和包揽制度》

Johnson, Chalmers A. 1952. *Peasant Nationalism and Communist Power: The Emergence of Revolutionary China, 1937—1945*. Stanford, Calif.: Stanford University Press. (查默斯・)A 约翰逊(1962):《农民民族主义和共产主义势力的关系:革命中国的兴起,1937—1945》

Kao, Charles H. C., Kurt R. Anschel, and Carl K. Eicher, 1964. "Disguised Unemployment in Agriculture: A Survey," in Carl Eicher and Lawrence Witt, eds., *Agriculture in Economic Development*, pp. 129—144. New York: McGraw Hill. (查尔斯・)高,(库尔特・)安歇和(卡尔・)艾克(1964):《农业中的隐蔽了的失业:一个概观》

Kataoka, Tetsuya. 1974. *Resistance and Revolution in China: The Communists and the Second United Front*. Berkeley: University of California Press. 片冈铁屋(1974):《中国的抗战与革命:共产党人与第二次统一战线》

Kraus, Richard Arnold. 1968, "Cotton and Cotton Goods in China, 1918—1936: The Impact of Modernization on the Traditional Sector," Ph.D. Dissertation, Harvard University. (理查德・阿诺德・)克劳斯(1968):《中国的棉花和棉纺织品,1918—1936:现代化对传统经济部门的冲击》

Kuhn, Philip A. 1979. "Local Taxation and Finance in Republican China," in Susan Mann Jones, ed., *Select Papers from the Center for Far Eastern Studies*, No. 3, 1978—1979, pp. 100—136. Chicago: Center for Far Eastern Atudies, University of Chicago. 孔飞力(1979):《民国时期

中国的地方赋税和财政》

——1975. "Local Self-Government Under the Republic," in Frederic Wakeman.Jr.and Carolyn Grant, eds., *Conflict and Control in Late Imperial China*, pp.257—298. Berkeley: University of California Press.——(1975):《民国的地方自治》

——1970. *Rebellion and Its Enemies in Late Imperial China: Militarization and Social Structure, 1796—1864*. Cambridge, Mass.: Harvard University Press.——(1970):《中华帝国晚期的造反与其敌人:军事化和社会结构,1796—1864》

Le Roy Ladurie, Emmanuel. 1979. *Carnival in Romans*, tr. Mary Feeney.New York: George Braziller.(伊曼纽尔·)勒鲁瓦拉杜希(1979):《罗曼的嘉年华会》

——1978. *Montaillou: The Promised Land of Error*, tr. Barbara Bray.New York: George Braziller.——(1978),《蒙太尤:谬误的希望之乡》

——1974. *The Peasants of Languedoc*, tr. John Day. Urbana: University of Illinois Press.——(1974):《龙格多克的农民》

Lefebvre, Georges, 1959. *Les Paysans du Nord pendant la Revolution Francaise*. Bari : Laterza. Originally published in 1934.(乔治·)利菲勃弗(1959):《法国革命中北部的农民》

Lenin, V.I.1956 [1907].*The Development of Capitalism in Russia*. Moscow: Foreign Languages Publishing House.列宁(1956):《俄国资本主义的发展》

Levine, David. 1977. *Family Formation in an Age of Nascent*

Capitalism.New York: Academic Press.(戴维·)莱文(1977):《初期资本主义时期的家庭组成》

Lippit, Victor. 1983. "The Concept of the Surplus in Economic Development," *Working Paper Series*, Department of Economics University of California, Riverside, No.55.(维克托·)利皮特(1983):《经济发展中剩余的概念》

——1978. "The Development of Underdevelopment in China," *Modern China*, 4.3: 251—328.——(1978):《中国落后经济的形成》

——1974.*Land Reform and Economic Development in China*.White Plains, N.Y.: International Arts and Sciences Press.——(1974):《中国的土地改革和经济发展》

Lipton, Michael, 1968. "The Theory of the Optimizing Peasant," *Journal of Development Studies*, 4.3: 327—351.(迈克尔·)利普顿(1968):《小农的最优化经济行为和理论》

Liu, K.C. 1981. "World View and Peasant Rebellion: Reflections on Post-Mao Historiography, "*Journal of Asian Studies*, 40.2: 295—328.刘广京(1981):《世界观与农民造反:评毛泽东之后的史学》

——1978."The Ch 'ing Restoration, "in John K.Fairbank, ed., *The Cambridge History of China*, vol.10: *Late Ch'ing, 1800—1911, part* 1, pp. 409—490. Cambridge: Cambridge University Press.——(1978):《清代中兴》

Liu, Ta-chung, and Kung-chia Yeh, 1965. *The Economy of the Chinese Mainland: National Income and Economic Development: 1933—1939*.Princeton, N.J.: Princeton University Press.刘大中和叶孔

嘉(1965):《中国大陆的经济:国民收入与经济发展,1933—1959》

Lau, Yee-fui, Ho Wanyee, and Yeung Sai-cheung.1977.*Glossary of Chinese Political Phrases*.Hong Kong: Union Research Institute.刘义辉(译音)等(1977):《中国政治用语词汇表》

MacKinnon, Stephen R.1980.*Power and Politics in Late Imperial China: Yuan Shi-k'ai in Beijing and Tianjin, 1901—1908*. Berkeley: University of California Press.(斯蒂芬·)麦金农(1980):《中华帝国晚期的权力与政治:袁世凯在京津,1901—1908》

Malone, C. B., and J. B. Taylor. 1924. *The Study of Chinese Rural Economy*.Peking: China International Famine Relief Commission. (C. B.)马龙和(J.B.)泰勒(1924):《中国农村经济的研究》

Mansfield, Edwin. 1980. *Economics: Principles, Problems, Decisions*, 3rd.ed.New York: W.W.Norton.(埃德温·)曼斯菲尔德(1980):《经济学:原理、问题、决策》

Marks, Robert Brian.1978."Peasant Society and Peasant Uprisings in South China: Social Change in Haifeng County, 1630—1930, "Ph.D. Dissertation, University of Wisconsin, Madison, (罗伯特·布赖恩·)马克斯(1978):《华南的农民社会和农民起义:海丰县的社会变迁,1630—1930》

Marx, Karl. 1968. "Preface to A Contribution to the Critique of Political Economy, "in *Karl Marx and Friedrich Engels, Selected Works*. New York: International Publishers.马克思(1968[1859]):《〈政治经济学批评〉序言》

——1967.*Capital*.3 vols.New York: International Publishers.——

(1967):《资本论》三卷

——1963. *The Eighteenth Brumaire of Louis Bonaparte*, New York: International Publishers.——(1963[1852]):《路易·波拿巴的雾月十八日》

Marx, Karl, and Friedrich Engels. 1959. *Basic Writings on Politics and Philosophy*, ed. Lewis S. Feuer. Garden City, N.Y.: Doubleday. 马克思和恩格斯(1959):《有关政治和哲学的基本著作》

Medick, Hans. 1976. "The Proto-Industrial Family Economy: The Structural Function of Household and Family During the Transition from Peasant Society to Industrial Capitalism," *Social History*, 1.3: 291—315.(汉斯·)梅迪克(1976):《原始工业时期的家庭经济:小农社会过渡到工业社会时家与户的结构性作用》

Mendels, Franklin F. 1972. "Proto-Industrialization: The First Phase of the Industrialization Process," *Journal of Economic History*, 32.1: 241—261.(富兰克林·)门德尔斯(1972):《原始工业化:工业化过程的第一个阶段》

Migdal, Joel S. 1974. *Peasants, Politics and Revolution: Pressures toward Political and Social Change in the Third World*. Princeton, N.J.: Princeton University Press.(乔尔·)米格多尔(1974):《农民,政治和革命,第三世界中政治和社会变迁的动力》

Moise, Edwin. 1977. "Downward Social Mobility in Pre-revolutionary China," *Modern China*, 3.1: 3—32.(埃德温·)莫伊斯(1977):《革命前中国的下向社会流动》

Moore, Barrington, Jr. 1966. *Social Origins of Dictatorship and*

Democracy.Boston: Beacon Press.(小巴林顿·)穆尔(1966):《专制和民主制度的社会成因》

Moulder, Frances. 1978. "Comparing Japan and China: Some Theoretical and Methodological Issues," in Alvin Coox and Hilary Conroy, eds., *China and Japan, The Search for Balance Since World War I*.Santa Barbara, Calif.: ABC—Clio.(弗朗西斯·)莫尔德(1978):《比较日本与中国:某些理论上和方法上的问题》

——1977. *Japan, China and the Modem World Economy*. Cambridge: Cambridge University Press.——(1977):《日本、中国与现代世界经济》

Murphey, Rhoads. 1977. *The Outsiders*. Ann Arbor, Mich.: University of Michigan Press.(罗兹·)墨菲(1977):《局外者》

Myers, Ramon.1980."North China Villages During the Republican Period: Social-economic Relationships,"*Modern China*, 6, 3: 243—266.(雷蒙·)迈尔斯(1980):《民国时期的华北村庄:社会经济关系》

——1970.*The Chinese Peasant Economy: Agricultural Development in Hopei and Shantung, 1890—1949*. Cambridge, Mass.: Harvard University Press.——(1970):《中国农民经济:河北和山东农业发展,1890—1949》

Nee, Victor.1979."Toward a Social Anthropology of the Chinese Revolution,"*Bulletin of Concerned Asian Scholars*, 11.3: 40—50.(维克托·)倪(1979):《展开中国革命的社会人类学研究》

Paige, Jeffery M.1975.*Agrarian Revolution: Social Movements and Export Agriculture in the Underdeveloped World*.New York: Free Press.

(杰弗里·)佩奇(1975):《土地革命:落后世界中的社会运动与出口农业》

Perkins, Dwight. 1969. *Agricultural Development in China, 1368—1968*. Chicago: Aldine.(德怀特·)珀金斯(1969):《中国农业的发展,1368—1968》

——1967. "Government as an Obstacle to Industrialization: The Case of Nineteenth Century China", *Journal of Economic History*, 27.7: 478 —492.——(1967):《政府作为工业化的障碍:十九世纪中国的实例》

Parish, William L., and Martin King Whyte. 1978. *Village and Family in Contemporary China*. Chicago: University of Chicago Press.(威廉·)帕里什和(马丁·金·)怀特(1978):《现代中国的村庄和家庭》

Perry, Elizabeth J. 1981. "Popular Unrest in China: The State and Local Society, "manuscript. 裴宜理(1981):《中国的民众动乱:国家与地方社会》,未刊稿

——1980. *Rebels and Revolutionaries in North China*, 1845—1945. Stanford, Calif.: Stanford University Press.——(1980):《华北的造反者与革命者,1845—1945》

Polanyi, Karl, Conrad M. Arensberg, and Harry W. Pearson eds. 1957. *Trade and Market in the Early Empires: Economies in History and Theory*. Glencoe, 111: Free Press.(卡尔·)波兰尼,(康拉德·)阿伦斯伯格和(哈里·)皮尔逊编(1907):《早期帝国的贸易和市场:历史及理论中的各种经济体系》

Popkin, Samuel.1979.*The Rational Peasant: The Political Economy of Rural Society in Vietnam*. Berkeley: University of California Press. (塞缪尔·)波普金(1979):《理性的小农:越南农村社会的政治经济》

Potter, Jack M., May N. Diaz, and George M. Foster, eds. 1967. *Peasant Society: A Reader*. Boston: Little, Brown. (杰克·)波特,(梅·)迪亚兹和(乔治·)福斯特编:《小农社会文选》

Potter, Sulamith.1983."The Position of Peasants in Modem China's Social Order," *Modern China*, 9.4: 465—499. (苏拉米思·)波特(1983):《当代中国社会制度中农民的地位》

Prazniak, Roxann. 1980. "Tax Protest at Laiyang, Shandong, 1910,"*Modern China*. 6. 1 : 41—71. (罗克赞·)普拉兹尼亚克(1980):《1910年山东莱阳县的抗税运动》

Rawski, Evelyn. 1972. *Agricultural Change and the Peasant Economy of South China*. Cambridge, Mass.: Harvard University Press. (伊夫林·)罗斯基(1972):《华南农业变化和小农经济》

Riskin, Carl, 1975."Surplus and Stagnation in Modem China," in Dwight Perkins, ed., *China's Modem Economy in Historical Perspective*, pp.49—84.Stanford, Calif.: Stanford University Press.(卡尔·)里斯金(1975):《近代中国的剩余和停滞》

Rozman, Gilbert. 1982. *Population and Marketing Settlements in Ch'ing China*.Cambridge: Cambridge University Press.(吉尔伯特·)罗兹曼(1982):《清代中国的人口和市场聚落》

Schran, Peter. 1969. *The Development of Chinese Agriculture,*

1950—1959. Urbana: University of Illinois Press.(彼得·)施兰(1969):《中国农业的发展,1950—1959》

Schultz, Theodore W. 1964. *Transforming Traditional Agriculture*. New Haven, Conn.: Yale University Press.(西奥多·)舒尔茨(1964):《传统农业的改造》

Schwartz, Benjamin I. 1953. *Chinese Communism and the Rise of Mao*. Cambridge, Mass.: Harvard University Press.(本杰明·)施瓦茨(1953),《中国的共产主义和毛泽东的兴起》

Scott, James C. 1976. *The Moral Economy of the Peasant: Rebellion and Subsistence in Southeast Asia*. New Haven, Conn.: Yale University Press.(詹姆斯·)斯科特(1976):《小农的道义经济:东南亚的叛乱和生计维持》

Shanin, Teodor. 1972. *The Awkward Class: Political Sociology of Peasantry in Developing Society: Russia 1910—1925*. London: Oxford University Press.(特奥多·)沙宁(1972):《尴尬的阶级:发展中社会的农民之政治社会学研究:苏联,1910—1925》

Skinner, G. William. 1980. "Marketing Systems and Regional Economies: Their Structure and Development," Paper Presented to the Symposium on Social and Economic History in China from the Song Dynasty to 1900, Beijing, Oct.26—Nov.1, 1980.施坚雅(1980):《市场系统和区域经济体系:结构及发展》

——1979."Social Ecology and the Forces of Repression in North China: A Regional Systems Framework for Analysis," Paper Presented to the North China Workshop Cambridge, Mass., Aug. 1979.——

(1979):《华北的社会生态与镇压民众的势力:一个区域系统的分析架构》,未刊稿

——1977a, "Regional Urbanization in Nineteenth Century China,"in G.William Skinner, ed., *The City in Late Imperial China*, pp. 211—252. Stanford, Calif.: Stanford University Press.——(1977a):《十九世纪中国各区域系统中的都市化》

——1977b."Cities and the Hierarchy of Local Systems,"in *ibid.*, pp.275—351.——(1977b):《城市与地方系统的层级》

——1971, "Chinese Peasants and the Closed Community: An Open and Shut Case,"*Comparative Studies in Society and History*, 13.3: 270—281.——(1971):《中国农民和封闭的共同体问题:一个有开有闭的论辩》

——1964—1965. "Marketing and Social Structure in Rural China,"3 parts, *Journal of Asian Studies*, 24.1: 3—44; 24.2: 195—228; 24.3: 303—399.——(1964—1955):《中国农村的市场和社会结构》

Skocpol, Theda.1979. *State and Social Revolutions: A Comparative Analysis of France, Russia, and China*. Cambridge: Cambridge University Press.(西达·)斯科波尔(1979):《国家机器和社会革命:法国,俄国和中国的比较分析》

Smith, Arthur H.1899.*Village Life in China*.New York: Fleming H. Revell.(阿瑟·)史密斯(1899):《中国乡村生活》

Smith, Thomas C.1977.*Nakahara: Family Farming and Population in a Japanese Village, 1717—1830*. Stanford, Calif.: Stanford University

Press.(托马斯·)史密斯(1977),《中原:一个日本村庄的家庭农作和人口,1717—1830》

——1959.*The Agrarian Origins of Modem Japan*.Stanford, Calif.: Stanford University Press.——(1959):《近代日本的农村根源》

So, Alvin.1982."Gentry and the Capitalist World System: A Study of the Political Economy of the South China Silk District," Ph. D. dissertation, University of California, Los Angeles.苏耀昌(1982):《士绅与资本主义世界系统:关于华南产丝区的政治经济研究》

Sorokin, Pitirim, and Carl C.Zimmerman.1929.*Principles of Rural-Urban Sociology*. New York: Henry Holt.(皮蒂里姆·)罗金和(卡尔·)齐默曼(1929):《城乡社会学原理》

Stalin, Joseph. 1940. *Dialectical and Historical Materialism*. New York: International Publishers.斯大林(1940):《辩证的和历史的唯物主义》

Tilly, Charles. 1979. "Proletarianization: Theory and Research," Working Paper No.202, Center for Research on Social Organization, University of Michigan.(查尔斯·)蒂利(1979):《无产阶级化:理论和研究》,工作稿

——ed.1978.*Historical Studies of Changing Fertility*.Princeton, N. J.: Princeton University Press.(查尔斯·)蒂利编(1978):《变化中的人口出生率的历史研究》

——1975a."Revolutions and Collective Violence," in Fred I. Greenstein and Nelson W.Polsby, eds., *Handbook of Political Science*, vol.3 : *Macropolitical Theory*, pp.483—555.Reading, Mass.: Addison

Wesley.——(1975a):《革命和暴力性集体活动》

——1975b."Food Supply and Public Order in Modern Europe,"in Charles Tilly, ed., *The Formation of National States in Western Europe*, pp. 380—455. Princeton, N. J.: Princeton University Press.——(1975b):《近代欧洲的粮食供应和社会秩序》

——1975c. "Western State-Making and Theories of Political Transformation,"in *ibid.*, pp.601—633.——(1970c):《西方的国家形成和有关政治改造的理论》

——1964. *The Vendée*. Cambridge, Mass.: Harvard University Press.——(1964):《冯得县》

Wakeman, Frederic, Jr.1966.*Strangers at the Gate: Social Disorder in South China, 1839—1861*. Berkeley: University of California Press. 魏斐德(1966):《门前的陌生人:华南社会的动乱,1839—1861》

Wallerstein, Immanuel. 1979. *The Capitalist World—Economy*. Cambridge: Cambridge University Press.(伊曼纽尔·)沃勒斯坦(1979):《资本主义世界经济》

——1974.*The Modem World-System: Capitalist Agriculture and the Origins of the European World-Economy in the Sixteenth Century*. New York: Academic Press.——(1974):《现代世界经济系统:十六世纪的资本主义农业和欧洲世界经济的发源》

Wang Yeh-chien.1973a. *Land Taxation in Imperial China, 1750—1911*.Cambridge, Mass.: Harvard University Press.王业键(1973a):《中华帝国的田赋,1750—1911》

——1973b.*An Estimate of the Land Tax Collection in China, 1753 and 1908*. Cambridge, Mass.: East Asian Research Center, Harvard University.——(1973b):《中国田赋征收的一个估计,1753 年和 1908 年》

Watson, James L. 1982. "Chinese Kinship Reconsidered: Anthropological Perspectives on Historical Research,"*China Quarterly*, 92 : 589—622.(詹姆斯·)沃森(1982):《中国宗族关系的重新考虑:从人类学的角度来论历史研究》

Wiens, Mi-chu. 1980. "Lord and Peasant: The Sixteenth to the Eighteenth Century,"*Modern China*, 6.1: 3—40.居密(1980):《地主与农民:十六至十八世纪》

Wilkinson, Endymion, ed. and tr. 1978. *Landlord and Labor in Late Imperial China: Case Studies from Shandong*. Cambridge, Mass.: East Asian Research Center, Harvard University.(恩迪米昂·)威尔金森编译(1978):《中华帝国后期的地主与劳动力:山东的案例研究》(景甦、罗崙,1959,英译本)

Wittfogel, Karl August. 1957. *Oriental Despotism: A Comparative Study of Total Power*. New Haven, Conn.: Yale University Press.(卡尔·)威特福格尔(1957):《东方专制制度:极权的比较研究》

Wolf, Arthur P., and Chieh-shan Huang. 1980. *Marriage and Adoption in China, 1845—1945*. Stanford, Calif.: Stanford University Press.(阿瑟·)沃尔夫和黄杰山(译音)(1980):《中国的婚姻和入嗣,1845—1940》

Wolf, Eric R. 1969. *Peasant Wars of the 20th Century*. New York: Harper &Row.(埃里克·)沃尔夫(1969):《二十世纪的农民战争》

——1968. *Peasants*. Englewood Cliffs, N. J.: Prentice Hall.——(1966):《小农》

Woodside, Alexander, 1978."The Ch'ien-lung Reign, "manuscript for *The Cambridge History of China*, vol. 9. (亚力山大·)伍德赛德(1978):《乾隆朝》,未刊稿

Yang, C.K. 1959. *Chinese Communist Society: The Family and the Village*. Cambridge, Mass.: M.I.T. Press. 杨庆堃(1959):《中国共产主义社会:家庭和村庄》

Yang, Martin. 1945. *A Chinese Village: Taitou, Shantung Province*. New York: Columbia University Press. 杨懋春(1945):《中国的一个村庄:山东省台头村》

Yao Shan-yu. 1942. "The Chronological and Seasonal Distribution of Floods and Droughts in Chinese History, 206 B. C.—A. D. 1911," *Harvard Journal of Asiatic Studies*, 6.3/4: 273—312. 姚善友(1942):《中国历史上水旱灾的年代和季节分布,公元前206年至1911年》

Young, Ernest P. 1977. *The Presidency of Yuan Shih-k'ai*. Ann Arbor, Mich.: University of Michigan Press. (欧内斯特·)扬(1977):《总统任内的袁世凯》

Young, John. 1966. *The Research Activities of the South Manchurian Railway Company, 1907—1945: A History and a Bibliography*. New York: East Asian Institute, Columbia University. (约翰·)扬(1966):《南满洲铁道株式会社的研究活动,1907—1945:历史和书目》

明清以来的乡村社会经济变迁：历史、理论与现实[①]

“现代经济学”的一个未经明言的基本假设是：各种生产要素的投入和单位产出都可以大幅度扩大。同时，假设这些要素都像机械世界中那样分别存在，相互间处于一种单一方向的推、拉关系之中。如此的基本假设当然源自机械世界的工业经济经验，但今天被相当普遍应用于农业经济。

一、农业和工业经济的不同

实际上，农业中的有机要素——土地和劳力——其产出的可能扩大和提高幅度是和工业经济中的无机要素——资本和科技投

① 本文为黄宗智著《明清以来的乡村社会经济变迁：历史、理论与现实》三卷本《总序》（法律出版社，2013 年）。

入——十分不同的。人力和土地的产出和总量其实都受到比较严格的限制。前工业化的农业产出必须主要取决于给定的土地和在其上的人力投入。固然,在未经人们定居的地方,单位土地面积上所施加的劳力可以在长时期中加大不少,甚至达到四五十倍之多。正如农业理论家博塞拉普(Ester Boserup,1965)指出,农业演变的主要历程是从二十至二十五年一茬的森林刀耕火种到六至十年一茬的灌木刀耕火种,到三年两茬的“短期休耕”,再到一年一茬至两茬的耕作制度(部分地区可以达到三茬)。但是,我们需要指出,刀耕火种大多只见于人类早期的农业历史之中。一旦充分定居,一个区域农业生产的提高一般都主要来自从一年一茬提高到一年两茬,其产出提高的幅度不到一倍。在种植频率之外,每一茬所施加的人力和能量可以通过使用牲畜的力量来提高(例如在18世纪的英国农业革命中那样),但充其量也不过是几倍的幅度。再则是通过人的勤奋度——精耕细作——来提高其能量投入,或从比较粗放的作物(如粮食)改种劳动更密集化的作物(如蔬菜、棉花、蚕桑),但其产出所可能提高的幅度也比较有限。

正如英国经济史理论家瑞格里指出,“基于矿物能源”(mineral-based energy economy)的无机工业经济则十分不同。一个煤矿工人一年可以挖掘200吨的煤炭,足够产生自己个人劳力许多倍的能量(E. Anthony Wrigley,1988:77)。人们今天普遍使用以几百马力来计算的汽车能量便是一个很好的例子。瑞格里估算,1马力/小时大约相当于5.1—7.6个人的人力(Wrigley,1988:39)。也就是说,一辆普通轿车的能量可以轻易达到不止1000人的人力。这就意味着在生产的能量投入上有完全不同幅度的可能扩大量。

正是后者的基本情况和逻辑塑造了现代经济学这方面的认识和假设。但是,作为“有机经济”的农业,则完全不可能如此。

这里,有的读者也许会反驳,一旦引入机械,农业不就变成和工业同样的产业了吗?比如,在美国今天的农业中,一个劳动力耕种面积百倍甚或数百倍于中国的一个农业劳动力,用的是机械化的耕—播—收和自动灌溉、施肥、除草等。今天美国农业和中国农业间的差别是1000多亩地(166.7英亩)一个劳动力对不到10亩地一个劳动力。难道这不正是单位劳动力产出可以大规模提高的很好例证吗?

但如此的论证所忽视的是土地这个有机因素。首先,土地常常是个限定的要素,尤其是在中国这样的农业早发展、高人口密度国家。中国老早就在各大江河流域形成高度劳动密集的耕作制度,而在14—18世纪则更多移民进入山地和边疆,达到基本饱和的程度。之后,中国便进入了多个世纪的土地与人口比例逐步递减的历史进程。

更重要的是,土地是个有机因素。这里最管用的其实是一个在中国(今天已经被现代经济学所遗忘的)农学和农史领域中长期被广泛使用的概念——“地力”。这是个与“人力”并行以及相互关联的概念。正如中国的农学和农史专家所非常清楚地认识到,地力只能被小额扩增——比如,通过精耕细作或肥料使用来提高。即便如此,在同一块土地上多加一茬便意味着加重了地力的负担,而多施肥料或用更好的肥料只能解决问题的局部,譬如,明清时代长江三角洲在人、畜肥之上使用豆饼肥料来增加土地的营养和肥力。

“地力”和“人力”概念其实清楚地说明了人们对它们作为有机体的认识①——一个相当普遍被现代经济学所忽视的基本认识。中国农业史中广泛使用的诸如“田面”和“田底”那样的词汇只能作为隐喻来理解，绝对不能机械地来理解——譬如，按照现代工业经济学和现代法律的倾向那样，要求明确“田面”权所指到底是多少尺寸的深度。农民会直觉地把“田面”理解为类似于人体的有机体，不会无稽地要求知道其深入人体皮肤多少。“一田两主”的概念同样不可凭现代人的意识来要求明确其具体深度。

在历史上充分定居的地方，单位土地产出只能通过劳动集约化，如种植频率的提高，或精耕细作，或灌溉设施，或肥料投入等方法来提高。但那样只能做到逐年小额的提高，充其量在数个世纪之中达到几倍的增长幅度。正如珀金斯（Dwight Perkins，1969）的计量研究所证实，在1368年到1968年六个世纪中，中国人口增加了约七到九倍，而农业平均亩产量才约提高一倍（而耕地由于山区和边疆移民扩增了约四倍，共同把农业总产出提高到之前的八九倍）。

这里，我们也可以以18世纪英国的农业革命为例。当时其土地对人口的比例约百倍于中国，在一个世纪之中，农业产出提高了约一倍，亦即0.72%/年，主要是人们通过配合畜力的使用和诺福克粮食和饲料的轮种制度（在圈地之前，农民不可能在共有土地上如此轮作）。再则是20世纪六七十年代一些发展中国家的所谓“绿色革命”，即通过化肥、机械和科学选种等现代投入做到单位土地

① 而机械的“马力”概念则混淆了无机和有机体，反映的是前工业世界对工业世界在话语层面上的影响。

年产出2%—4%的提高,亦即在18年到36年期间提高一倍,之后便不容易持续提高。如此的增长显然低于人们所广泛假设工业和“现代经济”所能达到的幅度。

正是人力—地力关系的局限约束了前工业时代中国农业经济的发展,而即便是在工业时代,在具有现代投入的条件之下,也主要是土地和地力的限度约束了土地的产出,由此限制了农业单位劳动力的可能产出。这一点最简洁、精确的表述其实是人们惯常用的“人多地少”概念——它被十分恰当地认作中国的“基本国情”(而18世纪的英格兰和现代的美国则可以代表相对“地多人少”的情况)。今天,它仍然限制了务农人员的可能人均产出。机械、化肥和科学选种固然扩大了中国农业发展的空间,但那个空间仍然受到土地(相对人口)稀少和地力有限的苛刻限制。

地少人多排除了像美国农业那样简单凭借机械动力的投入来大规模提高单位劳动力产出,而地力的限制则严格限制了单位土地的产出。前者在美国和中国农业间的差别十分悬殊,达到百倍的幅度,而后者则中国高于美国,虽然只是不到一倍。这样的事实本身便说明地力的可能提高幅度十分有限——它是个自然界的约束。同理,正是中国“人多地少”的“基本国情”排除了其采用美国的土地集约型农业模式的可能。事实是,中国农业不可能根据来自工业经济经验的假设来理解。农业的有机要素(人力和地力)和工业的无机要素(资本和科技投入)的不同关键在于它们的产出和绝对量的可能扩大幅度。

同时,人力和地力之间的关系是一种双向的相互作用和相互决定的有机关系,而不是无机要素之间那样的单向的推与拉的机械关系。人多地少的基本条件既决定了中国农业的人力使用模式，也决定了其土地使用模式，共同导致了中国的精耕细作农业模式。人力和地力之间的关系类似于一个“生态系统”之内的双向互动关系，其中任何一个“要素”的演变都会带动其他组成部分相应的演变，正如吉尔茨在他早期的《农业内卷化——印度尼西亚的生态变化过程》一书中所阐明的那样（Geertz，1963）。人力和地力不能像无机体间的机械关系那样分开来理解，因为农业说到底是人在土地上种植作物的有机问题，不是一个机器生产的无机问题。

这里要对博塞拉普的理论做进一步的讨论。她敏锐地说明了人口压力必然会推动土地使用的劳动密集化，但她没有充分说明的是，土地生长作物的“地力”受到不可逾越的限制。在人类的农业史中，种植频率充其量也不过是一年三茬。如果人少地多，人们可以借助使用更多的土地来提高单位劳动力的产出，其道理等于是把博塞拉普的模式倒过来理解。但是，在人多地少的给定情况下，单位土地和劳动力的产出都受到不可逾越的限制。单位土地不可能超越一年三茬，而每茬作物所能够有效吸纳的劳动力投入同样有一定的限制，不可避免的是边际报酬递减的限制，并且显然具有一定的“极限”。[①]

瑞格里把这个道理表述为“有机”经济在能源方面的限制，很好地说明了有机（农业）和无机（现代工业）经济之间在能源生产（和投入）方面的一个关键差别，但瑞格里没有明确说明的是，有机经济这方面的约束主要来自人力和地力在作物生长过程中相互间

① 裴小林（2008）特别突出土地“极限”的问题。

所形成的限制。地多人少的话,所受到的限制来自人力,其可能扩大幅度十分有限;地少人多的话,所受的限制则来自地力,其可能扩大幅度同样十分有限。人力和地力由此相互决定了农业产出的限制。人力和地力与资本和技术在这方面的不同才是有机和无机经济间不同的关键。

正是上述的基本约束突出了“边际报酬递减”的经济规律。在人多地少和土地的自然生产力有限的现实下,单位土地面积上越来越多的人力投入只可能导致其边际报酬的递减,与地多人少的农业环境十分不同。从一年一茬到两茬甚或三茬,每茬产出(相对投入)的递减便是最好的例证。同时,通过比耕作更高度劳动密集的手工业“副业”(另一个十分贴切的普通用词)来辅助小规模农业生产的不足,也是一个好的例证。中国农民这种同时依赖不止一种生产活动来支撑生活的特征一直持续至今,与西方相对地多人少的农业系统十分不同。这就是本书之所谓的农业“内卷化”或“过密化”。

我们需要从以上的角度来理解恰亚诺夫所指出的(小农经济)农业的特征,即其基本生产单位是家庭而不是工业经济那样的个体化产业工人;同时,小农家庭既是一个生产单位也是一个消费单位,和仅是一个生产单位的资本主义企业十分不同(Chayanov,1986[1925])。在依据工业经济经验的经济学占霸权地位的今天,这些特征很容易被忽视。作为一个消费单位,家庭农场的经济行为不仅取决于生产考虑,也取决于消费需要。正是单位土地的地力,相应劳动力投入的边际报酬递减,说明了恰氏打出的基本理论:农户在单位土地上的劳动力投入取决于其劳动力边际产出的“辛苦度”

和家庭消费边际需要间的平衡。据此,恰氏更进而考虑到农业与手工业间的关系,以及农业与人口压力间的关系。

在这些方面上,本书《华北》和《长江》两卷有比较详细的说明。拙作的特点之一是通过翔实的关于基层小农场运作的经济人类学资料来分析并说明其生产逻辑。这是一个由微观的生产实践来说明宏观的经济逻辑的研究进路和方法,由此来展示它和现代工业经济的不同。

《华北》卷论证,清代后期以来冀—鲁西北平原地区足足有一半以上农户("贫农")的农场规模在十亩以下,因此农业中的"就业不足"问题非常严重,必须同时依赖(农业)打工或家庭手工业来辅助、支撑生活。《长江》卷则论证,长江三角洲土地更少(虽然其地力比华北相对较高),更高度依赖手工副业,也更高度商业化。但是,两个地区的贫农扶着农业—打工/手工业两柄拐杖来支撑生活的基本原则是一样的。而这样的手工业与农业紧密结合的经济组织,由于其所依赖的劳动力比雇用长工的经营式农业来得"便宜",能够支撑更高的地租和地价,并因此在长江三角洲排除了(明清之际还相当普遍的依赖雇佣劳动的)经营式农业。

以上说明的经验证据和其所包含的道理是本书之所以挑战舒尔茨(Theodore Schultz,1964;1979)著作的原因。他坚持农业和工业是由同样的经济规律所主宰,并假设所有的生产要素都是同样性质的,其总量和产出几乎可以无限扩大。同时,由于他认为市场机制必定会导致最佳的资源配置,他认为人口过剩(也就是说,土地相对人口的严重不足)不可能存在,完全没有认识到人—地关系乃是农业的先决条件。

同时,他单独突出“人力资本”,坚持只要具备前提性的私有产权和市场机制,加上“绿色革命”那样的现代技术投入,便必定会推动、导致“传统农业的改造”。像他那样把有机的“人力”和无机的“资本”两个概念混淆起来使用于农业,本身便是对有机体和无机体的基本差异的忽视。农业绝对不应该被等同于无机工业产业,不应该被简单地以基于工业经验的假设的经济学的“规律”来理解。中国农业不可能像在美国的地多人少基本条件之下,借助市场机制,通过资本和技术的投入,几乎无限制地提高单位劳动产出。

回顾中国经济史,在共产党领导的革命之前的六个世纪中,农业相当高度商业化,但是市场机制的扩延从来没有解决中国人多地少的基本问题。在 20 世纪上半期,引入现代投入,依然没有解决问题。新中国成立之后,在集体化之下更多地引入现代投入,同样没有解决问题。本书第三卷详细论证,即便是中国今天的农业,仍然强烈地受到人口—土地关系的影响,完全不同于舒尔茨的新古典经济学理论所想象的那样。

正是由于上述原因,本书的出发点是中国土地和人口关系的演变,因为它是中国农业生产的给定基本条件。对明清以来到当代的演变,无论是“资本”或现代科技投入,还是财产制度和相关法律,或社会结构,或市场关系,都不能脱离土地—人口关系基本条件的背景来理解。改革时期的农业去集体化和家庭化以及市场化演变也一样。这绝对不是要单独突出人口为单一的决定性因素,而是要澄清人口与土地间的给定“基本国情”,由此来分析其与其他生产要素和制度和社会演变之间的关系。

这里要进一步说明，本书也绝对不是要否认市场经济在改革时期所起的作用，因为它确实起到了重大的作用。但是，笔者所突出的市场作用是完全出于舒尔茨视野之外的。首先，舒尔茨完全没有考虑到的人民消费转型。具体来说，人们的收入，尤其是城镇居民收入的增加，导致中国食物消费的基本转型，粮食：肉/鱼：蔬菜/水果的比例从 8：1：1 向 4：3：3 转化，而那样的市场需求则促使中国农业结构的转化，导致近二十年中的一个（我称之为）“隐性农业革命”，促使中国农业生产转向越来越高比例的高值农产品——从粮食转向更多更高值的蔬菜和肉食生产。这是一个比之前历史上的农业革命，例如 18 世纪的英国农业革命和 20 世纪六七十年代部分发展中国家的绿色革命——增加幅度要大的革命，在最近 20 年达到每年 6%产值（可比价格）增长的幅度。正如我在书中所强调，市场机制所起的强大作用是无可否认的，但其所导致的农业革命的肇因是完全不同于舒尔茨所提倡和想象的“绿色革命”。

同时，今天中国土地—人口的有机关系仍然是中国的基本国情。它排除了美国那样简单的土地、资本和技术密集型农业；小规模家庭农业将长期占据中国农业的主体地位。中国农业的基本生产单位仍然将是最多几个英亩的家庭农场，其农场的规模迥异于舒尔茨的想象。它们固然越来越多的是（我称之为）“资本和劳动双密集化”的小规模农场（例如，拱棚蔬菜、种养结合的小农场，果园、鱼塘等，它们比“旧农业”使用更多的化肥、农药、塑胶棚和塑胶膜、人工饲料等）。这些（我称之为）“新时代的小农场”同样需要从中国人多地少的给定条件，以及有机的土地—人口关系来理解。

拙作论证的是,把农业想象为一个和工业产业同样性质的"产业"并服从同样的经济学"规律",其实是个无稽的想象。把农业想象为一种(无机工业)产业,首先是对农业的误解,它无视中国人多地少的基本国情。这等于无视中国经济的历史。那样的想象其实也是一个源自现代主义的、西方中心主义的意识形态。它最终想象的中国农业是(或者认为应该是)和美国的一样。那是对中国农业史和经济史错误的认识,也是对中国现实错误的判断。更要命的是,它提倡的是个错误的改革方案,想象的是大规模农场的规模效益,而不是小规模农场的给定条件和效益。

令人特别担忧的是,上述新自由主义经济学的整套理论今天居然已经成为中国的"现代经济学"的"主流",其中也包括农业经济学。这也是作者在这里如此带有紧迫感和使命感地对其提出批评的原因。

二、中国的非正规经济

人口—土地关系不仅是中国农业的先决条件,也是中国国民经济整体的先决条件,在改革时期尤其如此。全球资本进入中国以及中国本土资本主义企业的兴起,使中国也呈现出了其他发展中国家半个多世纪以来早已普遍存在的现象,即农村廉价劳动力大规模涌入城镇打工。从追求利润最大化的资本的角度来看,这正是其所需要的廉价劳动力,也是其跨国公司普遍进行"外包"(outsourcing)的缘由。从农村劳动力的视角来看,它带来的是受欢迎的较高报酬的就业机会。

两者的结合在全球范围内带来的是联合国国际劳工组织(United Nations International Labor Organization, ILO)称作"非正规经济"的大规模兴起。1969年,ILO因其为全球"非正规经济"人员争取"有尊严的待遇"而获诺贝尔和平奖。正因为农村具有"无限的劳动力供应"(W. Arthur Lewis,1954;1955),资本可以用(相对)最低的工资、最坏的工作环境、最低等的(或根本就没有)福利来雇用工人,无论当地劳动法规如何。从资本的视角来看,这完全是市场经济的客观供需规律所使然——当然也正好偏向资本。而从当地政权的视角来看,外来资本的涌入意味着在本地的投资和其所带来的"经济发展",为此相当普遍被认为是优先于工人生活状况和社会公正的事。正是这样,促使无视当地法规的"非正规经济"快速兴起和扩增。因此,ILO对"非正规经济"的基本定义正是:没有法律保护和没有福利的经济,并呼吁为非正规经济人员争取法律的保护和有尊严的待遇。事实上,半个世纪以来,在全世界各地发展中国家,非正规经济已扩展到城镇总就业人数的一半到三分之二甚或更多(ILO,2002)。在中国的后计划经济时代,与印度和印度尼西亚等较高人口密度国家相似,非正规经济员工已经达到城镇就业人员总数的三分之二的比例。

但是,由于中国特殊的户籍制度和土地承包制度,今天中国绝大多数的"工人"不是城镇居民而仍然是农村户籍的农民。一方面,由于户籍制度他们很难成为城镇居民。同时城乡生活水平的差距也妨碍大多数的农民工在城市买房长期居留。另一方面,由于承包地的地权,农村对他们还具有一定的吸引力。因此,在城镇打工的农民不会像在其他国家那样完全脱离农村,而是形成了一个跨城乡的具有一定“中国特色”的结合务工和务农的庞大群体。

今天,传统的城镇工业“工人”和农村务农“农民”这两个人们惯用的范畴已经不再适用于中国。这是因为大多数的城镇工人已经不再是城镇居民而是农村户籍人民;同时,大多数的农民家庭已经不再是简单的务农人员,而是同时务农和务工(以及其他非农就业)的人员。本书第三卷详细论证,在今天的中国,几乎每一户所谓的农民家庭都有人在外打工。绝大多数的劳动人民家庭主要是紧密结合工业(和其他非农就业)与农业的“半工半耕”人员。在我看来,我们不应该像国际劳工组织那样把“非正规经济”范畴限定于城镇,而应该把中国的半工半耕劳动人民也计算在非正规经济范畴之内。那样,可以避免不符合实际的、具有严重误导性的传统“城镇”和“乡村”以及“工人”和“农民”的划分,更好地突出今天中国社会经济的实际和特点。

需要指出的是,中国的非正规经济是和社会主义革命传统的劳动立法和制度并存的,在这点上也和大部分其他的发展中国家有一定的不同。中国共产党是以劳动人民——主要是工人和农民——的先锋队名义取得胜利的。一旦掌权,革命的共产党成了执政的共产党,而工人则从革命阶级转化为“领导阶级”。因此,工人顺理成章地和国家党政官员一起被纳入国家正规“职工”的范畴,受到革命劳工运动所争得的劳动法律的一系列保护和保障,包括有尊严的工资待遇、安全的工作环境、合理的工作时间、超额工作的成倍报酬以及各种福利——医疗、退休、失业、工伤、生育。但是,今天具有如此待遇的“蓝领”工人不过是全部劳动人民中的极少数。他们实际上和国家党政官员以及大企业白领职工一起形成一个正规经济身份的阶层。这是作者第三卷中最新的探索所论证的要点，也是作者研究中最直接连接经济和法律两大领域的论点（相关讨论亦见笔者新版的法律三卷本最后的“进一步的探索”）。

但是，这个源自革命传统的现实使中国的正规和非正规经济之间的差别比没有社会主义革命传统的国家更加悬殊。今天，处于非正规经济范畴的大多数劳动人民被排除在法定的正规“劳动关系”之外，被归入不受劳动法律保护的非正规“劳务关系”范畴之下。今天回顾起来，国家早在 1958 年 1 月便开始执行的严格户籍制度（当时是为了限制农民大规模涌入城市而造成混乱），后来实际上成为一个把占少数的正规职工和占大多数的劳动人民划分为两个壁垒森严的等级。今天劳动法规已经几乎完全成为卫护既得利益阶层的法律制度。

中国正规和非正规经济间的差别不仅是经济和社会地位的差别，也是法定身份的差别。今天，除了顶层的国家官员和大企业家之外，中国社会的上层实际上是占所有就业人员中的 16.8%的正规经济，其半数是国家党政机构和事业单位以及国有企业的人员，半数是较大的民营企业的职工。他们是所谓的“中产阶级”的大多数，其生活方式正日益向全球的中产阶级消费者趋同——包括在房子、家具、汽车、食物消费和价值观念等方面。另一边则是底层的占 83.2%的非正规工—农劳动人民。他们承担的是最低报酬的工作，绝大多数没有劳动法律的保护也基本没有（或只有低等的）社会福利。

两者间差别的一个具体表现是，在交通事故导致死亡的情况下，农村户籍人的补偿标准是 8 万元到 10 万元，而城市户籍的则是

20万元到30万元。更有甚者，在国家2009年以来建立的新型农村养老保险制度下，一个60岁以上的农民每个月可以拿到55元，而一个公务员的退休金则约6000元。[①] 农村户籍半工半农人民的身份地位不仅远低于国家官员和大型企业的“白领”职员，也远低于一般的市民。

以上叙述的经验事实都明显与主流经济学家们的意见不相符。他们根据所谓的“刘易斯拐点理论”而坚持中国今天已经从一个“二元经济”(一元是具有“无限劳动力供应”的“传统农业”部门，另一元是城市的“现代经济”部门)进入一个完全整合的、没有城乡差别的劳动力市场的经济体系。一些具有很大影响力的人口学—经济学家几年前便已开始坚持这个论点，完全无视低工资—低福利的非正规经济和高工资—高福利的正规经济间的显著差别。实际上，两者间的差别非但没有像“刘易斯拐点理论”预期的那样伴随国内生产总值(GDP)的快速增长而消失，反而是日益悬殊。世界银行等国际单位历年估算的基尼系数便是很好的证据。与“拐点论”类似，新自由主义社会学家们则采用了来自美国的“中产阶层”和“橄榄型”社会理论，争论中国社会的结构已经类似于美国的中产阶层占到全社会大多数的模型，完全无视中国社会贫富悬殊的实际。本书第三卷比较详细地讨论了上述情况和问题的方方面面。

从经济史的视角来看，中国两大社会经济等级—阶层间的差别的最终根源还是中国“人多地少”的“基本国情”。今天中国农业

---

① 《养老金双轨制被指为最大不公：公务员6千农民55元》，载《经济观察报》2013年5月3日。http://finance, sina. com. cn/china/20130503/221015345379. shtml。

仍然处于人均不到10亩土地以及土地生产力自身具有严格限度的小规模经营的苛刻约束之下。农业中的"隐性失业"和劳动力就业不足因此仍然存在。近年来的"隐性农业革命",固然(像本书详细论证的那样)通过劳动和资本双密集化的小规模新农业吸纳了更多的劳动力,因此这方面有一定程度的改善。同时,农民在城镇和农村的非农就业也起了很大作用。但是,正规与非正规经济间的悬殊待遇,以及城市比农村的更快速发展,使农村依然日益落后于城市,也使测量中国分配不公程度的基尼系数大幅度攀升。

从改革时期的经济历史来看,中国在GDP增长方面的成功和其严重的社会不公问题显然是来自同一根源的。正是中国庞大的廉价农村劳动力使其得以成为"世界的工厂";同时,也正是这个劳动力的低等待遇导致中国一定程度的社会不公以及当前的社会危机。

从更长远的历史视角来看,中国的小规模劳动密集型农业既是传统中国特早的城市发展的来源,也是其18世纪以来大规模农村贫困和社会不公的根源。中国在江河流域早已形成的高密度小规模农业正是中国大型复杂城市(和辉煌的城市文化)兴起的先决条件。正如博塞拉普(Ester Boserup,1981)的另一理论洞见指出,在前现代的物流条件(没有冷藏设备和现代运输条件)下,食物供应被限定于一定的较小空间范围。一个同一面积的地区,如果有1000万人口,即便其生产剩余相对低(譬如10%),仍然能够支撑一个100万人的城市(如唐代的长安),而同一面积的地方,如果只有100万人口,即便其生产剩余相对高(譬如30%),也只能支撑一个30万人口的城市(如中世纪的伦敦)。同时,(劳动密集的)小规模农业,以及其所导致的劳动生产率递减,乃是城乡差别的根源。它也是现代中国革命的主要导因。

中国今天的社会不公其实和历史上的城乡差别有一定的关联。明清以来农村农户在人多地少的基本国情下,长期结合农业+(农业)打工和手工业的生产方式来应付生存压力。改革以来,农村农户根据同样的逻辑,越来越多地依赖农业和工业打工来支撑家庭开销。今天,城市中16.8%的正规经济的"中产阶级"和城乡83.2%的相对贫困非正规经济间的差别,归根到底也和中国的人多地少的基本农村国情相关。

当前,贫富不均是一个亟须紧急处理的问题。为此,本书也初步探讨了一个地方,在中央的直接指示下,通过实验所突出的统筹城乡方案。它在处理农民工问题方面已经探寻出一些可行的措施,但在农村本身方面则尚需继续探索。

三、一个不同的探索方法

在多年的农村研究中,笔者曾多次向自己提问:当下流行的意见为什么会对上列的基本事实视而不见?我们需要怎样来改正这样的盲点和误区?

意识形态和理论偏向肯定是一个重要因素。在理想的状态中,理论可以为我们澄清繁杂的事实,并凸显其间隐藏的关联。正因为如此,一个认真的研究者必须要掌握相关的学术理论。但是同时，学术理论很容易被意识形态化，[1]并被表达为绝对、普世的真理。今天的新自由主义理论（基本和美国新保守主义相同）和过去的马克思主义学术理论都是如此。今天，后者的盲点和误区要比前者的比较容易被觉察，部分原因是它今天已经相当广泛地被人们所拒绝。在今天的全球思想氛围中所真正不容易掌握的，其实是马克思主义关于资本主义的洞见部分。新自由主义则正好相反，它一定程度上已经成为统治全球经济的意识形态，难以洞察的不是其洞见而是其盲点和误区。

市场资本主义能在全球占据霸权地位，部分原因固然是人们相当普遍地认为资本主义企业的高经济效率已被证实；同时，资本主义企业的破坏性（如对环境）和剥削性（如对劳动人民），今天也许尚未达到显而易见的毁灭性地步。另一原因则是缺乏社会主义国家的制衡。在中国，尤其是在经济学界，新自由主义的势力吊诡地比在西方还要强盛，新近海归的博士显示的是新近皈依信徒所特有的那种简单、绝对的信仰。

但意识形态的势力只是部分原因，更基本的也许是人们相当普遍地倾向接受当权者提倡的意识形态、倾向接纳绝对和简单的答案。要独立追求真实必须要有特殊的努力和坚守，比接受简单、时髦的理论难得多。更容易的道路是追随意识形态潮流和本行的“权威”。这一切在过去的马克思主义—毛泽东思想统治时期非常显著。在早期的、世俗化之前的西方，宗教曾经占据同样的地位，而今天的新自由主义理论和意识形态的地位一定程度上类似于过

---

① 笔者对“意识形态”的理解是，它是背后有政治权力推动的一套理论。

去的宗教。

问题也可以从认识论的层面上来理解。作为学者,我们需要的是真正的好奇而不是简单的信条,真诚的求真而不是懒惰的接纳,系统的探讨而不是时髦的答案,质疑而不是给定的意识形态或理论。仅凭我们的日常经验,大家便都知道真正独立思考的学者是比较少见的。独立的学术研究路径当然需要更多的时间和努力。要针对某一个题目做出原创性的贡献,必须系统掌握经验知识和证据并对之进行独立的思考和分析。那样的研究,比从给定的"理论""假设"或"命题"出发,拼凑相关材料/数据、进行公式化表述要难得多,花时间要多得多,但在现有制度下获得研究资助的可能则要低得多。

这些是国内外学术研究今天所普遍面对的问题,其不同只在意识形态控制的程度。我们的"最优秀、聪明的"(the best and the brightest)青年学生当然很快便会掌握上述的这些"游戏规则",很快便会采纳更容易被人接受的做法。那样的研究更容易获得本行"权威"的认可,也更容易在"核心刊物"上发表。只有极少数的青年学者会愿意投入"十年磨一剑"的扎实、独立研究。

在认识论层面上,笔者一直有意识地要求摆脱意识形态化的理论先行研究,而采用从经验证据出发,由此提炼概念,而后再返回到经验证据的研究进路。目的是试图掌握一个题目的最基本的事实,然后借助与现有理论的对话来提炼自己的概念。这和当前流行的从理论到经验到理论的做法正好相反。

这不是要提倡无视或拒绝理论,而是要把理论当作工具而不是给定答案。学术理论可以对我们的问题意识有很大的帮助。比如,处于理论和经验证据的交锋点是很好的问题。笔者曾经把如此的问题表述为与人们广泛使用的“规范认识”(“范式”)相悖的(“悖论”)经验证据和现实,强调悖论的现象是特别需要重新分析和理解的现实。(该文纳入《长江》卷后作为进一步的思考。)再则是来自不同理论传统的交锋点的问题——譬如,新自由主义和马克思主义(或实体主义或后现代主义)理论传统的交锋点,都会是很好的研究问题。从那样的视角出发,会促使我们摆脱单一(意识形态化)理论传统的束缚,也会促使我们和现有理论对话,借以澄清、深化自己的思路。其中的关键在于从真正的问题而不是给定的答案出发,从真正的经验证据探讨出发而不是从来自空洞、抽象理论建构出发。

在笔者看来,由此获得的初步答案需要返回到真实的经验证据去检验。譬如,如果恰亚诺夫关于小农经济家庭农场的“实体主义”理论洞见确实比马克思主义或形式主义理论更接近中国的历史实际、更能帮助我们理解经验证据,那么,它是不是也能够更好地理解当前的实际?是不是也能够帮助我们认识到当前问题的更好解决方案?家庭作为一个生产单位在历史上到底起了什么样的作用?今天又如何?这方面,中国与现代西方到底有什么样的不同?其前景又如何?这是本书所试图回答的一个重要问题。

以上表述的也是连接历史与现实的问题意识。它源自笔者近十年来在国内教学所形成的对现实问题的积极关怀,不同于过去在美国的消极关怀(只想不写)。这点应该可以说是笔者近十年来的研究的主要动力,也是笔者自觉在问题意识上与当今美国一般的中国研究不同的关键。后者所关注的多是最新理论潮流和意识形态所突出的问题，最终主要关乎美国本身的社会或思想，而不是中国现实中的社会或思想问题。譬如，20 世纪 50—70 年代的主导问题是“共产主义”对美国/西方的挑战或“威胁”，八九十年代则一方面是市场主义的普适性（来自新保守主义，即便是假装为“去西方中心化”的论点），一方面是认识论上的焦虑（对一切“实证”“事实”的怀疑，来自后现代主义）。（虽然如此，美国的中国研究，无论在经验还是概念层面上，都不能简单排斥为“东方主义”的研究，像其帝国主义时代更高度意识形态化的学术那样。）从笔者自身的经历来审视，前者更容易脱离中国实际，而后者则更容易受国家意识形态主宰。说到底，最好的学术和现实关怀还是真诚“求真”的学术，而不是为了迎合意识形态或时髦理论，或为名为利的研究。

笔者认为，即便当我们由于经验证据而倾向于某一种理论传统的时候，我们仍然需要维持原来的探索精神来对待其他的理论。笔者自己发现，经验实际（例如，满铁的翔实调查材料所展示的农村实际，以及明清以来众多的诉讼案件档案所展示的司法实践和社会实际）要远比任何理论来得复杂、多维和多变。在遇到自己倾向接受的理论传统不能理解某些经验证据的时候，我们需要考虑到其他理论传统的洞见是否能够更好地理解这些经验证据。更重要的是，我们要愿意改造自己原来的概念，或创造新的概念来理解新的证据。经验证据以及历史感与真实感，而不是理论，更不是意识形态，应是我们最终对概念取舍或重新塑造的标准。

如果这里的研究明显地试图综合三大理论传统——形式主义（新自由主义）理论、马克思主义和实体主义，识别力强的读者应该还能看到，此外我还受到后现代主义理论洞见较深的影响。不然，不可能对新自由主义和马克思主义理论所包含的现代主义和西方中心主义提出如此持续的批评和反思。

虽然如此,笔者个人认为我研究的基石在于对中国乡村社会经济历史经验证据的长期积累和认识(也包括其与世界其他相关地方的经验的比较)。在四十多年的研究历程中,笔者一直在尽可能开放地和系统地积累来自经验证据和自己的真实感的认识。后者才是笔者对各种不同理论的不同评价和使用的最终依据。

如果笔者的第一、二卷是综合三大理论传统——形式主义、马克思主义和实体主义的研究,而其中更多地侧重实体主义理论,读者会发现,在第三卷中,笔者虽然仍然倾向既非资本主义也非社会主义理论的第三选择。但是,面对改革时期市场经济所起的作用,笔者较多地引用了形式主义理论视角(如关于市场机制在中国的"隐性农业革命"所起的作用),这方面比之前(如在《华北》和《长江》两卷中用投资组合理论来理解农民农作物组合型)更显著。同时,读者也会注意到,当前的庞大的非正规经济实际引导笔者返回到马克思主义和中国革命的阶级视角,虽然笔者采用的绝对不是一般的生产关系或阶级分析,而更多的是突出中国现实与经典理论预期的不同。

笔者个人认为,这三卷所表述和显示的研究路径可以用"从证据到理论再到证据"来简单总结。笔者用"证据"来表述的尤其是来自实践历史经验(区别于其表达)的证据。因此,我也用了"从实践到理论再到实践"的表述。这里所说的"实践"是区别于理论、表达和制度意思的实践,指的是行动(相对于理论)、实际运作(相对于表达)和运作过程(相对于制度)。如此表述的用意都是要区别于今天学术界惯用的“从理论到经验到理论”的方法,因为我认为那完全是一种理论主导的方法,不可能由此得出真正原创性和求真性的研究成果。

笔者也用了“实践经济学”和“实践历史”的表述,以及“实践社会学(人类学)”“实践法学”和“历史社会法学”几个词汇来简单总结笔者提倡的学术方法,为的是区别于理论先行的研究。这不是一个简单由任何单一理论传统所主宰的方法,而是一个要求经验证据与理论概念不停地相互作用和连接的方法,也是我四十年来在这三卷著作中试图运用的方法。谨请读者自己决定这样的方法是否真正适合中国乡村社会经济的研究,以及今天的国内外学术界。

黄宗智

2013 年 3 月初稿,2013 年 5 月定稿

索引

本索引未包括附录中的内容。页数后加“n”，表示该条目出现在此页脚注中。

C

D

G

H

J

M

N

O

P

R

S